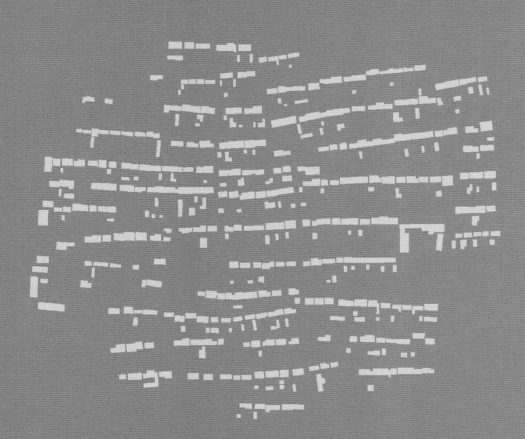

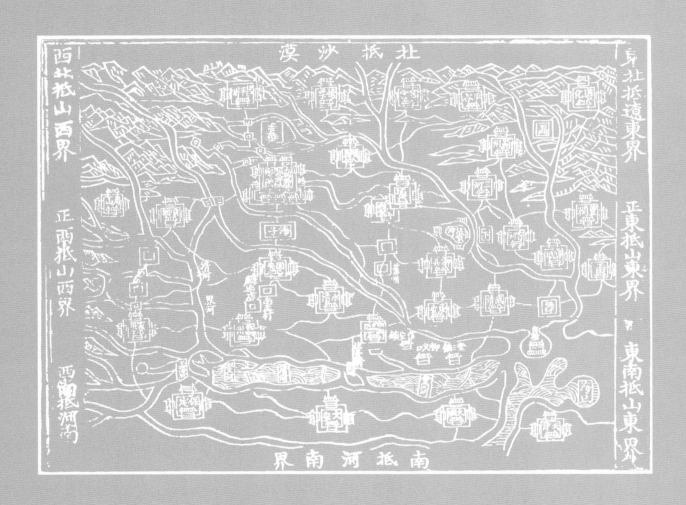

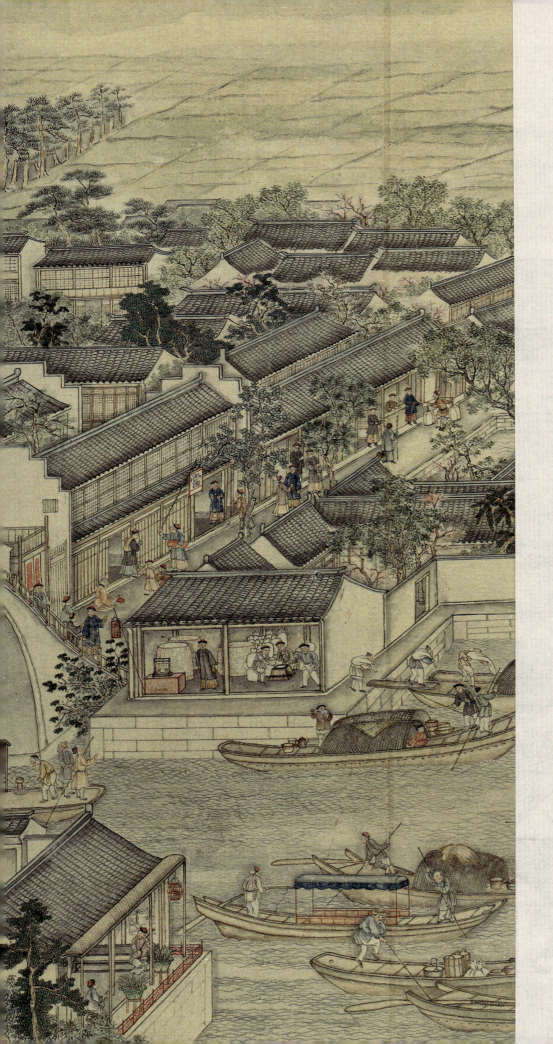

聚落

中国传统聚落
保护研究丛书

北京聚落

赵之枫 著

中国建筑工业出版社

总编委会

顾　问：

张锦秋　　陆元鼎　　王建国　　孟建民　　王贵祥　　陈同滨

编委会主任：

常　青

编委会副主任：

沈元勤

总主编：

陆　琦　　胡永旭

委　员：（按姓氏笔画排序）

王　军	王金平	韦玉姣	冯新刚	朴玉顺	刘奔腾	关瑞明
李群(女)	李群(男)	李东禧	李树宜	杨大禹	吴小平	余翰武
张兴国	张鹏举	陆　峰	范霄鹏	金日学	周立军	郑东军
单晓刚	赵之枫	姚　赯	贾　艳	高宜生	郭　建	唐　旭
唐孝祥	黄　耘	黄文淑	黄凌江	韩　瑛	靳亦冰	雍振华
燕宁娜	戴志坚	魏　秦				

《中国传统聚落保护研究丛书　北京聚落》

赵之枫　著

审　稿：邱　跃

序一

一、引子

中国传统文化将一个地方的环境气候和风俗民情的特质和韵味称为"风土"。《国语·周语上》韦昭注:"风土,以音律省土风,风气和则土气养也",即从当地方言的乡音民谣中便可感知一方土地、民风的文化气息,因而"风土"一词与英文的Vernacular近义。"风"指风习、风俗、风气,"土"指水土、土地、地方,所谓一方水土养育一方人,供奉一方神,从这个意义上,"风土"与西方的"场所精神(Genius Loci)"也有一定的关联性。日本近代哲学家和辻哲郎著有《风土》一书,他对"风土"的定义是自然环境气候诸因素加上"景观",这里的"景观"应指审美角度的自然和人文两个方面,二者相融合的文化景观就是一种典型的传统聚落。

然而,在当今乡村振兴的时代大潮中,传统聚落最常见的关键词是"乡土"而非"风土",差不多已约定俗成了。"乡土"一词是中国农耕社会中故乡、家乡、老家和乡下的意思,至今中国社会还延续着这个传统的语义。但中文"乡土"与英文Vernacular的语境存在差异,因为西方并不存在以宗法制为基础的传统乡民社会,其乡村也就不会有类似于中国"乡土"的概念内涵。而乡村的发展前景是要走出农耕语境的乡土,留住文化记忆的乡愁,延续场所精神的风土,再造生态文明的田园。再说自近代以来,乡土并不包括城里的传统聚落,比如北京的胡同,西安、成都、苏州的巷子,上海的弄堂等属于"风土"而非"乡土"的范畴。

自1930年朱启钤先生发起成立中国营造学社以来,在梁思成和刘敦桢两位学科巨擘的引领下,我国建筑界对传统民居和乡土建筑的研究持续推进,成就斐然,形成了传统建筑研究的一大专业领域。但如何使这些研究更多地关联和影响城乡建设的进程,对整个建筑类学科都是一个很大的挑战。

二、中国传统聚落的源流与特征

1. "匝居"与城乡同构

中国传统聚落营造的信史可追溯到商周时期的聚落遗址。其中有关"营造"的最早文字记载见于《诗·大雅·灵台》:"经始灵台,经之营之"。这里的"经",是策划、管控的意思;而"营",原意即"匝居",是围而建之的意思,例如"营窟""营市(阛、阓)""营垒""营国"等一系列聚落营造范畴的词汇。因此,古代聚落即以"匝居"的方式,形成血缘的乡村聚落,地缘的城邑聚落,以至作为国家统治中心的都邑聚落——都城。这些华夏聚落以宗庙或祠堂为空间秩序的中心,以城垣壕堑为空间领域的边界，虽层级和功用不同，但从深层构成看却大多同构，保持和发展着"匝居"的聚落营造方式，从而部分地诠释了城乡一体的"亚细亚生产方式"学说。因为，一方面，许多乡村聚落拥有城垣、堡楼、街坊、庙宇等要素，俨如一座座城邑，如从汉代的"坞堡"到明清的庄寨、围堡均是如此；另一方面，城邑甚至都邑虽然看上去坚固伟岸，依然不过是政治权力和经济活动高度集中，等级制度极为森严，壕堑防卫更加严密，水平向扩展开来的巨型村寨而已，是乡村聚落的放大升级版。

2. 聚落原型与变换

从"匝居"的外在方式到聚落的内在构成，可以看到中国传统聚落源于商周"井田制"的"井"字形空间概念及其原型意象。所谓"井田制"，即以王室收取贡赋为目的的土地经营制度和划分方式。如周代王室拥公田，公卿以下据私田，遗有周代理想的营国制度，以百亩为夫，九夫为井，九井为国（都邑）。据此制度，田野的纵横阡陌就演变为聚落内经纬交错的街衢，并围合成间、里等空间尺度及单位。后世的里坊、厢坊、街坊，以及后来的胡同、街巷和弄堂等都是这样演变而来的。但这一"井"状网格空间原型的聚落并非处处趋同，而是因地制宜，异彩纷呈，依循了"因天材，就地利，故城郭不必中规矩，道路不必中准绳"（《管子·立政篇》）的变通法则，适应地理环境和地貌条件的差异而产生拓扑变换。这就犹如某种语言，尽管"方言"各异，但"句法"和"语义"相通。或许以这样的解读，方可辩异认同、知恒通变，把握住中国传统聚落的结构本质及其演变方向。

3. 水系与聚落分布

中国传统聚落源于近水的邑居，据《史记·五帝本纪》："禹耕历山……一年而所居成聚，二年成邑，三年成都"。其中，对水畔、雷泽、河滨等的劳作场所描述，均寓意了聚落是伴水而生的文化地景。甲骨文中的"邑"字右边旁加三撇表示傍水，即"邕"字的金文来历，同样表示聚落即环水的邑居。除了统治与防卫上的考虑，古代聚落选址的首要地理条件，是必须依傍满足漕运需要，方便物资供给的水系。因此，自上古以来聚落选址一般都位于大河的二级台地或其支流的一级或二级台地上。在物流以漕运为主的古代，这些水系可以说是聚落生存的命脉，对于都城而言尤甚，如长安、洛阳、汴梁（开封）沿黄河及其支流东西走向一字排开，建康（南京）、江都（扬州）濒临江淮，北京（涿郡）和临安（杭州）则处于南北大运河的两端。实际上历代中心聚落——都城在空间上的移动，均因应了文化地理的条件和漕运线路的兴衰,并与社会动荡、族际战争和人口迁徙相伴随。

4. 乡村风土聚落

在中国古代,与城邑聚落不同的是,乡村聚落社会是按血缘关系和经济共同体为纽带所形成的聚居系统,聚族而居的社会秩序和居住形式仰赖宗法制度维系,特别是自宋代以来,程朱理学倡导"敬宗收族",形成了以祠堂、族田和族谱为核心的宗族组织及其聚居制度,宗法的社会结构更加趋于自组织化。但由于特定地域下的自然环境(如气候、地貌、水土、材料等)和人文环境(如宗法、宗教、数术、仪式等)的差异,聚落中的宗法秩序和空间布局亦有着同中有异的呈现方式,营造活动很少有统一法式的约束,较之城邑营造更加因地制宜,灵活多变,因而在与自然地景融为一体的有机生长中,保留了纯朴的古风和浓郁的地方性,可以说是千姿百态,谱系纷呈,表现了与西方的"场所精神"相类似的地方特质。以下按地理纬度和等降水量线,将中国各地域的聚落建筑分为四个区段。

1)农耕—游牧混合地区,即400毫米等降水量线以北半干旱北方地区的聚落建筑。如昆仑山南北侧和蒙古草原上游牧民族的帐幕、蒙古包;塔里木盆地周缘突厥语族—东伊朗民族的木构平顶阿以旺住宅;青藏高原上的藏式碉房,甘青地区各族建筑元素相混合的"庄窠"式缓坡顶两合院与三合院,以及青藏高原东部边缘的羌式碉房及合院等。

2)西北、华北和东北地区,即400毫米等降水量线以南至800毫米等降水量线以北之间半湿润北方地区的聚落建筑。如豫、晋、陕、甘各式窑洞,木构坡顶及包砖土坯(胡墼)墙房屋组成的晋系狭长四合院;东北、京、冀、鲁、豫木构坡顶、平顶、囤顶建筑构成的宽敞四合院等。

3)西南、江淮、江南地区,即800毫米等降水量线以南湿润地区的聚落建筑,如川、黔、桂、滇地区,以穿斗体系、干阑—吊脚为显著特征的楼居及合院,藏缅语族各民族的"土掌房""一颗印"("窨子屋")"三坊一照壁"等合院;湘、赣、闽北地区"四水归堂"的天井合院或"土库"建筑;江淮地区介于南北方之间的合院和圩堡;徽州地区以堂楼为中心,高耸的马头墙、墙厦、精工木雕、楼面地砖为特色的天井合院;江浙地区穿斗—抬梁混合式的多进厅堂和宅园等。

4)华南地区,即大部处于1600毫米等降水量线范围的高湿多雨地区聚落建筑,如闽南、粤北地区客家、潮汕(闽系)聚落以夯土墙和木屋架构成的大厝、土楼、土堡、围龙屋;粤南广府地区大屋、天井、冷巷构成的合院群等。

总体而言,延续至今的乡村传统聚落基本上都是明清以来的遗存,说明经过两晋南北朝开始的由北而南为主流的历次民族、民系大迁徙，明清时期各地乡村建筑相对稳定的地域分布格局已基本形成，可以从民间流传的营造匠书和聚落族谱中得到印证。如元明之际的《鲁般营造正式》、明万历年间的《鲁班经匠家镜》和清末民初的《营造法原》等，对江南地方的民间建筑影响尤其广泛。

至于少数民族地区的乡村传统聚落，因源于不同的文化传统，其构成及相互关系比较复杂，与汉民族聚落也存在交融现象。比如，明清两代逐渐推进"改土归流"，在南方的少数民族地区以"流官"管理制取代"土司"世袭制，推进了汉族与少数民族的异质文化交融，但后者的"熟化"（或"汉化"）程度，大大超过了前者的"夷化"。

自1930年中国营造学社成立以来，在梁思成和刘敦桢两位学科巨擘的引领下，建筑史界对乡土民居的研究成就斐然，形成了传统建筑研究的分支领域。跨世纪以来，建筑史界对传统民居的人文地理背景和建筑形态分布区系已有一些学术探讨，并有过以传统建筑结构类型为主线的地域区划专题研究。但是这些研究成果怎样对城乡改造中的遗产保护难题产生积极影响，还有待实践中的借鉴和运用。

三、城乡改造与传统聚落

1. 消亡中的乡愁载体

自19世纪末以来，直到改革开放之前，传统中国逐渐从农耕文明走向了工业文明，演变进程是相对缓慢曲折的。尽管传统聚落的宗法社会结构已经崩解，但血缘和宗族关系依然得以延续，聚落的空间结构和传统风貌依然大致如故。随着近30年来城镇化和城乡改造浪潮的冲击，传统聚落的文化特征已发生巨变，大部分古城只保留着少量的历史文化街区。作为乡村传统聚落的大多数村镇，经过撤并集聚或自发式改造，使原有的自然和社会生态系统瓦解或巨变，残留下来比较完整，较多保留着原生态风貌的多在边远山区，占比很大的部分已破败不堪，或被低质化改造，总体上正以极快的速度趋于消亡。

据中外学者的研究，民国时期的城镇化水平不过10%左右，中华人民共和国成立直到改革开放前也只达到17%左右。20世纪70年代末改革开放以来，城镇化开始飞速地发展，城镇化率2018年已达59.58%，其中城镇户籍人口42.35%（包括拥有宅基地的部分镇人口和城中村人口），与欧美约75%~85%及日本93%的城镇化率相比仍差距明显。截至2016年，我国乡村自然村仍有244.9万个，基层自治管理单位"村民委员会"52.6万个，乡村户籍人口7.63亿，常住人口5.6亿，在本地和外地谋生的农民工约2.88亿。2017年全国城乡人均收入倍差2.72，一些贫困的山区和边远地区农村人均收入与全国城乡平均收入倍差则远高于这个数字，这些地方的衰败或空村化现象更加严重（数据来源自2017年、2018年国家统计局公布的数据）。

虽然这种文明进程在任何一个走向现代化的农耕社会迟早都会发生，但是中国作为人类文明诸形态中唯一保持了连续性进化的国家，文化传统的基因和源头即存在于城乡传统聚落之中。这一"乡愁"载体的消亡，不但会使国家和地方失去身份认同的文化根基，而且会使城乡一体化发展的战略目标发生偏差。

2. 风土建成遗产

在中国传统聚落的话语体系中，"民居"是对功能类型而言，"乡土"是对乡村聚落而言，而"风土"是对城乡聚落及其文化地理背景而言，三者均属同一范畴。因此，乡村聚落也是最具文化载体性的风土聚落，呈现了各个地域环境、气候和民族、民系背景下异彩纷呈的风土特质。西方的风土建筑研究可以追溯到法国18世纪新古典主义理论家德·昆西（Quatremère de Quincy），他最早指出了建筑语言的风土（Vernacular）和习语（Idiom）属性。到了当代，英国建筑理论家兼乡村爵士乐作曲家鲍尔·奥利弗（Paul Oliver，1927—），集风土建筑研究大成，在1997年出版了覆盖全球的《世界风土建筑百科全书》（*Encyclopedia of Vernacular Architecture of the World*），他认为研究风土建筑不只是为了记录过往，对未来的文化和经济可持续发展也是不可或缺的。随后R. 布伦斯基尔（Brunskill R. W.）在2000年出版《风土建筑：一部图解的历史》一书，把20世纪以前定义为"风土建筑时代"，以大量的插图详解了数百年来英国风土建筑在农耕时期和工业化早期的形态特征。

"建成遗产"是经由营造活动所形成的建筑、聚落、景观等文化遗产本体的总称。1999年，国际古迹遗址理事会（ICOMOS）在《风土建成遗产宪章》（*Charter on the Built Vernacular Heritage*）中，首次提出了"风土建成遗产"的概念，即特定风俗和土地上所建造的文化遗产，其保护价值今已成为全球共识。首先，"聚落建筑"作为风土建成遗产的第一保护对象，是城乡历史环境的栖居场所，也是民族民系身份认同和乡愁记忆的空间载体，携带着可识别的中国传统文化基因。其次，"营造技艺"蕴含乡遗的工巧智慧精华，是对其进行保护、传承和再生的意匠源泉，而只有将传统聚落的营造技艺真正传承下去，保护才是可持续的，才能使聚落遗产长存下去。再次，"文化地景"（或文化景观Cultural Landscape）呈现聚落的环境因应特征，是人工与天工相交融的在地景观。韩国建筑师承孝相，为了表达地景建筑创意，生造了"Landscript"（地文）一词，本意是强调人的活动在土地上留下的印记，就如大地书写一般。显然,"地文"需要保护和续写,即像日本的"合掌造"民居、中国的西递—宏村那样,严格保护好聚落遗产标本,激活历史环境的"场所精神"(Spirit of Place),在新建筑中创造性地转化风土建成遗产的原型意象。

3. 国家级聚落遗产

根据住房和城乡建设部和国家文物局颁布的最新保护名录,中国传统聚落列入国家保护名录的有三大类,均可看作风土建成遗产。其一为100多处"国家重点文物保护单位"身份的传统聚落;其二为国家历史文化名城、名镇、名村,包括135座"名城"、312个"名镇"和487个"名村";其三为6819个部分由国家财政资助保护的"传统村落"。此外,皖南古村落西递—宏村、福建土楼、开平碉楼与村落,以及红河哈尼梯田文化景观等4项乡村传统聚落及景观被收入世界文化遗产名录。

这其中的传统村落数量最为庞大,部分还同时具有国家级历史文化名村及重点文物保护单位的身份。其分布特点为:南方约占全国总量的78%,大大多于北方;山区多于平原、盆地,如晋、湘、滇、黔、闽的山区占比超过全国总量的二分之一;方言区多于官话区,如晋系方言区约占北方各官话区总和的40%左右;工业化、城镇化起步较晚的地区多于起步较早的地区,如西北地区多于东北地区;城乡人均收入倍差相对较高的地区多于发展水平相近的较低地区,如贵州、云南处于全国传统村落数量排名前列。

上述的三大类传统聚落遗产保护系列中的前两类,有着相应的国家保护法规及实施细则,生存问题相对无虞。而第三类——传统村落量大面广,没有直接的相应保护法规作保障,其生存问题看似有国家财政资助,实际状况则堪忧。

四、传统聚落的保护与活化

1. 模式与问题

对风土建成遗产的专项保护,比较典型的首推北欧斯堪的纳维亚半岛的挪威和瑞典,这里在第二次世界大战前最早以民俗博物馆的方式,保护和展示当地的风土建筑,这种方式随后风靡欧洲大陆和英国。1952年英国"古迹委员会"将18世纪以前的风土建筑均纳入了保护名录，特别值得注意的是，英国将乡村划为120个自然区和181个特色景观区，这是可以借鉴的乡村文化地景谱系保护策略。日本于20世纪70年代兴起的"造村运动"，是通过农业升级改造、乡村特色塑造和技术培训投入，提振乡村经济社会活力和磁力，最终使乡村聚落得到活化和再生。聚落遗产保护和传承是其中的一个部分，如长野县的妻笼宿和岐阜县的马笼宿，其风土建成遗产在存真、修缮、翻建、活化等方面皆有坚定的价值坚守和丰富的保护经验，可供中国乡村风土建成遗产保护和再生实践学习借鉴。

我国城乡风土建成遗产保护与活化前后已历20载左右，经验和教训并存，其中数量占大多数的乡村聚落遗产保护与活化主要有三种模式。第一种为国家文博体系和大型国企主导的乡村博物馆模式，如山西的丁村、陕西的党家村、湖南的张谷英村、福建的田螺坑土楼群及玉井坊郑氏大厝等，经费、法规、导则等条件较为完善，部分村民通过村委会组织参与经营活动受益。第二种为社会企业主导的风土观光综合体模式，乡村聚落遗产由企业与当地政府、村自治体——合作社以契约形式合作及分成，如安徽黟县宏村、浙江松阳县村落、山西沁水县湘峪村、福建连江县杜棠古村三落厝等。第三种为村自治体主导风土生态体验区模式，以由村自治体所属企业及乡村活化能人掌控风土观光资源，进行乡村聚落开发，村民参与其中的相对较多，受益也相对大一些，如安徽黟县西递村、山西平遥县横坡村、陕西礼泉县袁家村、山西晋城市皇城村、福建屏南县北村等。

不可忽视的是，乡村聚落遗产在保护和活化中存在一些带有普遍性的问题和挑战：一是大多没有以乡村经济、社会的改造升级为根本前提，而是过多地依赖于旅游资源的消耗；二是管理政出多门，既条块分割，又一事多管，造成一些村落一村多名，准入标准和处置方式交错低效；三是原住民生活资料——集体土地、宅基地和房屋处于不确定的流转状态，所有权和使用权分离，但土地与房屋租金普遍低廉，收益分配不成比例，原住民的公平共享诉求难以兑现，存在着大量的权益矛盾和法律纠纷，潜在的社会风险已然存在；四是维修和民宿化改造等多为村民自发行为，存在严重的安全隐患，如结构安全意识薄弱，涉及公众安全的强制性技术规范和安全施工监管缺位，消防间距、人身防护不合规范的状况随处可见，声、光、热等室内环境控制指标大都达不到基本使用要求；五是宅基地内滥建低质楼监管缺失，低质翻建率常在一半以上，严重的达70%~80%，使村落风貌严重失控，而招揽观光的利益驱动导致拆真造假现象也随处可见；六是薪火相传趋于中断，大部分营造技艺面临失传，由于种种原因，"非物质文化遗产传承人"名誉并未起到明显的弥补作用，传统意匠及技艺存续与再生尚待突破，新旧修复材料融合手段薄弱等问题普遍存在；七是同质化严重，社会资金普遍投入乡村聚落保护与再生项目的可能性有限，而传统村落依赖国家财政扶持也是很有限的，且不可持续。

2. 标本保存谱系化

当下我国城乡风土建成遗产的保护与活化，首先并不是个建筑学问题，而是涉及保护什么，如何保护，怎样活化的实质性问题，与经济、社会的可持续发展背景息息相关。从物种标本保存的战略眼光看，传统聚落保护与活化的前提是对聚落遗产标本的保存和研究。

少量被定格在某个历史时期或文化样态下的聚落遗产，比如平遥、丽江古城以及各地名镇、名村一类进入各种遗产名录，是受到严格保护的风土建成遗产标本。但这些遗产标本只是聚落遗产中极小的一部分，我们认为，实际上需将我国城乡风土建成遗产按民族、民系的语族区或方言区进行全覆盖，成体系地作分类分级梳理，为后世存续完整的风土建成遗产谱系标本，兹事体大，关及国家和地方历史身份和文化传承的根基。因此，应依风土建成遗产谱系统一甄别、筛选和认定聚落遗产，再以地景修复、聚落修补和技艺传承为基础，将之纳入再生过程。当务之急，是应对其谱系构成缘由与分布有比较系统的认知。

由于语言作为文化纽带的重要性仅次于血缘，而风土在语言学上的含义，即连接一个地方聚居群体的交流媒介"语缘"，既可代表不同的文化身份，也可作为判断各文化身份间亲疏关系的参照。因此，从文化地理学和人类学的角度，可尝试以民系方言和语族—语支为参照，对各地风土建筑做出以"语缘"为纽带的谱系分类区划。总体上看，历史上语族相近，说明有相关的文化渊源；语族的方言或语支相通，说明血缘和地缘存在关联性。传统的汉语族—方言和少数民族的语族—语支是在漫长的历史变迁中，由于地理阻隔及民族、民系迁徙所形成的。虽然建筑谱系和语言谱系是否完全对应确是个问题，但设若不同族群在语言上可以交流，则其聚落及建筑一般也会存在交互关系。

参照语言人类学家的语缘区划，汉藏语系的汉语族民族民系聚落及建筑谱系主要可分为：其一，东北、华北、西北、江淮和西南等五大官话区建筑谱系；其二，华北的晋语方言区建筑谱系；其三，江南的吴语、徽语、赣语和湘语四大方言区建筑谱系；其四，华南的闽语、粤语和客家语三大方言区建筑谱系。少数民族语族区聚落及建筑谱系主要可分为：其一，西南地区汉藏语系藏缅语族17个民族的建筑谱系，壮侗语族9个民族和苗瑶语族3个民族的建筑谱系；其二，北方地区阿尔泰语系突厥语族7个民族，蒙古语族6个民族和通古斯语族5个民族的建筑谱系等。此外，还有少量西北地区印欧语系斯拉夫语族和伊朗语族的民族的建筑谱系，以及华南地区南亚语系和南岛语系民族的建筑谱系。以这样的谱系认知方式，对风土建成遗产谱系遗产的标本系列进行谱系化的保护，是有重要意义的一种尝试。

突厥语族区建筑		其他区建筑	蒙古语族区建筑		其他区建筑	通古斯语族区建筑		其他区建筑
定居区	游牧区		定居区	游牧区		定居区	渔猎区	
北方官话区西部建筑			晋语方言区建筑			北方官话区东部建筑		
河西	关中		北部	中部	东南部	京畿	胶辽	东北
西南官话区建筑			北方官话区中部建筑			江淮官话区建筑		
滇	黔	川	鄂	豫	鲁	淮	扬	
藏缅语族区建筑			湘语方言区建筑		赣语方言区建筑		徽语方言区建筑		吴语方言区建筑		
藏区	羌区	彝区	其他	湘西	湘中	湘东	豫章	临川	庐陵	歙县	婺源	建德	苏州	东阳	台州
壮侗语族区建筑			客家方言区建筑			闽语方言区建筑		
壮区	侗区	其他	西部	中部	东部	闽中		闽东
苗瑶语族区建筑			粤语方言区建筑			闽语方言区建筑（闽南）		
其他区建筑			桂南	粤西	广府	潮汕	南海	台湾

我国民族民系风土建成遗产谱系分布示意图

3. 大量性传统聚落的出路

除了经典传统聚落风土建成遗产谱系的标本保存，大量性的传统聚落，特别是乡村聚落，总体上面临着景象劣化、原有建筑被大量低质改建、乡村经济和民生有待振兴的境况。因此，需要将聚落有机更新和文化地景再造，作为未来发展的主要方向。实际上，对大量性传统聚落的可持续发展而言，实践中应考虑保存有标本价值的聚落典型建筑，延承风土营造谱系所曾依存的地貌特征、空间格局和尺度肌理，再造出隐含着基质原型、适应生活变迁的新风土聚落及文化地景。

此外，传统聚落遗产管理系统和遗产归口的合理化，遗产运作的信托化，遗产基金、社会"领养"

和活化途径的模式化，营造技艺传承的制度化，以及保护技术的系列化等，都应作为传统聚落保护与再生的改进方面加以关注和实施。

五、关于丛书编纂

这部丛书是第一部关于中国传统聚落特征与保护的大型研究集锦，内容覆盖了各省市自治区传统聚落的历史溯源、地域特征与现存状态、保护与活化的方法与途径，以及未来走向的展望等。丛书中的"传统聚落"聚焦于狭义的"村"和"镇"，并可选择性地涉及"城"，即"县"或"市"的老城区，如北京的胡同和上海的弄堂。书中内容兼顾理论观点和叙述方式的历史性、逻辑性和独特性，引述材料要求真实可靠，体例同中有异，充分表达地域特征，并将之纳入史地维度和经济、社会发展的叙事语境。保护与活化内容要求选取兼顾普适性和典型性的工程实践案例，对乡村振兴中的建成遗产存续和再生问题进行全方位的讨论。由于本丛书仍是以行政区划单位作为各分册的研究范畴，难免存在少量跨省市区之间的互涵和重复内容，但作为一部大型丛书，总体上还是完整统一的，其中不少篇章都可圈可点，对乡村振兴和传统聚落的未来探索有多方面的参考价值。

（本文主要内容及参考文献见《建筑学报》2019年12期）

中国科学院院士、同济大学教授
己亥夏至于上海寓所

序二

聚落,是人类聚居和生活的场所,《汉书·沟洫志》曰:"或久无害,稍筑室宅,遂成聚落"。聚落这一概念最早出现时是为了描述区别于都邑的居民点,现在已泛指人类生活地域中的村落和城镇。聚落是在各个地域内发生的社会活动、社会关系和特定的生活方式,并且是由共同的人群所组成相对独立的生活空间和领域。传统聚落主要是指具有一定历史性的城乡聚落,拥有物质形态和非物质形态的文化遗产,是先人运用自己的智慧,依据自然、气候、地理、习俗等环境因素建立的适宜的居住空间,同时具有较高的历史、文化、科学、艺术、社会、经济价值,能够反映一定历史时空的社会物质文化与精神文化的重要载体。

传统聚落是人们与自然协调过程中不断地尝试和调整所形成的,是在一定的时空条件下的总结。传统聚落是一定地域空间范围内的人文现象,它既是一种空间系统,也是一种复杂的经济、文化现象和社会发展过程。其起源、形成、发展均在特定地理环境和社会经济背景中,通过人类活动与自然相互作用下的结果,是对自然地理条件、社会治理结构、文化机制作用等多方面的缓慢调整适应,既是人类不断地适应、改造自然环境的实践积淀和智慧结晶,也是特定地域环境人地关系的空间反映。正如本套丛书之一《云南聚落》编写作者杨大禹教授所说:"几乎所有的传统聚落,作为联系自然环境和人文环境的中介,从它们的地理分布、外部整体形态、内部空间结构,到聚落与周围自然环境、山水地形的紧密关系,都体现出因地制宜、和谐有机的共同规律。"这些共识是协调当地的地理条件、社会风俗与生活方式等积累而成的。在以聚居为主的生活模式下,都会充分考虑到聚落的环境特点,尽量找到资源配置最为合理、微气候最为和谐的场所。聚落形态与民居建筑形式的存在,与人们应对自然环境的生理、心理需求有着千丝万缕的联系。所以,传统聚落都能反映出在一定的地域空间环境、一定的民族和一定的历史时期所承载的建筑文化底蕴。

传统聚落作为中华文明的一种载体,凝聚着具有地域性、民族性与艺术性的布局特色和建筑风采,以及文化习俗下构成的聚落分布、空间格局、生产模式、景观形态等风情各异、千姿百态的元素。传统聚落是先人们长期适应自然,与自然和谐相处的历史见证,凝聚着中国悠久的农耕文明,展示着人们自古至今的生存智慧,可以说,传统聚落承载着中华文化精华和中华民族精神。所以,保护传统聚落就是维系中国传统文化的延续,就是在保护中华文明的根。

对于聚落空间的研究,既要把控聚落自身各种要素以及各要素之间的相互关系,也要关注聚落内部空间与聚落外部空间之间的关系，从而进一步了解单个聚落与同一个地域内其他聚落之间的关系，以便获得对聚落空间完整概念的把握。通过对传统聚落特色的系统研究，包括将传统聚落的不同历史发展阶段，各种历史文化要素和不同形态载体归纳合一，作为相互交融、贯通的体系来研究，从理论层面上梳理传统聚落各种有关形成、发展、演化的普遍规律和地区特征，挖掘其精神文化及生命智慧，发现其内在的文化价值，尊重其自身的运营机制，肯定其在现代聚落发展中的积极作用，以丰富我们对于人类聚居的认识。

长期以来，我们的先人经过不断的实践，运用了他们的丰富智慧，无论在聚落总体布局或在民居建筑技术、艺术方面都取得了很高的成就，积累了丰富的经验。传统聚落生存智慧拥有中国优秀传统文化的内核，是体现传统建筑智慧最具特色的代表。如何重新再认识传统聚落所具有的地域性、民族性与文化多样性特征，进一步发掘潜藏其中的营建技艺、理论精华和创造智慧，寻求传统聚落的持续发展相应的理论支撑，是我们当前重要的课题。当然，蕴含着中华文化基因的传统聚落更是当代建筑文化特色形成的基础，值得我们去进行研究、总结、学习和借鉴。

"中国传统聚落保护研究丛书"各卷作者综合运用文献研究法、调查研究法、比较研究法、定性分析法等科学研究方法，建构传统聚落研究的基本思路。采用文献分析、田野调查、理论研究与实证分析结合、系统化分析等方法，通过对学术文献、地方志、文书族谱等史料资料进行梳理筛选，对现有传统聚落进行建筑测绘、口述访谈，在吸取前人研究成果的基础上，归纳总结我国传统聚落发展特点及其背后蕴含的丰富文化和物质内涵，从整体上考虑多元文化影响下的传统聚落特征。丛书作者在编写过程中，借鉴历史学、社会学、建筑学、城乡规划学、文化地理学、景观生态学等跨学科交叉的思路，采用融合融贯的研究模式，既对传统聚落的基本共性特点归纳总结，也对受各区域条件影响的传统聚落比较分析，从整体上来把握研究对象。

在新时代的聚落发展和建设中，对传统聚落的保护与研究就显得尤为重要。传统聚落所呈现出来的优秀空间格局与营造技艺，不仅能给聚落的保护更新提供更为合理的方法途径，同时也能为新时代的聚落建设提供更多的方式方法及可能性。探究历史文化基因的内在联系，研究传统聚落的起源、演变、特点和价值，为传统聚落的传承提出依据，以便于更好地加以保护与利用。与此同时，在弘扬与传承优秀传统文化的基础上，探寻传统聚落发展模式及其保护的策略与原则，对保护与更新提出更为具体的要求与措施，构建整体保护的格局理念，以及与其相适应的、分级分类的传统聚落保护体系，更好地把握传统聚落在当代的发展道路与方向。

"中国传统聚落保护研究丛书"的编写希望以准确翔实的史料、精确细腻的测绘、真实生动的图片来全面展示中国传统聚落悠久的历史、灿烂的文化、淳朴的民风。由于各地区的状况不同和民族差异，以及研究基础也会参差不齐，故在编写中并未要求体例、风格完全一致，而以突出各地区传统聚落自身特色，满足各地区建设的需求为主。同时，丛书的编写，也希望对全国各省、直辖市、自治区传统聚落保护与传承、历史街区与传统村落建设，以及城乡人居环境提升起到重要的参考与指导作用，这是本套丛书研究编写的目的和意义所在。

2020年11月16日

前言

传统聚落是一定地域空间范围内的人文现象，它的起源、形成和发展既是地理环境的适应产物，也是社会文化的物化形式，与特定的历史环境紧密关联。一方面，传统聚落的选址布局是对自然地理条件的适应性选择，其缓慢发展是在相对封闭的地域单元内经济社会治理结构和文化等内部机制作用的结果。另一方面，聚落作为区域环境的一部分，区域性古道的穿越、水利设施的修建、大规模人口迁移、职能定位等外部因素的介入也会在某些特定的地点对聚落的发展和变迁产生深远影响。两方面相互作用，构成了传统聚落的地域特色。

北京位于华北平原的北端，地处华北平原、东北辽河平原、内蒙古高原三大地理单元的交接之地，也是农耕文化、游牧文化、渔猎文化的相互交流融合之地，同时也是政治、军事要地。自北京成为都城之后，这种特征深刻地影响着北京城及其周边地区的发展。随着都城内皇室及相关行政机构的扩充、人口的大量增加、商贸文化活动的繁盛，服务于都城的生活商品与资源供给、物资交通运输、都城营建物料、都城和皇陵戍卫等职能要求更多地映射于都城外围地区。

北京是国家历史文化名城，现有中国历史文化名镇1个，中国历史文化名村5个，22个中国传统村落（含中国历史文化名村），44个市级传统村落（含中国传统村落）。北京城作为一座有着深厚历史文化积淀的千年古都，城市与郊区互相依存、互相影响。西山永定河文化带、长城文化带、大运河文化带等文化片区与古都交相辉映。北京传统村落不仅具有农耕文明影响下的乡土文化特征，更具有服务于都城的独特历史文化特质，与北京城的历史文化相互融合，是北京历史文化名城的重要组成部分。传统村落历史文化呈现出城乡关系紧密、影响因素众多、文化要素多样、形态丰富多变的特征，相互交织，体系繁复。

本书的研究思路重点围绕以下五个方面展开。

其一，"城""乡"关系下的聚落发展演变。

北京市市域范围内的传统聚落包含城镇和村庄。从现状上看，不仅有以明清皇城为核心的中心城，还有各历史时期不同层级行政建置治所基础上形成的古城，以及遍布乡村地区的传统村落。其中古城大部分均已不存，少部分有遗存，例如通州古城、延庆古城等。从历史演化上看，聚落在不同的历史时期承担着不同的职能，不断发展。不少传统村落在产生之初并非是以农业为主的居民点，而是承担了服务于国家都城的军事、防卫、驿站、行宫、守陵等特殊职能，后期逐渐演化为村落，承载了丰富的历史信息。例如，地理因素决定了北京一直是个军事要地，成为国都后具有更高的军事防卫要求，长城沿线分布了一系列军防聚落，是长城文化带的重要组成部分，形成防卫都城安全的聚落体系。清代以后，逐渐演化为村落。

在历史遗存碎片化的情况下，本书尽可能从聚落职能体系的角度进行梳理与价值挖掘，研究国都和周边地区的都市圈层格局与城乡关系，增强历史环境的延续性。

其二，"点""面"不同尺度下的聚落空间研究。

将传统聚落视为"点"，以地理学视角，研究宏观尺度的聚落职能，分析古道沿线、驿路沿线、运河沿线、长城沿线聚落等线性分布，以及皇家园林、陵寝周边聚落的片状分布，探究区域环境中、文化线路和文化带视野下的传统聚落分布格局。

将传统聚落视为"面"，以规划学视角，研究中观尺度的聚落形态，分析商贸、防御等不同功能和依山、傍水等自然因素影响下的聚落空间形态。同时，也兼顾建筑学视角，研究微观尺度的聚落空间，分析聚落中的典型院落和公共空间。探究生产—生活—生态智慧下的传统聚落形态结构。

本书将以非农产业为主要职能的村落从功能角度分为交通节点处的商贸型村落、长城沿线的堡城型村落和明陵周边的陵邑型村落三类。将主要依托农耕发展起来的村落从选址格局角度分为台地型村落、临溪型村落和山水型村落三类。

针对6类村落，选取24个传统村落作为实例，分析其发展演变、选址布局、村庄特点、空间形态等。各种类型村落分析的侧重点不同。前三类重在从区域环境分析职能与聚落结构的关系。例如堡城型村落分析军防体系与堡城特征。后三类重在从周边自然环境分析聚落选址与空间形态。例如台地型和临溪型村落分析山水与聚落形态的关系。

其三，"同"与"异"不同层次下的价值挖掘。

传统村落受到不同时期自然、社会多种因素影响，呈现出多种形态，体现多元价值。因此，村落的类型划分也是相对的，互有交叉。本书研究既聚焦于同一类型下的共性特征提取，即"求同"，也注重同一类型中多样因素作用的多层面价值挖掘，即"求异"，以避免因单一的类型划分而过于偏重于"求同"或"求异"。例如同为由长城沿线堡寨演变而来的堡城型村落，均具有城墙城门等防御型聚落形态，但因各村落所属的军防体系、镇路卫所堡等驻防等级、地理环境等因素，又呈现出不同的形态特征。又如商贸型村落，在形态上以具有沿商道的商业街区为共同的形态特征，但是有些村落是资源生产与商贸活动相结合，有些村落则是乡村中心与商贸活动相结合，因此形成了不同的聚落空间结构。而军事指挥中枢级的堡城因地处交通要道，也会具有商品交换贸易职能。

其四，自然社会环境中村落的"人""地"关系特征分析。

自给自足的小农经济背景下，村落作为一种最基础的聚落形式，受气候、资源和地貌等自然因素的影响很大，并与礼教、血缘等社会文化因素相结合。从选址格局、空间形态、院落群组等方面，台地型、临溪型和山水型村落都体现出和谐的人地关系，呈现出因地制宜、顺应自然的形态特征。宅院组织、街巷道路、集会场所、公共建筑等聚落组成要素的组合，构成村落自由与有序相互交织的丰富空间形态。

其五，"整体性"与"系统性"的聚落保护研究与实践。

北京历史文化名城保护研究与实践，早期以重点文物保护为主，21世纪之初完成了《北京旧城25片历史文化保护区保护规划》《北京历史文化名城保护规划》《北京皇城保护规划》，随后保护范围逐渐从重点关注中心城区，逐渐扩展到郊区村落。2012年开始中国传统村落的评选，至今已有五批。2018年北京市公布了首批市级传统村落名单。《北京城市总体规划（2016-2035年）》中明确提出，要以更开阔的视角不断挖掘历史文化内涵，扩大保护对象，构建全覆盖、更完善的历史文化名城保护体系。对历史城市的保护，从点状保护、块状保护，发展到全市域内的面状整体性保护。

对传统村落的多样特色进行系统的挖掘、梳理和研究，将传统村落保护与长城文化带、大运河文化带、西山永定河文化带等规划建设相结合，构建全面保护格局，推进区域文化遗产连片、成线保护利用，挖掘区域文化遗产整体价值。构建与治理结构相适应的、分级分类的传统村落保护与发展体系，以实现传统村落的传承与创新。

通过针对北京作为国家都城的特质，本书尝试从聚落体系的视角研究北京传统聚落，探究皇权中心控制影响下的城乡关系与传统聚落职能，并映射于聚落分布、空间布局与形态中。希望从区域视角下深入挖掘传统村落的内在价值。将传统聚落的不同历史发展阶段、各种历史文化要素和不同形态载体作为相互交融、贯通的体系来研究归纳。在关注整体性的同时，把握独特各异的特征，探究历史文化基因的内在联系，研究传统村落的起源、演变、特点和价值，审视其多重的价值表现，为传统村落的保护提供评判依据，以利于更好地加以保护与利用。

赵之枫

2020年6月于北京

目 录

序 一

序 二

前 言

第一章 聚落发展的地理和文化背景

第一节 自然地理环境 —————————— 002
 一、区位范围 —————————— 002
 二、地形地貌 —————————— 002
 三、河流湖泊 —————————— 003
 四、气候特征 —————————— 004
 五、自然资源 —————————— 005

第二节 社会文化背景 —————————— 006
 一、建置沿革 —————————— 006
 二、职能地位 —————————— 009
 三、民族人口 —————————— 010
 四、经济文化 —————————— 011
 五、农业农村 —————————— 013
 六、乡村社会 —————————— 014

第二章 聚落发展与演进

第一节 聚落起源与早期聚落 —————————— 018
 一、旧石器时代 —————————— 018
 二、新石器时代 —————————— 018
 三、夏商周时期 —————————— 019

第二节 秦汉至辽金元时期聚落 —————————— 021
 一、秦汉至五代时期 —————————— 021
 二、辽金元时期 —————————— 023

第三节 明清及民国时期聚落 —————————— 030
 一、明朝时期 —————————— 030
 二、清朝时期 —————————— 032
 三、民国时期 —————————— 033

第四节 聚落名称溯源与演变 —————————— 034
 一、聚落名称及其演化 —————————— 034
 二、聚落名称通名 —————————— 035

第三章 城乡聚落体系

第一节 以都城为核心的聚落体系 —————————— 040
 一、概述 —————————— 040
 二、北京城区 —————————— 045
 三、北京郊区 —————————— 046
 四、行政建置治所 —————————— 047

第二节 皇权外溢下的聚落体系 —————————— 055
 一、皇家园林与聚落 —————————— 055
 二、皇家陵寝与聚落 —————————— 060

三、皇帝行宫与聚落————————063
第三节　服务都城交通的聚落体系————067
　　一、交通与聚落————————067
　　二、京西古道与沿线聚落————072
第四节　防卫都城安全的聚落体系————075
　　一、北京地区长城与军事防务————075
　　二、长城防御工程与军事聚落体系————080
第五节　服务社会生活的聚落体系————091
　　一、商品供应与村镇聚落————091
　　二、社会文化与村镇聚落————094
　　三、宗教信仰与村镇聚落————098

第四章　村落功能结构

第一节　商贸型村落————————106
　　一、商贸型村落特征————————106
　　二、商贸型村落实例————————106
第二节　堡城型村落————————133
　　一、堡城型村落特征————————133
　　二、堡城型村落实例————————134
第三节　陵邑型村落————————190
　　一、陵邑型村落特征————————190
　　二、陵邑型村落实例————————190

第五章　村落空间形态

第一节　村落选址与格局————————202
　　一、选址与分布————————202
　　二、空间形态————————205
第二节　台地型村落————————228
　　一、台地型村落特征————————228
　　二、台地型村落实例————————230
第三节　临溪型村落————————258
　　一、临溪型村落特征————————258
　　二、临溪型村落实例————————261
第四节　山水型村落————————292
　　一、山水型村落特征————————292
　　二、山水型村落实例————————294

第六章　传统村落保护与发展

第一节　传统村落保护与发展现状与特征——314
　　一、传统村落保护与发展现状——314
　　二、传统村落保护与发展特征与要求——318
第二节　传统村落保护与发展策略与方法——321
　　一、系统性和整体性——市区层面——321
　　二、结构性和完整性——镇村层面——326

第三节　传统村落保护与发展规划实例——328
　　一、长峪城村保护规划——328
　　二、长峪城村发展规划——341

附　录————351

索　引————353

参考文献————355

后　记————358

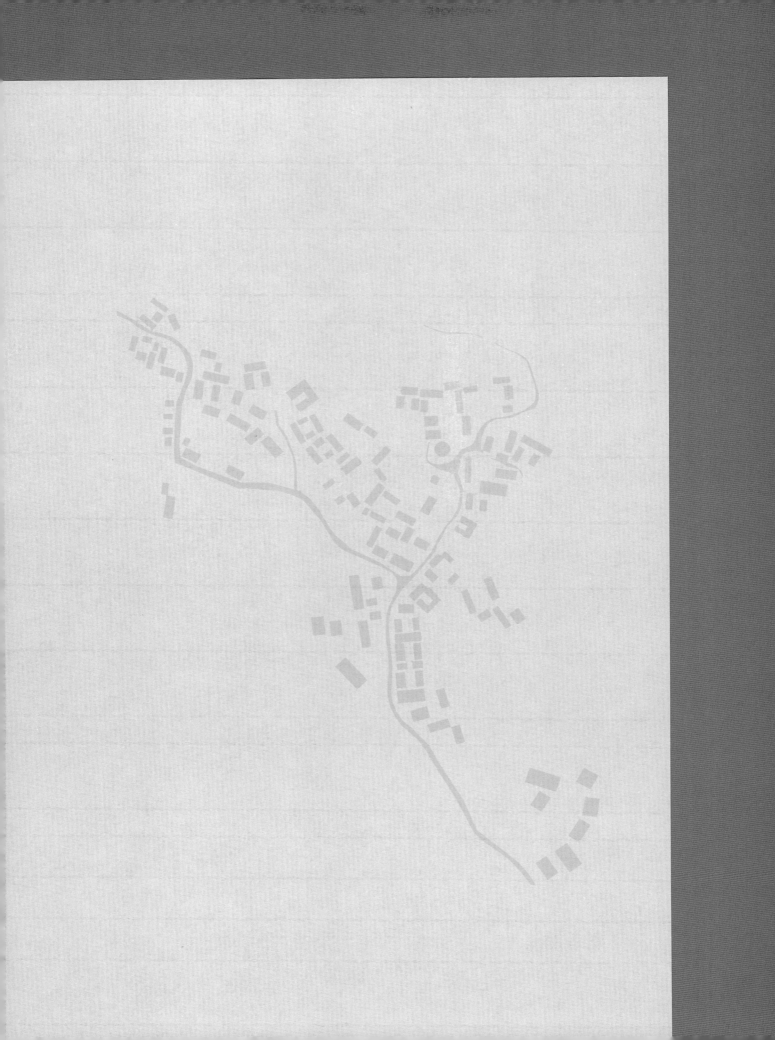

第一节　自然地理环境

一、区位范围

北京市位于东经115°～117°，北纬39°～41°。南自大兴区石佛寺，北至怀柔区石洞子；西起门头沟区东灵山，东到密云区花园。南北长约176公里，东西宽约160公里，面积16410平方公里。周围与河北、天津接壤。东南距渤海约150公里。2018年，全市辖东城区、西城区、朝阳区、丰台区、石景山区、海淀区、顺义区、通州区、大兴区、房山区、门头沟区、昌平区、平谷区、密云区、怀柔区、延庆区16个区，共152个街道、143个镇、38个乡、3209个居民委员会，3915个村民委员会（图1-1-1）。[①]

二、地形地貌

北京的地理环境特征为西北高东南低，西部、北部和东北部是山地，中部、南部和东南部是平原。东南开阔面向渤海，构成一个向东南开放的半环形山湾。形成"左环沧海，右拥太行"的优越地理环境（图1-1-2）。

北京市的山地面积约10441平方公里，约占全市总面积的62%。西部山地统称北京西山，属太行山脉北段的一部分。北部、西北部和东北部山地，属燕山山脉的西段，与太行山脉的交接部又别称军都山。北京山地地区多为海拔500～1000米的低山和海拔1000～1500米的中山，最高峰为海拔2303米的东灵山；其次是大海陀、雾灵山、百花山等，海拔在2000米上下。

图1-1-1　北京市行政区划示意图（来源：北京市规划和自然资源委员会官网）

图1-1-2　北京地理环境示意图

---

① 数据来源自《北京统计年鉴2019》，由北京市统计局、国家统计局北京调查总队编。

北京市的平原面积约6359平方公里，占全市总面积的38%，人称北京小平原，位于华北平原的西北隅，是永定河、潮白河、温榆河、拒马河、大石河、泃河等洪积冲积扇平原的联合体。高程多在30~50米间，通州区东南部在海拔20米以下。整个平原地势平坦，土壤肥沃，水利发达，灌溉方便，素有"水甘土厚"之誉，有利于农耕。北京地处居庸关外的延庆小盆地，虽然地势较高，亦由一系列洪积扇与妫水河冲积小平原构成，水丰土沃，宜于耕作（图1-1-3）。

总体来看，自西向东绵延起伏的燕山山脉，横亘在北京小平原的北部。它与南来的太行山脉于南口的关沟附近相汇合，形成了一个弧形的山湾。其状若围屏，只在东南一面开向平原。这样，就在地貌上形成了一个半封闭的"海湾"，人们也称之为"北京湾"，孕育了北京城。广布于山区平原的城乡居民点与多样的地形地貌相结合，呈现出丰富的聚落空间形态特征。

三、河流湖泊

北京的河流大小200余条，分属海河流域的五大水系（图1-1-4）。

拒马河水系：拒马河发源于河北省涞源县，有大石河、小清河等支流，是北京清洁地表水的重要源地。

永定河水系：为市域最大河流，上游桑干河发源于山西省宁武县，流经大同盆地及河北省，接纳浑河、洋河、妫水，汇入官厅水库。水库以下始称永定河。下游流经河北省至天津市大沽入海。

温榆河-北运河水系：温榆河发源于昌平区山地，是源于市域的唯一水系，流经通州为北运河，在天津红桥流入海河。

潮白河水系：潮河发源于河北省丰宁县，经古北口入密云区注入密云水库；白河发源于河北省沽源县，经延庆、怀柔区注入密云水库。两河流出水库后于河槽村

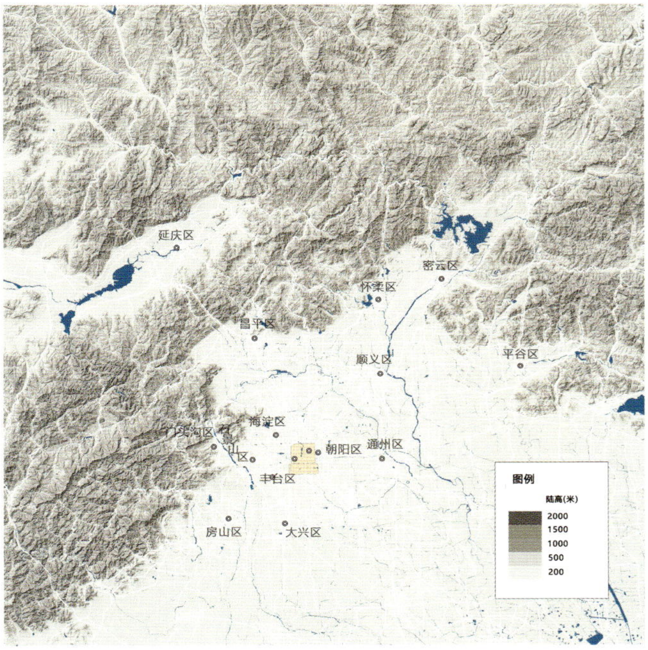

图1-1-3 北京地形图

图1-1-4 北京水系示意图

汇合，称潮白河，经顺义区、通州区，入河北省香河县，由天津市北塘入海。上游山区为水资源开发利用与重点保护区。

蓟运河水系：西支沟河发源于河北省兴隆县，流经市域平谷区、河北省三河市至天津市九江口与东支河汇合为蓟运河。

各条水系历史上水量较大，多有航运和灌溉之利，特别是潮白河水系与温榆河水系，是北运河漕道的主要供水水源，保证了京师漕运数百年不衰。

永定河、潮白河、温榆河是构成北京城所在地——北京小平原沉积物的主要输送者。这些河流大多由西北流向东南，形成一系列大小不等的冲积扇。这些冲积扇互相连接，共同铸就了一个面积达数千平方公里的广阔的冲积扇，塑造了北京小平原，其中尤以永定河形成的冲积扇为大。

永定河是华北地区仅次于黄河的第二条大河，南支以桑干河为主源，与北支洋河汇合后，始称永定河。它在切穿冀北山地时形成了嵌入曲流，出三家店进入平原，继而向东南流至天津附近汇入海河，注入渤海。冀北山地地形陡峭，很容易产生地表径流，因河水中的泥沙量大，将大量的黄土携至下游，形成巨大的冲积扇。永定河原来称清泉河，后名卢沟河，元明时期又称浑河、小黄河等。永定河在三家店附近出山后迁徙无定，历史上形成若干故道，储存了丰富的地下水源。北京历代园林、行宫、苑囿的废弃和兴建，也大多与永定河迁徙过程中所形成的古河道关系密切。

历史上北京的湖泊众多，多位于河流古道洼地和河间洼地。例如，昆明湖、圆明园位于古清河故道洼地带内，玉渊潭、莲花池、积水潭等则镶嵌在古金沟河故道洼地带之中，南苑海子位于永定河故道洼地内。在通州南部漷县—牛堡屯、永乐店—凤河营之间，辽金元时期曾有较大面积淀泊存在，一为延芳淀，一为放飞泊，是永定河下游地区的分汊河道之间的积水洼地。元朝时，

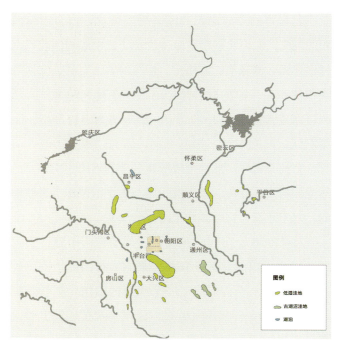

图1-1-5 北京平原泉水与湖泊分布图（来源：改绘自《北京历史地图集·文化生态卷》）

延芳淀裂变成五六个小的湖泊，一直到清道光年间，这些湖泊才最后消失。这些湖泊蓄水丰富，景色宜人，不少被辟为皇家苑囿（图1-1-5）。

北京郊区拥有玉泉山的玉泉、白浮泉、小汤山温泉、巴沟与香山的泉水、黄草洼泉、珍珠泉等丰富的泉水，成为皇家苑囿、农村生产、生活用水之源。村落中几乎村村都有泉水、井水可用。

四、气候特征

北京市为温带季风气候，该气候的显著特点是四季分明，春季短暂，气温回升快，昼夜温差大，干旱多风沙；夏季酷暑炎热，降水集中，且多暴雨；秋季天高气爽，冷暖适宜，光照充足；冬季漫长，寒冷干燥。年平均气温为10～12℃。1月均温为-4～-8℃；7月均温为26℃。全年无霜期为180～200天。全市多年平均降水量为470～660毫米，但季节分配极不均，

夏半年（4～9月）的降水量约占全年降水量的90%，冬半年（10月～次年3月）的降水量只占10%。这种降雨特点，使北京地区易遭受旱涝灾害。由于受地形因素影响，北京市气候的地域差异比较明显。北部山区的年均温比南部低1～2℃，无霜期短1个月左右。

北京地区风向有明显的季节性变化。冬季盛行西北风，夏季盛行东南风，春季为风向转换的季节。

北京年日照时数在2000～2800小时之间。大部分地区在2600小时左右。全年日照时数以春季最多，月日照在230～290小时；夏季正当雨季，日照时数减少，月日照在230小时左右。秋季月日照230～245小时；冬季是一年当中日照时数最少的季节，月日照不足200小时，一般在170～190小时。

北京气候高爽，居住空间需要夏季能迎风纳凉、隔热遮阳，冬季背阴向阳，能有充足的日照。为适应气候条件，北京村落采用舒朗的格局，负阴抱阳，利于日照，各户以宽敞的院落为中心，使房屋多纳阳光。

五、自然资源

历史上，北京地区的野生动物十分丰富。虎、豹、熊、鹿、狼、狐、野猪、黄羊以及天鹅、鸿雁、野鸭、鸳鸯等，数量众多。辽时期，每年春末，辽主都要到延芳淀去打猎。

北京市地带性植被类型是暖温带落叶阔叶林并间有温性针叶林的分布。木材资源集中于西北部山区森林，多为松、柏、柳、榆、栎、榛、杉、栗等。

北京地区矿产资源比较丰富，开发利用历史悠久。汉代，渔阳郡设铁官，管理铁矿开采冶炼。唐代，房山境内的汉白玉已开采用于建筑业；平谷境内开始采黄金。辽金时期，西山的煤矿和银冶岭的银矿均有开采。元代在檀州（密云）东大峪锥山开采铁矿，门头沟斋堂、清水采金、银、铜、铁、锡与石墨。明清时期，宛平和房山的煤、怀柔银冶岭的银、房山的汉白玉以及西山和北山的石材，得到更广泛的开发利用（图1-1-6）。

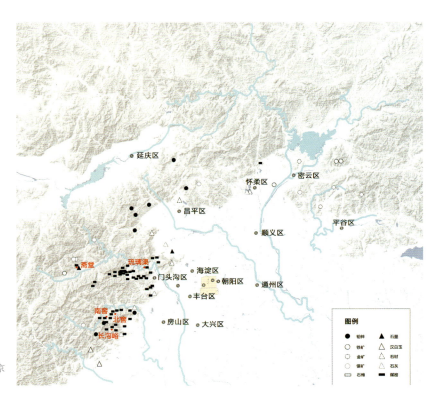

图1-1-6　历史时期北京地区采矿业（来源：改绘自《北京历史地图集·人文社会卷》）

一方面，资源开采带动了一批村落的起源与发展，为都城营建提供了物料。另一方面，这些资源提供了民居营建所需的土、木、石、砂、砖等材料，体现当地特色。如京郊山区为石材盛产地，民居建筑常用块石与片石砌筑，形成山地村落特色。

第二节　社会文化背景

一、建置沿革

历史上，北京地区属于"蓟""燕""幽"等几个古老地名所指代的地域范围。

西周初，先后封立蓟、燕二国，蓟国都蓟（今广安门一带），燕国都燕（今琉璃河镇董家林一带）。后燕国并蓟，迁都蓟城。

公元前221年，秦始皇统一中国，创建中央集权制封建国家，废除分封制，推行郡县制，分天下为三十六郡。今北京地区分属广阳、上谷、渔阳、右北平四郡。蓟城是广阳郡的治所（图1-2-1）。西汉实行郡县与分封王国侯国并行制。今北京地区分属上谷、渔阳二郡和燕国（后改为广阳国）。汉武帝分全国为十三州刺史部，北京地区所属幽州为其中之一。至东汉，形成州、郡、县三级行政建置。西晋，形制沿袭东汉。其间，今北京地区主要有幽州和燕郡。后魏，与西晋同制，幽州治所仍为蓟城。从秦汉，经魏、晋、十六国、北朝，前后达800年，蓟城在我国北方的地位日渐重要。

隋初简化地方行政制度，改为州、县二级制。隋大业三年（公元607年），取消州设立郡，变为郡、县二级制。北京地区分属涿郡、安乐郡、渔阳郡。涿郡治蓟城，下辖9县，5县在今北京市境内。唐初实行道、州、县三级制，分全国为十道，后增为十五道。今北京地区属河北道，下置幽州、檀州，并有妫州及饶乐都督

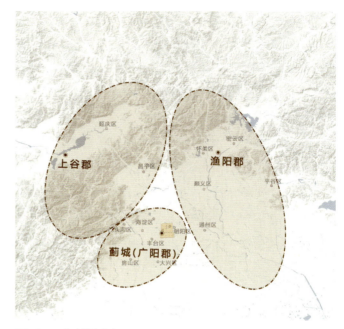

图1-2-1　秦时期的北京

府部分地区，幽州治蓟城（图1-2-2）。

五代期间，契丹崛起于北方的潢河（今西拉木伦河）流域，首领耶律阿保机于公元916年称帝建元，定都临潢。公元938年进据燕云十六州，升幽州为幽都府，立为南京，实为陪都。公元947年建国号辽（公元916~1125年）。公元960年宋朝继五代之后定都汴梁，遂形成宋辽对峙局面。辽开泰元年（1012年）改幽州府为析津府，南京亦称燕京。辽治，分立上、中、东、西、南五京。实行道、府、州、县四级行政建置。辽太平六年（1026年），今北京地区分属南京道、

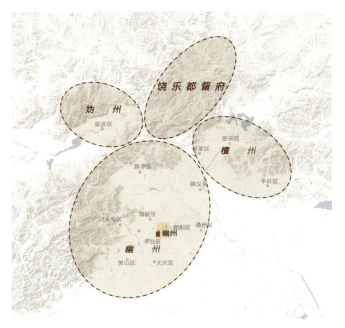

图1-2-2 唐时期的北京　　　　　　　　　　　　　　　图1-2-3 辽时期的北京

西京道、中京道。南京道析津府，治南京，统6州11县。自此，秦汉至隋唐间北方重镇蓟城和幽州城的名称消失，但城市政治地位开始提升（图1-2-3）。

女真继契丹之后，从混同江（今松花江）上兴起，首领完颜阿骨打于天庆五年（1115年）称帝，国号金（1115~1234年），都会宁。金天会三年（1125年）南下灭辽。金天德三年（1151年）扩建辽南京城，改称中都，三年竣工。金贞元元年（1153年）迁都，与南宋相对峙。金代政区大体承袭宋、辽制，实行路、府、州、县四级行政建置。中都府附近特设中都路，其中近畿部分为大兴府。金大安元年（1209年）今北京地区分属中都路、西京路和北京路各一部分。大兴府治大兴，辖10县，5县在今北京市境。金，是今北京正式成为一国之都的开始（图1-2-4）。

1206年，蒙古族首领铁木真建国于斡难河上，尊号成吉思汗，国称蒙古汗国。1215年蒙古兵攻占金中都。1267年，忽必烈下令营造新城，新城选址以中都城东北近郊金大宁宫为中心。元至元九年（1272年）改中都为大都。至元二十一年（1284年）置大都总管府。元代实行省、路、府、州、县五级行政建置。今北京地区属中书省、大都路。北京第一次成为全国统一政权的首都，直至明、清及民国前期（图1-2-5）。

明初，建都南京，改元大都名北平，置北平府。明永乐元年（1403年），改北平名北京，称顺天府。永乐十九年（1421年）迁都北京，以北京为京师。明代实行司、府、州、县四级行政建置。明万历二十一年（1593年），今北京地区主要在顺天府界内，也包括宣府镇、延庆直隶州和北方朵颜部所占领的一部分（图1-2-6）。

清，继续建都北京，亦称京师。行政基本沿明旧制，分省、府、州、县四级行政建置。顺天府直隶京师，地位高于一般府。清康熙二十七年（1688年）于顺天府内设置东、西、南、北四路厅。清光绪三十四年（1908年），今北京市境分属直隶省顺天府、宣化府、承德府和独石口厅。顺天府治大兴，领5州19县，2州8县在今北京市境（图1-2-7）。

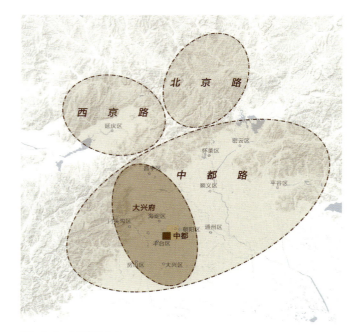

图1-2-4　金时期的北京

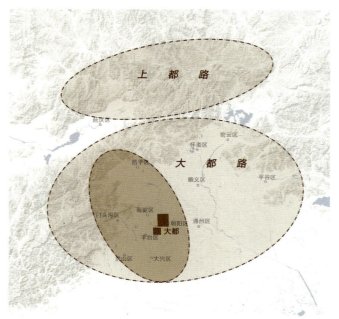

图1-2-5　元时期的北京

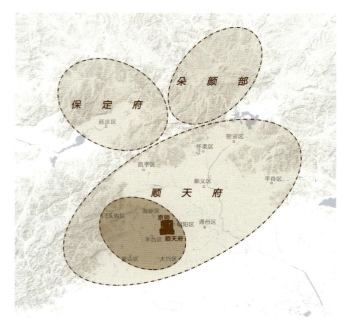

图1-2-6　明时期的北京

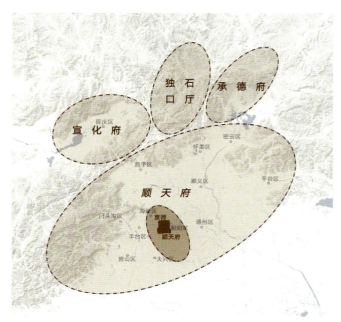

图1-2-7　清时期的北京

　　1911年辛亥革命爆发，清朝灭亡。1912年1月，孙中山于南京就任中华民国临时大总统，随后袁世凯接任临时大总统，1912年4月政府迁至北京。民国2年（1913年）划定新省区，废府分道，改州为县。民国3年（1914年）顺天府改置京兆地方，设京兆尹，直隶中央。并设立热河、察哈尔特别区。京兆地方辖20县，10县在今北京市境内，包括大兴、宛平、良乡、房山、通县、顺义、平谷、密云、怀柔、昌平。民国

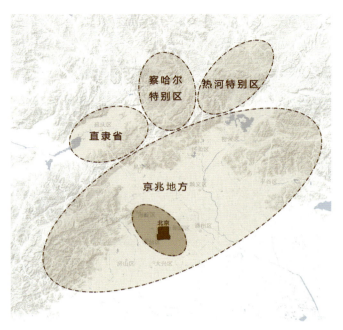

图1-2-8 民国6年（1917年）时期的北京

16年（1927年），国民党组建政府于南京。翌年改北京为北平，设特别市，改直隶省为河北省。今境部分郊区及大部分县划归河北省。1937年北平沦陷后，日伪曾置燕京道。1945年，抗日战争胜利后，国民政府在北平改行"一市八郊"建制。1949年9月底，中国人民政治协商会议决定改北平名北京，定为中华人民共和国的首都（图1-2-8）。

二、职能地位

北京最初的聚落名为"蓟"。辽以前，蓟城或幽州城或为王国之都，或为州郡治所，一直是北方的一处重要行政中心，同时又是一座军事重镇。早在夏商周时期，中原王朝或与当地邦、族结盟，或直接派重臣守护，表现出对其北面门户——北京地区的重视。公元前11世纪中期周武王灭商后，即分封了蓟、燕两个诸侯国，从此，北京的历史迈上了"方国都邑"的新台阶。战国时期，燕国成为"七雄"之一，燕都蓟城一跃而为"富冠海内"的名城。随着秦汉统一多民族封建国家的建立，北京地区成为中原王朝的北方军事重镇和交通枢纽。朔漠草原和白山黑水广袤大地上北方民族的崛起和南进，造成中国政治中心的东移。隋朝统一后，幽州成为中央政权向东扩张的军事基地，涿郡蓟城成为集结军队、物资的军事要地。唐代幽州城形成比较发达的封建城市经济，手工业行业丰富，江南的物资源源不断地向幽州聚集，贸易范围伸展到西域、漠北及东亚沿海。

随着唐代末年北方游牧民族契丹的日益强大，幽州成为他们攻占的首要目标。五代后晋主石敬瑭拱手将幽云十六州送与契丹。辽于公元938年升幽州为南京，作为陪都。从此，蓟城的城市职能发生了重大变化，开始由北方的重要行政中心和军事重镇向全国政治中心过渡。辽代的五京中，除皇都上京外，南京最为重要。因为南京地处山前汉地，农业经济与文化远较塞外发达，利于统治者与庞大军队的物资供给；又地近北宋，在宋、辽以白沟为界而南北对峙的情况下，南京是防御、进攻宋，或同宋交往的前沿基地。[①]

金取代辽后，金王朝设有六京，即中都大兴府、上京会宁府、北京大定府、东京辽阳府、西京大同府、南京开封府。其中，中都（原为幽州）为1153年海陵王迁都以后的首都，是拥有淮河以北中国半壁河山的金王朝的政治中心。今北京城作为封建王朝的都城（非陪都），是从金中都开始的。可见，金中都的城市职能和地位，已非辽南京可比了。北京的战略地位大大提高，成为中国北方的中心以及北方力量向南推进的基地。华北边缘的军事中心正慢慢向全国政治中心转变。同时，历代作为都城的长安（今西安）的地位却在下降。北宋的国都为汴京（今开封），南宋避难于南方，以临安（今

---

① 尹钧科. 北京郊区村落发展史［M］. 北京：北京大学出版社，2001：29.

杭州）为国都。最后，成吉思汗建立蒙古国，元吞金灭宋，以北京作为统一的中国的国都。元大都是全国统一政权大元王朝的首都，是大一统中华的政治中心和文化中心。从元大都开始，北京成为全中国的首都。

1368年，明大败元军并占领了大都，立南京为国都，将大都改名为北平府，由明太祖的四子燕王驻以重兵镇守。北平复由元大都的全国政治中心降为地方行政中心和征伐、备御蒙古残余势力的前沿基地。燕王"靖难"登位后，明永乐元年（1403年），易北平为北京，乃今北京得名之始。北平经历了20多年的过渡期而成为明朝的新国都。北京又恢复了元大都时具有的政治职能和地位。明朝的边防重点是对付北方蒙古势力的威胁，北京成为沿长城九边重镇防御力量的指挥中心。明代以北京为京师长达近两个半世纪。明代北京作为全国政治中心和文化中心的职能与地位得到进一步的发展和巩固。

北京的战略地位，是由综合因素决定的，尤以地理因素为核心。北京地处交通要道，是南北方或防御，或进攻，或交往的基地与门户。每当中原的汉族统治者势力强大，内足以镇压农民的反抗，外足以发展势力、开拓疆土的时候，就要以北京作为经略东北的基地；反之，每当中原的汉族统治者势力衰微，农民起义日趋激烈之际，东北的游牧民族就乘机内侵，北京又成为汉族统治者军事防守的前沿重镇。[①]因此，北京成为两种不同军事力量的界线，同时亦是兵家必争之地。

16世纪末17世纪初，女真族（满族）在中国东北兴起。1636年建立清朝，1644年灭明朝后仍以北京为首都。满族入主中原，建立起空前大一统的专制帝国，北京成为多民族统一国家的政治中心。鸦片战争后，列强势力侵入，北京逐渐沦为半殖民地半封建国家的统治中心。直至辛亥革命结束了两千余年的封建君主制度。

民国时期是北京从封建统治走向民主共和的重要历史阶段。1912年北京成为中华民国首都。南京国民政府成立后，定都南京，北京改名北平，随后又作为北方的政治、文化中心。1949年，中华人民共和国成立，北京成为首都。

三、民族人口

作为"交汇点"式的城市，北京城市职能与地位的演变和中国北方少数民族的兴起紧密相连，推动了北京地区民族、人口的迁徙与融合。

北京地处华北平原和内蒙古高原、黄土高原的交接部，燕山山脉、太行山山脉是这三个自然地理单元交接的纽带，自西向东形成了一条天然屏障，成为自然环境和历史人文的明显分界线。山脉南侧的北京地区为华北平原的组成部分，适于农业耕作，物产丰富。而在山脉北侧，气候截然不同，茫茫草原，是北方民族进行游牧生产的主要场所。

在北京地区生活的居民大体分为两部分。生活在山南地区的，主要是汉族。西周分封燕国之前，以黄帝后裔为主。西周分封为蓟国后，一大批民众从关陕一带到此居住，成为北京地区最早的集体移民之一。此后，从秦汉到明清时期，一直有各地人口迁移到此定居。生活在山北地区的，主要是北方少数民族游牧部落。最早见于文献记载的，是山戎部落，此后则有肃慎、林胡、楼烦、蒙古、匈奴、乌桓、鲜卑、突厥、契丹、女真、奚族等少数民族部落。其中，鲜卑、契丹、女真和蒙古等少数民族势力一度进入中原地区。鲜卑族建立了北魏，契丹族建立了辽，女真族建立了金，蒙古族建立了元。

农耕民众与游牧部落之间经常会发生冲突，草原部落到农耕地区掠夺粮食和钱财，造成巨大经济损失和政局动荡。为保障社会安定，避免经济损失，早在先秦时

---

① 侯仁之，金涛. 北京史话[M]. 上海：上海人民出版社，1980：22.

期，燕国就在境内修筑长城，以防御山戎的侵袭。秦始皇统一天下后，从东到西沿着农耕地区与游牧地区的分界线，修筑了万里长城。汉唐时期，长城为抵御匈奴及突厥等游牧部落的侵扰发挥过重要作用。唐代末年，契丹游牧部落在唐朝灭亡后利用中原王朝的内讧，得到了长城沿线的燕云十六州。从此，中原地区汉族政权在与北方少数民族政权的军事对抗中一直处于被动地位。蒙古游牧部落崛起之后，势力迅速进入中原地区，在建立元王朝后将其势力进一步扩张到了江南地区，很快统一了天下，长城内外的长期军事对抗不复存在，农耕民众与游牧民众之间出现了大规模的相互融合。明朝建立后，再次出现农耕汉族政权与游牧部落之间的长期军事对抗，明朝政府不得不花费大量人力物力来修筑长城，以加强防御。清朝入主中原并定都北京后，北方游牧民族和中原农耕民族的长期战争渐趋沉寂。①

历史上北京地区民族、人口的迁徙和融合频频发生。例如，因中原战乱频仍，封建军阀常从北方游牧民族中招募士兵；北京地区居民被接连入侵的游牧民族军队掳掠迫迁于塞外；幽燕之民被迫向中原迁徙；契丹等军队从燕南地区掳掠的汉族人口，有一部分安置在北京地区等。随着北京逐渐上升为帝都，这种迁徙和融合变得尤为剧烈和复杂。首先，契丹人、女真人、蒙古人、满洲人等少数民族，随着辽、金、元、清统治者先后入主关内，大批从塞外内迁入北京地区；其次，北京作为都城时，大批官宦、士子、商人等迁居聚集于京都；再有，由于都城建设、守卫、城市生活以及近畿开发等各方面的需要，辽、金、元、明、清各代皆从各地征调大批工匠、民夫、兵士、乐人等进京应役，或者有组织有计划地向北京地区调军移民，进行屯田。

辽代，随着南京（今北京）城市地位上升，区域和城市人口构成复杂化。除州县赋役户口外，还有宫卫军户及僧道，盛期人口约58万人，其中南京城市15万人。金代，中都左右警巡院户口、州县户口，猛安谋克②户口，宗室将军司户口、宫监户口等，极盛时期约161万人，其中中都城市约40万人。元代极盛时期，大都地区约有208万人，其中大都城市近100万人。明初，山西、山东等地的大批民众迁居于此。明万历初期，城市户口、州县户口、卫所军户、工匠铺户、皇族的服务人口等，北京地区共约185万人，其中北京城市约85万人。1644年（明崇祯十七年、清顺治元年），满蒙汉兵丁大量调入北京。清康熙年间，又陆续抽调军队迁入京城，加强北京的军事力量，也增加了八旗人口，此即"实京师"政策。同时，清政府又从北京迁出大批八旗兵丁驻防各地。至清乾隆中期，清政府增加外省驻防，迁移闲散人口驻屯，汉军出旗、编户为民，疏解京师旗人，出现了外迁大量京师八旗兵丁户口的形势。另外，为疏散京城人口，八旗兵丁户口移驻北京郊区。清光绪八年（1882年），北京地区人口约为243万人。清宣统二年（1910年），内外城人口67.4万人。③

不同类型的民族和人口内迁与外迁，使北京城及郊区居民的民族和人口构成变得极为复杂。来自各地的人们长期而广泛地相互交流，相互学习，相互影响，最终趋于融合，形成独具特点的京味文化。

四、经济文化

城市经济文化特点的形成，受到自然地理条件和职能地位两方面的影响。北京自古以来就不是经济十分发达的

---

① 戴逸. 中国地域文化通览·北京卷［M］. 北京：中华书局，2013：4-5.
② 猛安谋克，是女真民族创行的一种部落联盟组织，猛安是部落单位，谋克是氏族单位。猛安谋克既是军事编制，也是生产单位，还是地方行政机构三位一体的封建化组织。
③ 侯仁之. 北京历史地图集·人文社会卷［M］. 北京：文津出版社，2013：35-41.

城市，从贸易枢纽、军事重镇发展为多朝国都，主要是政治、军事上的需要，其经济文化具有明显的地区特点。

首先，优越的自然交通条件使北京在沟通南北两种经济文化中发挥重要作用，自身也呈现出混合经济特征。

北京地区位于华北平原的最北部。北面群山环抱，南面诸水横流，平原地区适宜于农业耕作，山区的矿产资源和果木资源也十分丰富。同时，北京地区交通便利发达。向北，经居庸关、古北口等可达蒙古草原。向东北，经山海关可达东北各地。向西，经紫荆关可达三晋、关陕各地。向东，可达海边。向南，有多条陆路可达中原各地。便利的交通环境，为北京的经济发展和与周边地区的文化交流提供了优越的自然环境。①

我国在长期的历史发展中，农耕与游牧地区南北经济方式和发展水平差异很大。中原地区农业生产发展很早，生产方式一直处于领先地位，城市往往坐落在农业发达的中心地带，其商业贸易和手工业生产服务于周围的农业经济。而长城以北地区，以游牧或打猎为主，生产水平低下，城市很少且不发达。北京地处南北交流的枢纽地带，是中原汉民族农耕经济和农业文化，与北方各少数民族畜牧经济和牧猎文化的交界之地。因此，其经济特征，既不同于中原的繁华城市，又区别于北方草原的一般市镇，呈现出南北交融的混合经济形态，即以农业为主，兼备游牧、渔、猎、工、商各业。②

其次，受制于自身经济水平，北京是一座需要依靠外部经济供给的都城。

以往的古代都城，大多在经济比较发达的地方。北京虽在北方算是比较发达的城市，但与南方著名城市不能比拟。经济状况与其强大的政治、军事力量不相协调。早在其作为北方军镇时期，此问题就已经暴露出来。每当幽燕地区有牵动全国形势的大规模军事活动时，便需由运河漕运大批粮米供应。其时，通过开发幽州周围地区进行军屯、发展贸易等，还可以维持这个城市的正常生存。而在依托政治、民族、军事需要而非自身经济优势建都以后，整个王室和庞大的官僚机构以及大量的军队长期驻扎于此，加上为这些机构服务的人员，形成一个庞大的消费集团。这样一来，凭借幽燕地区本身的经济力量，显然不能保证起码的生存条件。于是，陆、河、海路的转输、漕运旷日持久，北京成为一个靠外部"输血"以保持自己强大政治、军事优势的都城。③

再次，北京的商业贸易活动繁荣，带动文化融合，形成多元文化。

历史上都城大多有繁荣的商业。北京虽然经济力量不强，但是在南北经济往来的过程中，一直起着重要的杠杆作用，承担着南北两大经济区域贸易交往的任务，促进文化交融。辽代的燕京，是进行南北贸易的大市场。辽朝各地的羊、马、驼等货物运到这里，宋朝的商人带来香药、茶、漆器、大米等物资进行交换。金、元以后，由于少数民族入主中原，女真、蒙古各族先后在北京地区建置首都。北方各族人口不仅大量涌入，而且带来了草原文化，出现了南北政治、经济、文化的大融合与交流。元世祖即位后，进一步推动"汉化"的深入，促进多元文化的相互融合。元大都很快成为世界各种文化汇聚的地方，作为中华民族传统文化代表的儒、释、道三教占据主导地位，作为少数民族传统文化代表的游牧文化和藏传佛教文化也有一席之地，甚至域外的伊斯兰文化和基督教文化也不远万里来到这里，并且在此有了初步的传播。

最后，明、清时期的经济文化发展使得北京地域京师文化特色鲜明。

以宫廷文化为主导的京师文化在明代达到新的高

---

① 戴逸. 中国地域文化通览·北京卷［M］. 北京：中华书局，2013：4-5.
② 王玲. 略论北京古代经济的几个特点［M］//北京市社会科学研究所·北京史苑（第一辑）. 北京：北京出版社，1983：212-225.
③ 王玲. 北京与周边城市关系史［M］. 北京：北京燕山出版社，2014：68.

峰。清代延续了中华民族农耕文化为主体的多元文化，皇家园林文化、王府文化、会馆文化和庙会文化等日益繁荣。以"三山五园"为代表的皇家园林文化的发展超过了以往各个朝代，达到了空前未有的高度。因清朝分封的宗王不再被派到各地而被留在京城，建有豪华的王府供其居住，形成了独特的王府文化。起源于同乡会的会馆既是外乡人驻京的生活场所，同行聚会、议事和娱乐的场所，也是谋划政治活动的社交场所。清代时北京地区会馆的数量不断增加，规模不断扩大，功能也越来越多。庙会是北京城内外居民们的"赶集"活动。京城商业文化的繁荣，除了固定的商业贸易场所之外，更是反映在非固定的庙会活动中，既有百货云集，更有全国各地奔赴而来的戏曲娱乐表演。

总之，北京特殊的地理位置、自然条件和民族状况造就了其混合经济形态和多元文化特征，使这个水利、土壤等自然条件并非十分有利的城市，能够生存和发展，并成为具有鲜明特点的地区，在全国占有重要地位。

五、农业农村

北京的农业农村发展具有自给自足与服务城市兼顾的特征，影响着北京郊区聚落的发展与演进。

北京地区位于华北平原，是由永定河等五大水系冲积形成的一片平原，有着十分优越的自然环境，是进行农业生产的较好区域。中国两千多年的封建社会的主要特征是以农养生、以农养政。小农经济是封建社会农村经济的基本模式和经济来源。农民的财富依靠土地为主的产出。土地经分配后即为私有，并可自由买卖。在分配中平民所得土地很少，封建贵族、地主占有大量土地。在自由买卖竞争中许多农民失地而成为佃农，有的成为雇农，不失地的为自耕农。自耕农和佃农因有务农的自主权，一般通称为小农，他们所从事的经济活动与所创造的经济成果被称之为小农经济。[①]小农经济以家庭为生产、生活单位，农业和家庭手工业相结合，生产主要是为了满足自己基本生活需要和缴纳赋税，是一种自给自足的自然经济。而北京地区农业农村发展的内涵则不止于此，还要应对国家层级大城市的需要。一方面，与城市发展与巨大的消费需求结合，成为农业农村的强大驱动力；另一方面，都城职能也为京郊农业提出特殊要求。

以军屯为例。在中国古代的大多数农耕区域，从事农业生产的主要是世代居住在当地的农民。由于北京的特殊地位，农业生产方面就出现了一些变化。自秦汉至唐末年间，虽然北京地区长期处于东北边镇地位，但由于其重要的地理位置，历代统治者大多派出重兵驻守，因而促进了该地区屯田的发展。金代，都城自上京迁到此处之后，把女真族部落民众也随之迁移到这里，进行农业生产。而这些女真族部落的民众是按照猛安谋克的军事建置加以编制的，在生产上也就形成了军屯的规制。[②]元世祖营建大都城后，在都城周围驻扎了大量军队。为了解决军队的粮食供给问题，也采用了军屯的方式，一半军队执行军事行动，另一半军队从事农业生产。这时的军屯占据了大量京畿地区的农田。明初，朝廷为了尽快恢复和发展农业生产，从山西、山东、江南等地大量向北京移民，进行大规模的军民屯田，使山前平原地区和山区河谷地带广泛垦种，大批新村落出现。寓兵于农，大兴屯田。凡军士屯田为军屯，由卫所管理，每个军户授田50亩，给耕牛、农具、种子。边地驻军三分守城，七分屯种；内地则二分守城，八分屯种。良乡、昌平、顺义、通州等州县是重要的军屯之地。

再有是畜牧业。北京特殊的政治环境还要兼及农

[①] 王振业，张一帆，廖沛. 北京农村经济史稿 [M]. 北京：中国农业出版社，2016：65.
[②] 于德源. 北京农业史 [M]. 北京：人民出版社，2014：3.

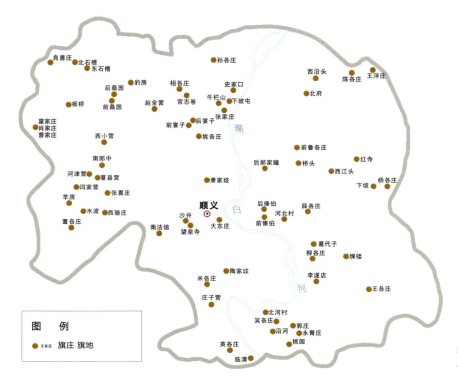

图1-2-9 清代顺义县旗庄旗地（来源：改绘自《北京历史地图集·人文社会卷》）

业生产与畜牧业生产的关系。元代，采用的是两都制度，即大都与上都（今内蒙古正蓝旗境内）并行。每年春天，从大都前往上都度夏，到了秋天再回到大都过冬。每年秋天从大草原带回到大都地区的马、驼、羊等牲畜以数十万头计，为了适应军队饲养马匹等需要，规定在北京地区秋收后将一半耕地作为临时牧场，不许翻耕，使得当时的蝗灾十分严重。明永乐年间，朝廷继续向北京地区移民屯田，并在北京地区养马，养马于民，以供军需。在东直门外专设御马苑，在顺义西北设良牧署，在通州、朝阳、顺义也有数十处皇家马、牛、羊、驼厩房，并占有大面积牧地。

另外，明代皇庄和王公、贵族、太监庄田规模很大，是一个非常特殊的现象。皇庄即皇家拥有的庄田。京城周边分布众多皇庄。清代，随着大批八旗军民迁入，旗人占地在京畿地区也成为一种普遍现象。大量圈占明朝的皇庄和官田民地，分给贵族和旗人，形成大批旗庄、旗地。旗庄、旗地分不同等级和规模。旗庄皆有庄头，佃户多为汉民。顺义地区地势平坦，土壤肥沃，因而旗庄、旗地分布较多（图1-2-9）。

京郊地区服务于都城的商业性农业发展壮大。小麦、稻到清代被称为"细粮"，一直以供给城市消费为主。为供应都城的新鲜蔬菜瓜果，元代出现专业菜农，明代设立"菜户"，清代设有皇家和民间菜圃果园。形成一些专门从事蔬菜、花卉、瓜果等生产与经营的专业村。随之带动了集市的发展，形成城内有市，城外有集的局面。

六、乡村社会

在传统中国，国家行政体制仅止于县，正式的皇权统辖只实行于都市地区和次都市地区。乡村社会中由多方面共同参与乡村治理与村庄发展。

乡村行政管理体系是乡村治理的基础。自秦以后各个朝代大多实行分区控制。即以编户为基础，最基本的分区是一百户，最常用的名称为里，作为最基本的农村编制单位，而不是以自然村落为编制单位。例如，秦汉至隋唐均以百户为一里，明一百一十户为一里，清百户为一保。在此基础上建立更大的分区（如里上设乡、大保之上设都保等）。每个分区之内，基于编户邻里之间的相互监督和举发，建立一个由教化、征税、治安三个部分组成的基层管理机构，实现政府对一家一户的直接监视与控制。[①] 乡官的职权，包括统计户口、征发赋役等。从秦汉的乡亭制、隋唐的乡里制、元代的村社制、明代的里甲制到清代的保甲制，名目不一，内容有别，基本形式都是积若干家为保，积若干保为里，积若干里为乡，有如分子结构，由小到大，结成一体。作为乡官的里长，是治理网络上的节点，通过这些节点，政府收集各个分区中民户的基本信息，同时把政府权力的影响渗透到各户。

地方自治组织和乡村士绅丰富了乡村治理的内涵。中央所派遣的官员到知县为止，县政府指令发至地方自治单位，在乡村被称为"公家"，即地方社区里民众因为公共的需要而自动组织成的团体。公共的需要是指水利、自卫、调解、互助、娱乐、宗教等。这些地方公务，在中国传统社会里并非政府的事务，而是由民众自理。从历史上看，在不同时期都存在着承担某种公共职能的团队，比如家族、乡约等。县级政府会吸纳民间殷实之家或有力人士，参与基层治理。

例如，唐制，"百户为里，五里为乡"。唐代除里正外，又有村正、坊正。乡里是根据户口数量而人为划分的行政管理单元。村、坊是因自然形成的村落、城市而设置的行政管理单元。

元代在北方乡村普遍建立村社机构，社的主要职责是征收赋税、劝课农桑，守望相助。"县邑所属村疃，凡五十家立一社，地广人稀居垦荒耕作，各自为社者所"，"其合社者，仍择数村之中，立社长官可长以教督农民为事"。村社农民在社长带领下垦荒农作，修治河渠和经营副业。村社同时也是一种互助组织，是村庄成员之间"患难相恤""生产互助"的基本单位，"社中有疾病凶丧之家，不能耕种者，众合力助之。"[②] 社的组织结构及其功能的演化对后世乡村社会组织产生了深远的影响。

明代实行里甲制，每一百一十户为一里，推选丁粮多者十户为里长，其余百户分为十甲，每甲十户，甲首一户。里长、甲首的职责是催督赋役，以及社会教化、乡村信仰和基层治安等。

清代在继承明代乡里体制的基础上，又有所变通，施行里甲、保甲双轨制度，以里甲主赋役，以保甲主社会治安。里甲制度主要办理钱粮、户籍事宜。但是随着清代社会经济状·况的变迁，里甲制度日趋衰弱，其各项职能也逐渐被其保甲取代。保甲具备征收钱粮、维持治安的双重职能。清代中后期，统治者强化乡村社会治理，除大力整饬保甲体制外，还积极利用青苗会等乡村社会组织，协同办理地方事务，用村规民约维护村庄秩序。

乡土社会大多是以血缘关系为纽带的宗族社会。传统村镇聚族而居，血缘关系成为维系人际关系的纽带。多为一村一族，宗族组织建立并维持村落社会生活各方面的秩序，如村落选址、规划建设、伦理教化、社会规范、环境保护和公共娱乐等。同时，也有大量的多姓混居的村落。因移民或行业发展需要，由无亲缘关系的多姓家族组成村落，血缘与业缘关系并存，乡绅发挥组织管理作用。乡村社会组织修建村庙，并围绕村庙开展祈福祛灾、演戏酬神等各项活动。村庙作为全村的公共领域，既是村庄的信仰祭祀中心，也成为村庄办理日常事务的场所。

---

① 张德美. 皇权下县——秦汉以来基层管理制度研究 [M]. 北京：清华大学出版社，2017：41.
② 王振业，张一帆，廖沛. 北京农村经济史稿 [M]. 北京：中国农业出版社，2016：125.

第二章

聚落发展与演进

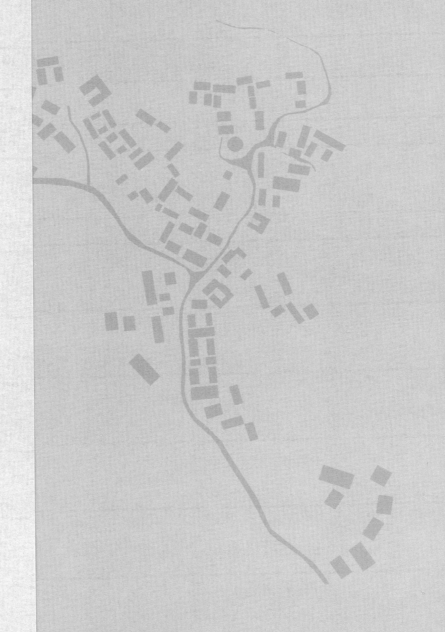

第一节　聚落起源与早期聚落

一、旧石器时代

旧石器时代，从距今约300万年前开始，到距今约1万年。

北京是人类发祥地之一。北京小平原三面环山，南接东北大平原，气候温暖，水泉丰沛，宜于农牧。早在原始社会时期，这里就是先民生息、繁衍的一处重要的地方。距今约50万年前"北京人"的出现标志着北京历史的开始。为生存而聚居的北京原始人类创造了聚落组织和文化，在拓展生存空间的同时，与各种文明发生着交流与碰撞。

"北京人"是原始人类发展过程中的一个中间环节，能直立行走，脑量为现代人的80%，有简单的语言和思维能力。由于生产力水平低下，集体劳动是唯一可行的方式，使他们结成每群数十人的原始群，以采集和狩猎为生。

北京人在周口店居住了很长时间，在距今约20万年前的旧石器时代中期，他们的体制发生了显著的变化，变成了早期智人——"新洞人"。又过了若干万年，在大约两万年以前，北京出现了新的人类——"山顶洞人"，体质已接近现代人，属晚期智人。他们同"北京人""新洞人"生活的遗址都被发现于周口店龙骨山的不同山洞中。"山顶洞人"所处的时期属于旧石器时代晚期，以采集和狩猎为生，间或从事渔捞，但是狩猎技术有了很大进步。石器制作水平提高，出现骨针和装饰品等，生产力的发展要求人们结成更巩固的集体，产生劳动的自然分工，男子主要从事狩猎捕捞，女子、老人和儿童则从事采集。以血缘关系为基础的母系氏族产生了。

"北京人""新洞人"所栖居的洞穴尚不能算是"聚落"，而是结群。"山顶洞人"居住的洞穴则与前者不同。由洞口、上室、下室、下窨四个部分构成。下室位于洞穴西半部，较上室低下，与上室间有垂直陡崖相隔，活动空间被清楚地划分为生活居住区与墓葬区。从洞穴的空间结构和职能分区中，已可依稀看到人类原始聚落的曙光。

二、新石器时代

新石器时代，从距今约1万年至公元前21世纪。

到新石器时代，由于原始农业的出现，人们的食物来源有了比较可靠的保证，生活变得比较稳定，人口也逐渐增多，开始由岩洞转向平原台地定居生活。

这个时期的遗址在北京地区分布广泛（图2-1-1）。门头沟区东胡林、怀柔区转年、平谷区上宅和北埝头、昌平区雪山村、房山区镇江营发现的古代文化遗址，典型地代表了北京地区新石器时代早期、中期、晚期到夏、商时期的基本线索。先民们磨制精致的石质工具代替以前粗笨的打制石器，砍伐林木，播种谷物，饲养家畜，纺织毛麻，缝制衣服，建造陶窑烧制陶器，建造半地穴房屋以遮风避雨。

根据东胡林、转年、上宅、北埝头遗址的发现，在距今约1万~7000年前的新石器早期、中期，北京地区已经出现古人类的母系原始氏族公社的组织形式聚族而居，即出现村落。

平谷上宅遗址发现"上宅人"居址。遗址位于山前靠近河流的地方，疏松的黄土有利于依靠磨制石器进行原始农业生产，邻近驻地的河流一方面可满足人们日常生活需要，另一方面可捕捞鱼类和蚌类。北面山地森林茂密，可供采摘植物果实和组织狩猎，同时也提供了建

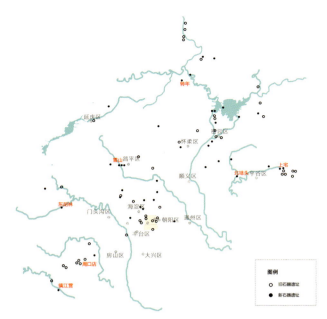

图2-1-1 北京石器时代遗址分布图（来源：改绘自《北京历史地图集·政区城市卷》）

筑材料。

平谷北埝头遗址发掘出10座新石器时代的房基，密集分布在约1500平方米的面积内，为半地穴式建筑。房基掩埋于地表下1米多，呈现为一片一片不规则椭圆形的"灰土圈"，长径一般在4米以上。房基地面比周围略低。每座房基内的中部或偏东位置，都埋有1个或2个较大的深腹罐，是人们烧煮食物和保存火种的地方。房门都开在东西或南面有利于采光。每座门都有向外延伸的门道。昌平雪山遗址中"雪山人"居住的房舍，也是半地穴式。房基呈椭圆形，门开在东南方向，有利于采光和避寒。[①]

总的来看，新石器时代早期的人类活动于山区河谷台地；中期大多活动在山前地带或山前平原台地；晚期已向洪冲积平原河畔发展。因为山前平原近河台地，地势高燥，土地肥沃，水源充足，既利于耕种，又便于建房居住。这与人类创造石器工具，实行农耕，逐渐脱离采集、狩猎生活方式而向平原扩展农业生产，转变生活方式的趋势是相对应的。

原始社会晚期生产力的发展，引起社会分工和物资交换，促进了私有制的出现和发展。氏族酋长和军事首领的权力得到加强，他们不断侵吞氏族公社的集体利益，频繁地进行部落战争并从中掠夺大批财产。强势军事首领和酋长将交通便利、经济发达的聚落或村落作为据点，建立起最早的都邑。传说中黄帝部落在战胜九黎部落、炎帝部落后在涿鹿建立了都邑，尧帝时代在幽州建立了幽都，成了村落进一步演进的象征。[②]

三、夏商周时期

夏、商、周，公元前21世纪至公元前221年。

夏、商、周是中国的奴隶制时代。随着人类活动地域向平原地区转移，人们在这里疏浚湖沼，经营农业，发展贸易。广大的平原地区逐渐出现一些原始的居民点，有的居民点因为优越的地理区位而逐渐发展为原始的城市，成为地方的政治和经济中心。

夏、商时期，公元前21世纪至公元前11世纪中期。

从新石器时代晚期的龙山文化时代之后，北京地区进入了青铜文化时代。大约在公元前两千年代，即夏、商两代，活跃在北京地区的是一种具有显著特色的青铜文化，"夏家店下层文化"。"夏家店下层文化"遗址在今北京地区分布很广泛，有昌平区雪山村、下苑，丰台区榆树庄，房山区琉璃河，密云区燕落寨，平谷区刘家河等遗址或墓葬。当时北京地区的手工业有了显著进步，制陶和青铜冶铸已经成为独立的手工业部门。商朝的主要统治区在黄河中下游。据文献记载，商代后期北京地

[①] 王振业，张一帆，廖沛. 北京农村经济史稿[M]. 北京：中国农业出版社，2016：45.
[②] 北京大学历史系《北京史》编写组. 北京史[M]. 北京：北京出版社，2012：10.

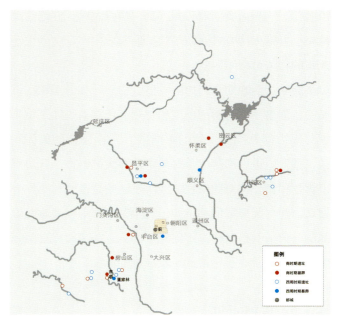

图2-1-2 商、西周时期的北京（来源：改绘自《北京历史地图集·政区城市卷》）

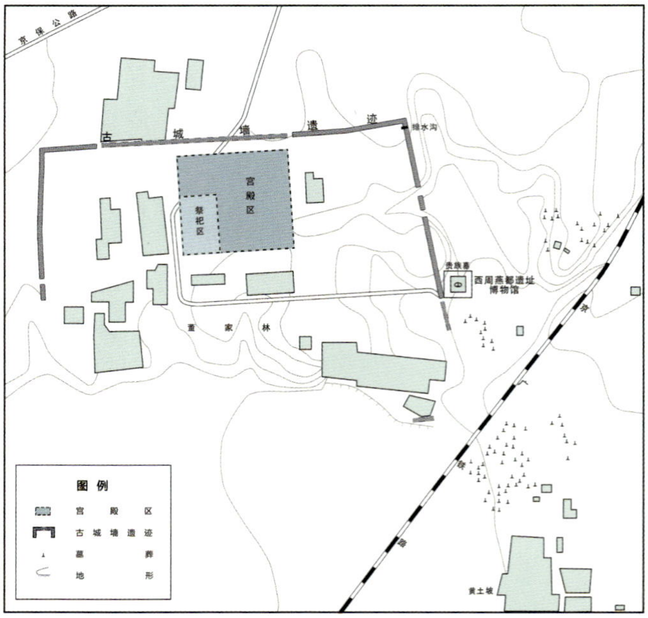

图2-1-3 琉璃河西周遗址（来源：改绘自《北京历史地图集·政区城市卷》）

区有两个著名部族，即商族的同姓孤竹与燕亳。这两个部族是商朝北方的附属国，也是商在北方的藩屏。[1]

西周时期，公元前11世纪至公元前771年。

西周是周武王灭商后建立的，主要统治区仍在黄河中下游。西周初年，封尧的后裔于蓟，封召公于燕。燕，今房山区琉璃河北董家林附近；蓟，今广安门一带。西周初年的蓟和燕已不是村落，而分别是蓟和燕两个诸侯国的都城（图2-1-2）。

北京地区最早的都邑——幽都，是从原始村落发展起来的。琉璃河燕国古城是北京地区迄今发现最早的古城址。燕国古都基址，东西长830米，南北宽约600米，呈一个东西略长的长方形。城墙由黄土版筑而成，中间为主城墙，内外又各附筑一层护城坡，城墙外面还有环城壕沟。城内有宫殿区和祭祀区。遗址东南一里则是燕侯和贵族的陵墓区，分布着几百座大、中、小墓葬（图2-1-3）。

蓟城，人们称之为蓟丘。古时丘又称作墟、聚，即聚落，蓟丘也是由原始聚落发展而成的古代都邑。春秋中期，蓟微燕盛，燕遂灭蓟，并迁都蓟城。蓟，即今北京城最早的前身。

燕侯按周朝的等级结构方式进行统治。周文化与燕地的其他文化产生碰撞，形成了燕国多部族、多地域的文化基础。

东周时期，公元前770年至公元前221年。

春秋时期（公元前770~公元前476年），今北京地区主要为燕国疆域。早期的燕国疆域较小，主要在今北京的山麓平原一带。至春秋后期，势力范围逐渐扩大。

战国时期（公元前475~公元前221年），燕国逐渐强大，为"战国七雄"之一，统辖疆域达到极盛，其势力向北及东北方大有扩展，商贸经济遍及黄河以北的广大地区。为了南防齐赵，北防戎狄，修筑了南北两条长城，还在燕国内修筑了大量城堡。自西而东，设置上古、渔

---

[1] 北京大学历史系《北京史》编写组. 北京史 [M]. 北京：北京出版社，2012：14.

阳、右北平、辽西、辽东五郡，郡下设县。北京地区的郡县制也由此时开始。彼时燕都蓟城是燕国的政治、经济、文化中心，已成为南北商业贸易的重要都邑之一。

古代中国以农为本，国势强弱与农业生产兴衰密切相关。春秋战国时期进入铁器时代，制造和普遍使用铁质农具，大大提高了社会生产力，农业发达。战国中后期燕国农业的兴盛，促进了村落的发展。在今北京市境内的东西南北，均有春秋战国时期遗址和墓葬。在房山区拒马河流域，村落已相当稠密。在今延庆区境内，也分布着许多山戎民族建造和居住的村落。

第二节　秦汉至辽金元时期聚落

一、秦汉至五代时期

（一）秦、汉

秦、汉时期，公元前221至公元220年。

秦于公元前222年灭燕国，次年灭齐，统一了中国。以咸阳为国都，建立了中央集权封建专制国家，推行郡县制。燕蓟地区推行秦朝新政。整修燕北长城，与旧赵、秦长城相连，以北拒匈奴、东胡。又修驰道，东至燕、齐。北京进入中国北方重镇的新阶段。这时国家统一，生产力得以解放并促进农业生产迅速恢复和发展，带动村落发展。但这一时期甚为短暂，很快便因战乱而改变。

刘邦于公元前206年建立了西汉王朝。西汉初年，实行郡国并行的制度。今北京地区仍属燕国，都蓟城。之后，其归属多次变更。仅西汉一朝，蓟城曾四度为诸侯王国的都城，四度为郡治首府。汉初广大农村因长年的战火而衰落。到汉文帝、汉景帝年间，一再减轻地租田赋和徭役，鼓励农桑，民生得以恢复，今北京地区的村落也随之兴盛起来。但是，由于北方匈奴的入侵和杀掠，村落发展也仍然饱受战乱的破坏。

东汉初年，北京地区长期处于战乱之中。汉光武帝统一全国后，采取了一系列休养生息的政策，采取裁官并县、减轻赋税、废除奴婢制等措施，积极鼓励生产、发展经济。北京平原地区的农业有较大发展，如渔阳太守张堪，在狐奴县兴修水利，引沽水与鲍丘水（今白河与潮河）灌溉，种植水稻。

总的来说，两汉时期，社会经济逐渐恢复，铁农具被广泛使用，手工业生产技术有了提高。农业、手工业和便利的交通带动了商业贸易的发展。蓟城成为北方地区的物资集散地。渔阳作为北方的军事要地，也成为重要城市。今北京境内的村落，兴盛发展是总趋势，间或遭受战乱摧残而衰落。

（二）魏、晋、北朝

魏、晋、北朝，公元220至581年。

魏、晋、南北朝是中国历史上分裂时间最长的时期。这一时期，今北京地区先后属于三国魏、西晋，十六国的后赵、前燕、前秦、后燕以及北朝的北魏、东魏、北齐的版图。除西晋是全国统一王朝外，其余均为割据政权。

曹魏时期，幽州郡辖域广阔，幽州蓟城不仅是中原地区的北方屏障，也是经营辽东地区的军事基地。魏文帝时以牵招为护鲜卑校尉，屯昌平，昌平地位逐渐取代渔阳，成为蓟城以北重要军事据点。

西晋时期北部边区基本比较稳定。幽州北邻乌桓、鲜卑，常受侵扰，为加固边防，"分兵屯守，烽堠相望"。

蓟城不但是幽州的军事中心,还是管理乌桓、鲜卑事务的中心。此后北方诸族纷争,少数民族政权更迭,后赵、前燕、前秦、后燕四小王朝相继统治幽州共约一个世纪。魏、晋时期,佛教开始传入蓟城地区。北魏是我国佛教最为兴盛时期之一,蓟城也是佛教重要聚兴地。

这期间,发生在今北京地区的战乱也接连不断,导致人口大幅度减少,村落萧条衰败。但每当新政权上位,为了恢复农业,也会采取一定的措施。

曹魏齐王曹芳在位年间,由于水利事业的推广,农业得到一定的恢复和发展。镇北将军刘靖驻守蓟城,开拓边守,于曹魏嘉平二年(公元250年)在梁山下造戾陵堰,开车厢渠,导永定河水(漯水)入高粱河,灌溉农田,大大增加了农田灌溉面积。其后曹魏景元三年(公元262年)樊晨重修水门,水流乘车厢渠,自蓟北经昌平,东尽渔阳潞县,灌田万有余顷,是北京水利史上的重大事件。

西晋时期,地方官员鼓励农耕,使得当时幽州地区的社会经济获得一定程度的发展,推动了村落的发展。北魏时期,利用征战平叛机会,大量从中原、西北、东北向幽州地区迁民,减轻赋税,休养民力。农业恢复,人口增长,村落也有一定的恢复。北齐多次修筑长城,如天保六年(公元555年)动员民夫180万,修筑自西河总秦成(今山西省临汾市西北)经夏口(今南口)东达渤海的长城。北京地区的夏口、北口(今古北口)等地是驻守要地。大规模地修筑长城,设镇置戍,驻城守关,直接促成了一些新的居民点形成。

总之,魏晋北朝时期以分裂割据和战乱为主,相对统一的时间较短。北京郊区村落虽有复兴的时期,但以衰落和萧条为主要特点。

(三)隋、唐、五代

隋、唐、五代,公元581至公元980年。

隋朝(公元581~公元618年)统一后,隋文帝采取"薄赋役,轻刑罚,内修制度,外抚戎夷"的治国之道,很快实现人口增长、粮仓满仓。但是隋炀帝继位后,因高丽国王不向隋朝朝贡,遂对其发动了持续十年的战争。隋大业四年(公元608年),炀帝征发河北诸郡百万人开永济渠,引沁水南达于黄河,北通涿郡。其后炀帝三次用兵东北,应征官兵和所需粮饷主要经水运集中蓟城,转运前方。又开辟西起榆林(在今内蒙古自治区准格尔旗境)、东至蓟城的御道。蓟城作为向东北扩张的军事基地,依靠人口增加和外埠财物的集结十分繁荣。朝廷多次集结军队于涿郡,一部分军队结营扎寨于城外郊野,有些营寨保存下来,发展成为村落。此外,隋炀帝修国都,筑长城,改河道,挖运渠,辟御道,工役不断,劳民伤财。加上连年用兵,不但严重影响农业生产,也使人口大量损耗,大批村落又化为废墟。

唐朝(公元618~907年)是我国封建社会时期政治、经济、文化高度发达的时代。蓟城既是军事重镇,又是贸易中心。唐朝在沿边设十个镇节度使,幽州为诸镇之冠,兵力最强。唐代幽州城人口密集,形成比较发达的封建城市经济,手工业行业丰富,江南物资向幽州聚集,与周围少数民族之间的贸易也很发达。北周灭佛并未波及幽州地区,隋唐幽州成为佛教聚兴地,尤其是房山石经的镌刻,使幽州成为中国北方佛教的传播中心。据《太平寰宇记》记载,"蓟城南北九里,东西七里,开十门。"唐幽州城是一座南北略长、东西略短的城池,其周32唐里,约合今24里,开10座城门,其中外门8座,即每面城垣各开2座城门。另2座城门为子城的城门。城内道路分布呈棋盘状,形成26坊,建有白云观、法源寺(均为今名)等。

大运河是物资交通枢纽,成为京东贸易中心。巨额漕米的转输大约需要两万多艘漕船,12万多押运的官役漕丁,需船工储运工不计其数,多是通州地区民众。南北大运河的修成开通,带动了通州地区运河沿岸村镇的繁荣与发展。

经过唐太宗的"贞观之治"和唐玄宗的"开元之治",唐朝前期社会经济和文化高度发展,人口迅速增加。此外,幽州作为军事重镇,驻扎大量军队。由于多年战争,原属营州的一些羁縻州纷纷内迁。这些原在营州地区的羁縻州县迁入幽州地区,对幽州地区的人口和村落发展产生一定的影响。两汉以后至隋唐时期的村落大多分布在蓟城周围以及今房山、昌平、平谷、通州等区县的山前平原近河地区(图2-2-1)。

起于幽州地区的"安史之乱"改变了唐朝的统治格局。"安史之乱"后,由于长期的藩镇割据,军阀混战,唐后期幽燕地区随之日渐凋敝。公元759年,史思明继安禄山之后再度叛唐,自称大燕皇帝,改幽州为燕京。

二、辽金元时期

(一)辽

辽,公元907至1125年。

公元938年,契丹(辽)升幽州为南京,拉开了北京都城历史的序幕。辽南京是在唐幽州城的基础上发展起来的,其社会发展程度、繁华富庶居辽五京之首。辽南京是辽宋贸易的主要地区,沿边广设榷场,贸易频繁,范围广泛。以南京为代表的燕云农耕区,不仅是契丹"蕃汉分治"的统治中心和贸易中心,也是契丹人汲取汉族文化、南下逐鹿中原的基地。辽南京城郊人口约30万。居民除汉族外,还有契丹、奚、渤海、室韦、女真等族人,以汉族为主,契丹人次之。辽南京城沿袭幽州旧城,周长约23里,城有八门。城内计有26坊。南部增建了皇城。城内增添了衙署。近郊新建了皇帝的行宫、御园和一些园林。辽南京城内众多的军、政衙署和专为王室服务的各种职司和衙署,诸亲王、公主的府邸,构成了其城市建设中与秦汉以来不同的特色,初步具备了京师的功能。[①]契丹族原信奉原始的萨满教,随着王权的确立和统治的需要,佛教在辽地有了更广泛的传播。辽南京地区佛寺众多,名僧云集,寺院经济空前发展。

由于辽南京城庞大的行政机构和众多的城市人口,每年不得不从西京(今山西省大同)和辽河平原的东京(今辽宁省辽阳)等地调运粮食。从西京调运粮食需要驴骡及骆驼从陆路运抵南京城。从辽河平原征集来的粮食,则需要先从海路运抵天津,再换驳船运至潞县(今通州),然后再陆运到南京城。因陆运不便,辽圣宗统和二十二年(1004年),辽景宗皇后、圣宗之母萧绰,即萧太后,决定开凿南京城至潞县之间的运河,以通漕运。萧太后运粮河不仅为巩固辽代政权和繁荣南京

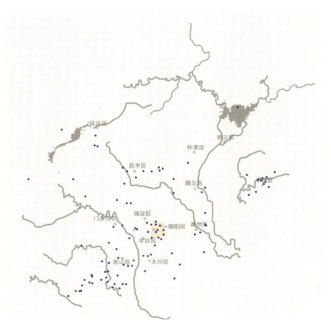

图2-2-1 汉唐时期北京地区形成的村落分布示意图(来源:改绘自《北京历史地图集·人文社会卷》)

---

① 朱祖希. 元代及元代以前北京城市形态与功能演变[M]. 广州:华南理工大学出版社,2015:69.

城起到了非常重要的作用，也成为北京历史上为漕粮运输而开凿运河的先声。

辽代南京对外交通比较发达，从西北出有居庸关，东北出有古北口，向南有大运河水运，西南出有房山马道等。京西门头沟区从辽代以后，一直是北京城的煤炭供应基地，煤炭产地大多在深山之中，依靠驴骡等牲畜运输，驴骡运输日夜不停，久而久之沿途就形成了商道。山里的干鲜果品和土特产品亦通过商道外运，城里的食盐、布匹及日用百货也由商道运进山村。商道的繁荣带动了沿线村落的发展。

1006年，辽宋订立"澶渊之盟"后，双方以白沟为界，基本相安无事百余年，从而为辽南京地区社会经济和人口的发展，特别农业生产获得稳定发展的机会。圣宗时期，曾采取取消徭役、降低税收等措施，有利于安定南京地区的民心，促进农业生产，村落在数量和分布上都初具规模。

郊区山多林木，平原有延芳淀、飞放泊、金盏淀、交亭淀等湖泊。其中延芳淀位于今通州区南部，因辽帝经常到延芳淀游猎，周围居民集聚，村落增多，以致圣宗太平年间就潞阴镇新设潞阴县以统之。辽还在此建皇家行宫，名神潜宫，今通州于家务乡的神仙村，即由神潜宫演变而来。

（二）金

金，1115至1234年。

金（女真）于1115年建国，都会宁府（今黑龙江省阿城南之白城）。1149年，金海陵王完颜亮利用宫廷政变自立为帝。1151年，海陵王下诏迁都，令张浩等在辽南京故城的基础上，参照北宋都城汴京（今河南省开封市）改造、扩建新都城，工程动用120万人，历时3年完成。1153年，海陵王正式迁都燕京并更名为中都。为对新都起到固本培根的作用，1154年又将祖陵迁至中都。海陵王迁都燕京标志着北京建都之始，也是之后几百年成为全国政治中心的开始，不仅适应了经略中原和民族融合的需要，对燕京地区乃至金的发展具有积极意义，也在北京城市发展史上占有重要地位。

金中都以辽南京城为基础加以扩建，是蓟城故址上所兴建的最后一座大城。以汉族为主，女真、契丹、奚等民族也在中都居住，形成一个多民族聚居生活并在交往中互相融合的城市。金中都"制度如汴"，改造后的中都城，包括外郭城、皇城和宫城，即由辽南京城的方形"子母式城"格局（即皇城套于外郭城的西南隅）改建成"三套方城"的格局，皇城套于外郭城中央略偏西南，东、南、北三面形成套式。金中都城近似正方形，其东西较南北稍长。周长约18690米，约合宋制35里。城有十三门。东、西、南面各开三门，北面开四门。城内设有六七十个坊。宋代以前，都城居民区内的"坊"均为封闭式，即四周有围墙，四方各开一坊门，由专人管理，每天五更开坊门，黄昏关闭。而金中都建设，正处于唐辽时代封闭式坊制向宋元时代开放式街巷制的过渡阶段，所以封闭式坊制和开放式街巷同时出现，形成中都城市规划建设上的特点。都城内外营建有中央官署、宗庙、学府、寺院、苑囿、园林等。据史书记载，金代中都地区的御苑、行宫有20余处，还选定了"燕京八景"；并在近畿依山傍水处建造了玉泉山、香山等八处行宫，时称"西山八院"。此后私家园林也相继出现。燕京作为金代中都虽然只有60年，却掀起了北京地区园林建设的一次高潮，对后来北京园林的发展具有重要的奠基意义（图2-2-2）。

中都上升为一代政治中心，急需发展漕运，以供给京师，遂利用车箱渠故道开凿金口，引水经中都北护城河入闸河，东至通州接潞河济运。又自瓮山泊凿渠南接高梁河，分水入闸河。通州遂成为都城东郊水上门户。又在西郊改建卢沟河古渡口上之浮桥为石桥，命名为广利桥（今卢沟桥），进一步发展了南北陆上交通（图2-2-3）。

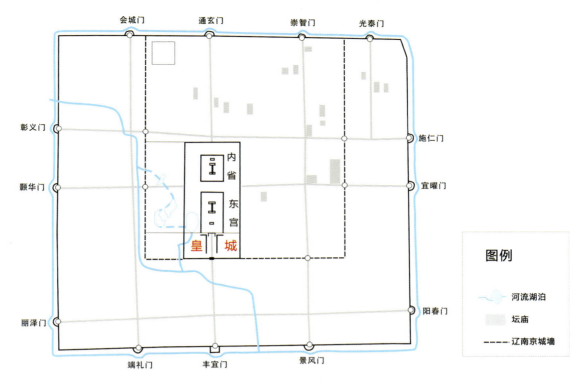

图2-2-2 金中都城平面示意图（来源：改绘自《北京历史地图集·政区城市卷》）

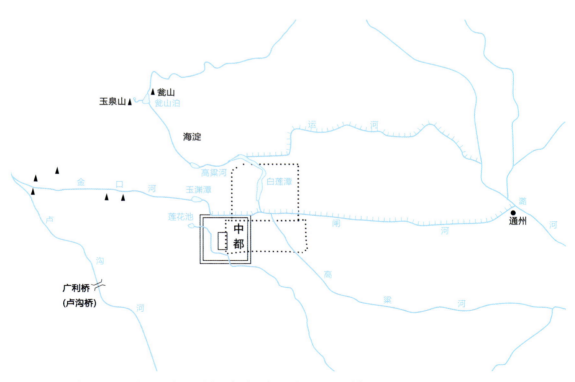

图2-2-3 金中都城近郊河渠水道图（来源：改绘自《北京历史地图集·文化生态卷》）

女真人入主中原后，与原辽、宋地各族杂处错居，逐步汉化，接受了农耕经济地区的生产生活方式。金朝多次向中都大量迁民以充实人口。将南伐北宋俘虏的宋朝官员和大批中原汉民强迫北迁，其中有相当多人口留居燕京地区，以补充燕京地区因战乱造成的户口损耗。大规模向关内迁移女真猛安谋克户，使之与汉人杂处，开展屯田，出现了许多猛安谋克村寨。将朝廷的各种衙门和大批官吏从会宁府迁到中都。除此之外，对内迁的人口采取了优抚、奖惩政策，使他们安居下来，尤其对猛安谋克人出台优惠政策，使之自耕以食，安居乐业。重视安抚汉人民心，采取生息养民政策，敦劝农务。这些迁民和安抚政策都使中都地区的人口迅速增长，农业生产得以恢复，村落随之发展。

（三）元

元，1271至1368年。

13世纪中叶，蒙古族建立的元朝统一了中国。成吉思汗六年（1211年）始伐金。1215年，金中都为蒙古人所占，皇宫被焚毁。仍称燕京，置燕京路。中都城从此日渐衰落，但是燕京仍然是华北平原上一个重要的中心城市，是蒙古统治者控制华北、中原的一个重要的战略据点，政治军事地位空前重要。至元元年（1264年），忽必烈称汗。元初建时，仍以开平（今内蒙古自治区锡林郭勒盟正蓝旗）为都城，称上都。将燕京改名中都。1266年，忽必烈派遣刘秉忠来燕京相地，决定放弃燕京旧址，而在其东北以金代的琼华岛为中心兴建新都——元大都。从此，大都城就作为统一的多民族国家的政治、文化中心而闻名于世。从元朝开始，北京成为统一的多民族封建国家的政治文化中心。

元大都的规划建设恪守《周礼·考工记》有关王城的规制匠意，即"匠人营国，方九里，旁三门；国中九经九纬，经涂九轨，左祖右社，面朝后市"，同时，又密切结合高梁河水系的地理特点，因地制宜地决定城市空间布局的中轴线，并依据南北、东西相交而成的棋盘式道路以及按照井然有序的里坊制形式安排了全城的居住区——坊。此后，这又为明清时期的北京城所继承。大都城坐北朝南，呈长方形，南北略长。周长约28600米，城门十一座。南、东、西各三门，北面两门，并筑有瓮城，四角设角楼。皇城位于全城南部中央地区，宫城偏在皇城的东部，采用前庙后寝的平面布局，轴线对称，与整个都城的中轴线基本一致。宫城东面设太庙，西面是社稷坛。沿中轴线向北，是鼓楼和钟楼。全城共有南北和东西干道各9条，形成棋盘形居住区（图2-2-4）。在两条南北街道之间开有平行的小巷，即"胡同"。大街宽37~38米，小街宽18~19米，胡同宽6~7米。大都城依据"八亩"方地为单位进行划分，一般住户可以在八亩宅基地上建造住房，官僚和富户可以多占。于是，形成了一个个四合院。皇城以外的居民区共划分50坊，坊各有门。各坊之间以街道胡同为界，不设封闭的坊墙，以方便居民的出入和交往。元朝统治者对各种宗教采取兼容并蓄的政策，无论佛教、道教、伊斯兰教和基督教，在大都皆可自由活动，并广建寺观、教堂，促进了宗教文化的繁荣。

大都城需要解决城市用水。一是宫苑用水。城址自莲花池下游转移到高梁河上，为宫苑供水提供了更为良好的条件。又开金水河，引玉泉山水入大内，与太液池构成宫苑用水系统。沿途与其他河流相交时建有跨河渡槽，使其水流不与他河相混。二是漕运用水。大都城对于漕粮的需要，已数倍于金中都。元初即着力开辟南北大运河，并大力发展海运。但均需先到通州，再转输京师。陆路运输，耗资巨大，因此需要改造河道，以利漕运。遂开通由大都城至通州的坝河和通惠河。坝河起于大都城内的积水潭，下接温榆河，与运河相通。元至元二十八年（1291年）郭守敬主持修建通惠河，由昌平白浮泉引入，西折而南，聚昌平西部泉水汇入瓮山泊

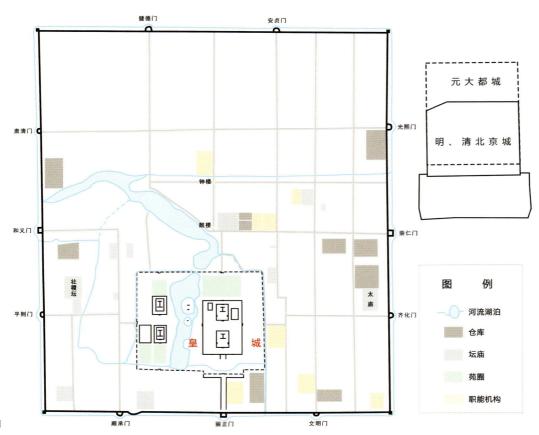

图2-2-4 元大都城平面示意图

（今颐和园内昆明湖），合玉泉山水，引入大都积水潭，再由积水潭东岸开渠，绕宫城东侧南下出城，接闸河旧道，引入通州，与大运河相接。坝河与通惠河沿途各设水闸多组，以通船舶（图2-2-5）。从此，通州至大都的陆运皆可转为水运。这一工程的建设大大带动了周边村落的发展，出现了不少新兴的村落。通惠河的开凿，不仅满足了大都城漕运的需要，而且促进了南北经济、文化的大交流、大融合，形成了以积水潭（海子）码头为中心的商业、文化、娱乐中心。大都成为13世纪中国最繁荣的城市，也是当时世界上规模最大、最繁华的城市。

由于首都的特殊地位，北京郊区发展日益受到广泛影响。大都城的兴建需要大量人口充实，经济发展的需

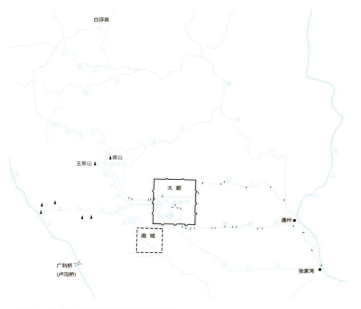

图2-2-5 元大都城通惠河源流示意图

求也吸引了大批人口和各种工匠，大批军队至大都担任皇家宫室侍卫、修建工役、屯田等，还有很多蒙古部民及其他民族人口内迁等。据学者研究，仅迁入大都的住户就有约16万户，其中更不乏一些少数民族聚居村落的诞生。例如，元代曾调大批军队在昌平区驻防屯田，因此昌平境内出现了一些以蒙古语命名的村落，如阿苏卫、奋苍屯、乃干屯等。

元大都与各地的交通联系更加频繁。为传送军情公文，建立"站赤"（即驿站）和急递系统，驿站分为陆站和水站（图2-2-6）。由大都向西南、西北、东

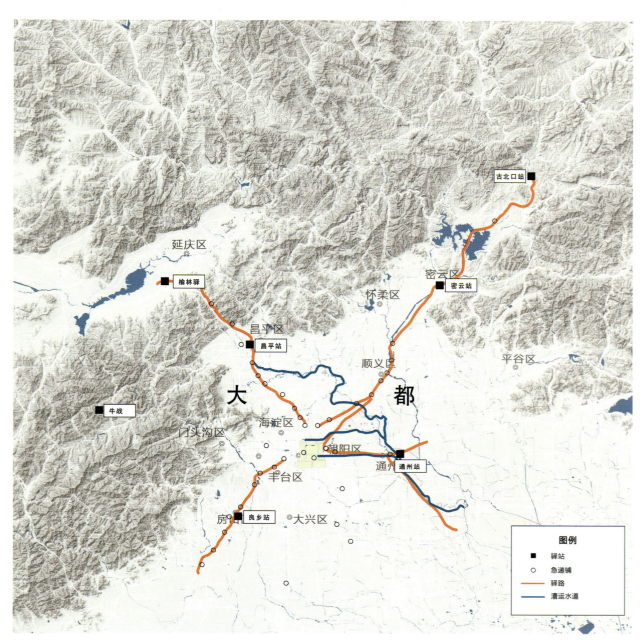

图2-2-6　元大都地区站赤分布示意图（来源：改绘自《北京历史地图集·人文社会卷》）

北、东、东南、南的大道上都有急递铺的设置，尤以大都与上都间的道路与驿站最为重要。元大都地区驿站道路的设立，对沿途村落的形成和发展也产生很大作用。

农业生产技术有了很大进步，大量兴修水利，既基本解决了水患之虞，又有利于灌溉农田，为恢复和发展农业生产创造了优越的条件。为适应大都职能和居民人口增加的需求，郊区服务于都城的蔬菜园艺业、畜牧业、采煤业、琉璃烧制业等均有发展，元朝大都地区的村落逐渐呈现鼎盛之势（图2-2-7）。

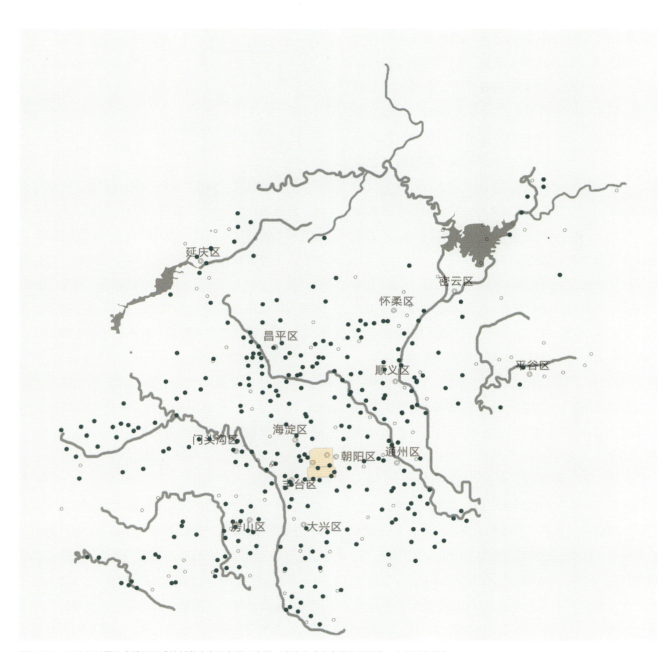

图2-2-7　辽金元时期北京地区形成的村落分布示意图（来源：改绘自《北京历史地图集·人文社会卷》）

第三节　明清及民国时期聚落

一、明朝时期

明，1368至1644年。

1368年朱元璋建立明朝，始建都于应天府（今南京）。明洪武元年（1368年），大将徐达率军攻克元大都，弃其北部，于大都北城墙南5里另筑新的北城墙，改名北平。1380年，燕王朱棣到北平，节制北平及沿边军务。明惠帝建文四年（1402年），朱棣"靖难"登位后，改年号永乐，改北平为北京，乃今北京得名之始。明永乐四年（1406年）开始改建北京城池，营造宫殿。永乐十九年（1421年），明廷正式迁都北京，以北京为京师。北京又恢复了元大都时已具有的职能和地位。15世纪初的北京城，作为全国的政治中心，迅速发展成为全国首屈一指的繁华城市。

明初兴建的北京城，是在元大都的基础上加以改建的，其中既有继承，又有发展。缩减居民稀少的城内北部，在元大都北墙以南五里一线，利用原有湖泊的上游及其向东引水的漕渠做成护城河，另新建北墙。不久，又拓展城内南部，在旧城以南近二里处，建起新南墙。即在元大都故址上稍向南移，东西两面城墙不变，仅分别缩减北段，延长南端，因而宫城形制仍然是南北纵长的长方形，并且仍然处于全城中轴线的重要位置上（图2-3-1）。人工堆土山为煤山（或称万岁山），成为北京城的几何中心和中轴线制高点。紫禁城（宫城）变化较大，先后建成外朝三大殿和内廷后三殿，开内金水河。社稷坛和太庙迁建到紫禁城南门外的左右两侧。明朝前期，逐步把围绕大城的四面城墙加以城砖包砌加固，形成了北京城内城。此后又经过100多年，由于蒙古骑兵多次南下，甚至迫近北京城郊进行扰掠，威胁北京的安全，遂加筑外郭城，以加强北京城的防卫。明嘉

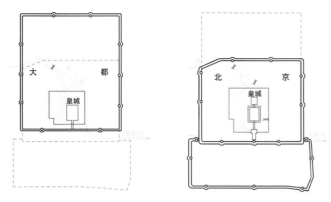

图2-3-1　元明城址变迁与河道相对位置比较图

靖年间完成修筑了包围南郊一面的外罗城，形成北京外城。外城所包入的居民区，从未经过规划，因而多是曲折狭窄的街巷相互交错，并且形成若干自西南向东北的斜街，与内城整齐排列的街道有明显的区别。内外城结合，构成了整个北京城"凸"字的轮廓，奠定了北京城的规模和格局。京城郊区及西山一带，庙宇的兴建盛极一时，私人园林亦大有发展。在北京城的发展史上，这是一个极为重要的阶段。

北京逐渐发展成为全国最大的消费市场和商业中心。漕运为京师命脉所系。为保障京城日益增长的需要，把江南地区的漕粮运送到北京，明朝历时四年，于永乐九年（1415年）疏通了南起杭州、北达通州的大运河，水路交通更加通畅。因明初时通惠河上游长期失修，白浮断流。其后扩建北京皇城北墙与东墙，河道阻隔，粮船再难入城，仍是采取先由水运集中到通州，再从通州陆运到京城。运河开通后，各地的商品和物资川流不息地运到北京，北京成为全国物资交流的中心，形成独具东方神韵、富丽繁华的大都市。运河沿线形成河西务、张家湾和通州等水路码头，并不断增置仓房以贮放物资，并加固城堡。各方的货物、朝廷的供品，以及

赴京的官员客商,均在张家湾或通州改乘车马以达京城,空前繁荣。通州作为漕粮转运处,地位更加重要。

为了保卫北京城及预防北方少数民族来袭,明王朝在全国各地设立众多卫所,屯驻重兵。多次修筑北京附近长城及沿线关塞城堡。为保障军需,明代大兴屯田之风,同时边防村落也随之大增。明代的屯田,分民屯、军屯、商屯三种,以民屯、军屯最盛。民屯是指移民、招募或罪徒者所进行的屯田;军屯是指卫所军士屯田;商屯是明政府为了鼓励商人输送粮食到边塞而给予商人食盐运销权的一种制度。沿长城内修建供驻军防守的不少城堡以后演化为村落。另外,明十三陵的修建、守卫和维护,为陵区及其周围村落乃至城镇的形成和发展奠定了基础。

明洪武、永乐年间,大规模自河北北部、山西、山东、江南等地向北京地区移民,动辄万户,有力地促进了北京地区村落的发展。移民村落大多分布在通州、顺义、昌平、良乡、大兴等平原地区。在大兴区东部凤河两岸,大批隶属于明上林苑蕃育署的山西移民在当地安家落户,形成一大批新村落,且大都以山西原籍州县之名命名。如霍州营、解州营、河津营、上黎城、蒲州营、绛县营、屯留营、高平营、潞城营等。此外,还有山东移民建立的南、北山东营。与之类似,在顺义西北部的明上林苑良牧署属地,也有一批以山西移民和州县命名的村落,如霍州营、绛县营、河津营等(图2-3-2)。

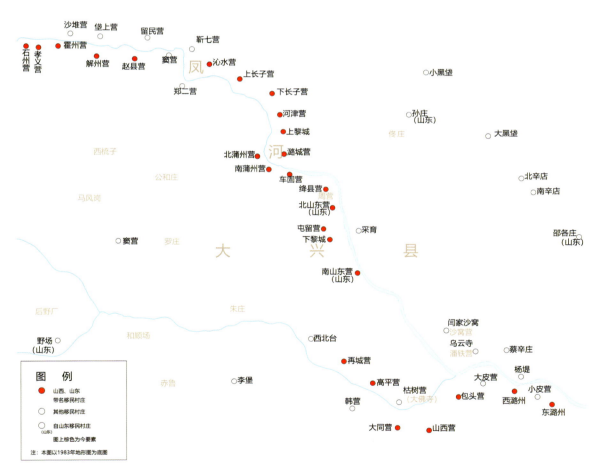

图2-3-2　大兴区凤河沿岸明代移民村庄分布示意图(来源:改绘自《北京历史地图集·人文社会卷》)

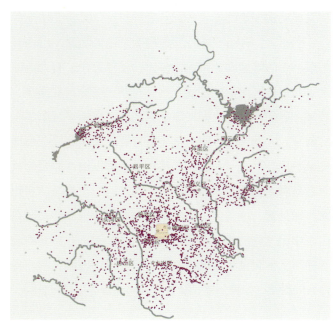

图2-3-3 明代北京地区形成的村落分布示意图（来源：改绘自《北京历史地图集·人文社会卷》）

明代土地兼并情况突出，京城出现众多皇庄和官府庄田。皇庄主要分布在大兴区的黄垡、十里铺、大王庄、深沟、高米店、石婆婆营、六里屯、土城，昌平的苏家口、楼梓村，以及通州的神树等地。众多皇庄和庄田的设立，使周边形成一批与之相关的村落，供为皇庄或官宦庄田佃种的佃农或雇农居住。

明代是北京地区村落发展的高峰时期，奠定了今日北京郊区村落地域分布格局的基础，也使北京郊区村落名称的类别结构基本定型（图2-3-3）。[1]

二、清朝时期

清，公元1644至1911年。

明朝灭亡后，顺治称帝，史称世祖，国号清，定都北京，亦称京师。清代北京城沿用明代旧城，总体布局没有改变，仍以紫禁城为宫城，沿用皇城、大城基本形态，街道系统大体如旧（图2-3-4）。虽然整体上看，清朝在北京中心城区建设方面没有大规模的建设举动，但在北京郊区却有着大规模皇家园林、旗营、皇庄建设。皇家园林及八旗驻防的建设给北京带来了全新的城市格局面貌，也使得北京城市格局不再只体现在城市中心区，而是推向更大规模，形成城区—郊区多区域的分布格局。清代京师，人文荟萃，皇家文化与王公贵族、文人墨客、市井百姓的文化一起，共同构成多层次的都城文化氛围。

1840年鸦片战争之后，西方列强纷纷入侵中国。1860年和1900年，英法联军、八国联军先后两次打进北京城，烧杀抢掠，使北京遭受惨重损失。近代工业缓慢发展，洋务运动兴起。铁路交通枢纽、邮政事业、近代学校、银行、使馆、自来水、电灯照明等新设施不断出现。清后期，通州以下北运河水量减少，影响漕运。随着铁路兴起，实行"停漕改折"，漕运制度从此结束。至清光绪末年，由北京至天津、奉天（今沈阳）、汉口、张家口等地的铁路及部分支线，已先后筑成通车。

清朝先后在近郊兴建"三山五园"和重修南苑。在西郊园林兴建上投入了巨大的人力、物力和财力，创造了空前的辉煌。"三山五园"的兴建和周边驻防营房，带动了海淀镇、成府、蓝靛厂、青龙桥等村落的兴盛发展。

为满足满洲贵族和八旗旗丁的需要，清朝定都北京后大规模圈地，京畿地区85%以上的耕地为清廷和八旗所有[2]。其中，属皇室所有的，称为皇庄；按爵位等级分配给王公贵族的，称为王庄；为八旗官兵所有的，称为旗地。在北京郊区出现许多新村落，形成满汉杂处、旗屯星布的现象。失去土地的汉民被迁徙到外地，有些则进入北京山区开垦山地，使这些地方也出现一些新居民

---

[1] 尹钧科. 北京郊区村落发展史[M]. 北京：北京大学出版社，2001：234.
[2] 王振业，张一帆，廖沛. 北京农村经济史稿[M]. 北京：中国农业出版社，2016：158.

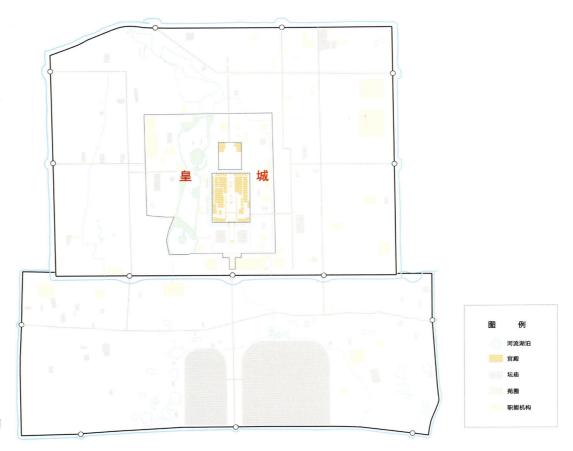

图2-3-4 清北京城平面示意图

点,如怀柔北部山区、平谷北部山区的大部分村庄等。

清中后期,由于城内旗人数量增多,清廷将大批旗人迁出。因平原地区已无容身之地,所以转而开垦山区。北京北部、西部山区,虽然有些川谷早有村落人家,但尚可开垦的沟谷坡地较多。因此,清代北京北部、西部山区人烟增多,土地得到广泛的开发,大批山村也随之形成,且不仅从事农业生产,也从事砍柴、挖矿、采药等,如怀柔北部的喇叭沟门村等(图2-3-5)。

三、民国时期

民国,公元1912至1949年。

1911年辛亥革命爆发,清朝灭亡,封建帝制结束。1912年4月中华民国政府迁至北京。民国16年(1927年),国民党组织政府迁于南京,并于翌年改北京为北平,设特别市。1930年北平特别市降为北平市。1937年抗日战争爆发,北平沦陷,平西、昌宛等革命根据地不断发展。1945年抗日战争胜利时北京已是满目疮痍,1949年北平和平解放。民国时期,军阀混战,日寇侵华,战火频仍,民不聊生,北京郊区村落整体处在萧条衰败之中。

铁路在继续修建中,并已初步形成以北京为中心的铁路网。民国5年(1916年)开始修筑北京西郊汽车公路,其后又利用通往京兆地方以外的官马大道改建公路,但行车不多,质量亦差。

清末,方圆百余里的皇家禁地——南苑开放,官商

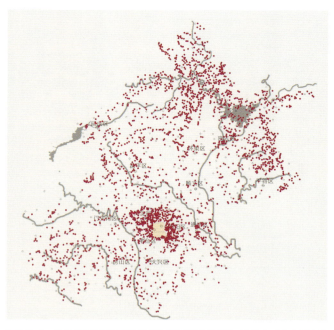
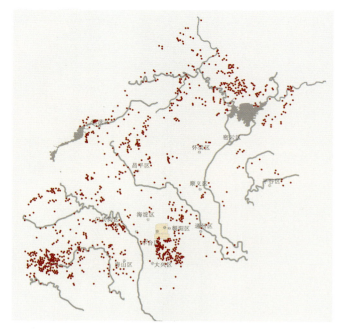

图2-3-5 清代北京地区形成的村落分布示意图（来源：改绘自《北京历史地图集·人文社会卷》）

图2-3-6 清末民国间北京地区形成的村落分布示意图（来源：改绘自《北京历史地图集·人文社会卷》）

士绅纷纷到南苑抢购土地，建立庄园，聚集人口，遂出现大量新村落。这些新村落大多比较文雅，如瀛海庄、集贤庄、太和庄等。

民国年间，一些穷困人家和流民进入深山定居，造成北京深山区出现较多的新村落。煤炭等工业以及铁路、贸易的发展，也带动了一些村落的繁盛（图2-3-6）。

第四节　聚落名称溯源与演变

一、聚落名称及其演化

（一）聚落名称

聚落经历了不同历史时期的兴建与发展，从聚落名称分析，都记载着不同时期聚落形成的印记，反映出聚落所在地的自然环境或者聚落主要特征、成因、类型、功能以及形态等。

依职能特征形成的聚落名称采用通用名字，以城、镇、营、堡、村、庄、屯、寨、铺、务、店等命名。大都具有聚落或人工建筑物的含义。另外，由于地处北京，与皇家、官府、宗教及特殊商品供应有关的聚落也有不少，于是出现一些以陵、监、坟、寺、庙、园、房为名的村庄。长城沿线聚落多称关、口、营、寨等。

依自然地理形成的聚落名称通常是借用自然地理实体的名称，省略了聚落名称的通名。临近山地丘陵的多以坡、沟、岭、峪、窖、台、洼、山、石等命名，临近水的多以湾、河、流、湖、泉、涧、溪等命名。随着时间推移，人们约定俗成，逐渐稳定下来，如台湖、张家湾、韩村河等，是自然地理实体的常用地名。

还有些聚落以姓氏、民间传说等命名。不少聚落有表示方位或村庄规模的前置词，如东甘池、下石堡、大峪沟等。

（二）聚落名称的演进

北京地区聚落发展历史久远，聚落名称也随时代的变迁而沿用和发展，反映了其地理环境特征，各朝代不同历史时期社会、经济、产业、居住形态的历史发展轨迹。聚落名称的改变有多种原因，有些今已不可考。

例如房山良乡以北的黄辛庄，原名"皇亲庄"，因明代皇亲在此设庄园而得名。清代在此设行宫，后世改为今名。于管营村，原名"李家寨"，后因村中水多鱼多，改为鱼贯营，后来以谐音改为今名。琉璃河镇常舍村，唐代成村，原名"社邑"。南北朝佛教盛行，乡村逐渐形成以僧人为中心的信仰团体，称为"社""法社""邑会""社邑""义邑"等。辽代中晚期，较大的邑会组织下设有分支邑社，小的邑社多以村、里为单位，村名应与宗教活动有关。[①]

二、聚落名称通名

（一）城镇防卫型聚落名称通名

1. "城"

此类聚落多数都是历代所见大小不一的城池旧址所在地，后来不少因职能变迁演化为村落，仍以原城相关的城名命名。例如顺义区西南境、温榆河东岸，有古城村，即因汉代安乐故城而得名。昌平区秦城，因芹城而得名。门头沟区沿河城、密云区南石城、昌平区长峪城、延庆区岔道城等则是明代修建的防御性城堡之名的沿用。

2. "镇""路""卫""所"

多是因军事原因建立的城池或军队驻地。明代设置九边重镇，与北京地区相关的包括蓟州镇、宣府镇和昌平镇所辖范围。戍边各镇下辖各路、卫、所等。如隆庆卫、大兴左卫、渤海所等。今大部分为城镇地名，少数演化为村落名。例如怀柔区黄花镇村、渤海所村，为明长城军事聚落。昌平区阿苏卫村，为元皇庆元年（1312年）宿卫军阿苏卫军的屯驻处。

3. "堡"

"堡"多读为"补"，义为集镇。"堡"字又读"保"，义为上筑的小城；也读作"铺"，义为驿站。北京郊区称"堡"的村落主要分布在延庆区，如刘斌堡、永安堡、苗家堡、榆林堡等。延庆县的这些"堡"，既有集镇，如靳家堡；也有驿站，如榆林堡；但更多的则是土筑小城，或者城墙包砖包石，主要源于延庆所处的特殊地理位置及其边防职能。因为明代后期势力减弱，而败退的蒙古残余势力已逐渐恢复元气，不断入塞侵扰。地处居庸关外的隆庆州首当其冲，常常蒙受入侵者的烧杀抢掠之苦。为了自卫，村庄便纷纷修筑围墙城堡。

4. "营"

"营"字，《辞海》释为第一义"军队驻扎的地方"。以"营"为名的村落有一部分是因曾经作为各朝代驻军地。

北京作为军事重镇特别是作为封建王朝的京都，其郊区及沿边要隘地带屯兵多。明清时期西北郊有不少专为皇家园林、陵寝、行宫守卫服务的驻防营房。有些营房后来演变为村落，因名为"营"。例如，今昌平十三陵西山口有后营村，东山口外有

---

① 顾梦红. 房山村落文化[M]. 北京：北京联合出版公司，2016：26.

营坊村，就是明代护陵卫军的驻地。密云县城东北三里有满、蒙两族聚居的檀营村，原是清政府在密云设置的八旗兵驻防营。海淀区的蓝旗营、镶黄西营、镶黄北营、船营、老营房，则是由清八旗军中的正蓝旗和镶黄旗的驻地营房演变而来。又如，延庆县的军营、屯军营、刁千户营，密云县的兵马营、营房，顺义县（今顺义区）的军营等村名，便是如此。

（二）农业生产型聚落名称通名

1. "村"

早在唐至辽金时期的村落多称为"村"。在出土的唐代墓志中就有刘村、邓村、石槽村等出现。在房山云居寺石经题记中，也有现今保存的甘池村、独树村等。其他，如房山区的夏村、芦村、阎村；昌平区的崔村；顺义区的河南村、河北村；通州区的果村、董村；大兴区的臧村、丁村等。在唐代"按百户为里"的唐制中，也有将较大的村落称为"里"，如通州区的翟里、密云区的瞳里等。

2. "庄"

"庄"大多分布于平原地区，山区较少。多为明、清时代在京郊建立，大批皇亲国戚、达官贵族圈地所建村落以"庄"命名，如朝阳区的定福庄、豆各庄、辛庄、太平庄等。南苑清末开禁后，许多官僚、巨商、军阀、太监等纷纷抢购苑中土地，建立田庄，名字大多具有高贵、文雅的意蕴，如德茂庄、隆盛庄、来顺庄等。

3. "社"

是由农村基层组织名称演化而成的村名。据《元史·食货志一》记载："县邑所属村田疃，凡五十家立一社。择高年晓农事者一人为之长。"以"社"命村名比较普遍，如大兴区有贤社、黄村社、束儿社等。

4. "屯"

元代重视屯田，也有大批军队屯田出现，此时形成的村落多称为"屯"。据《昌平外志》记载，就有手屯、福田屯等村名。明代不仅有军屯，也有大批移民屯及商屯，分布在昌平、通州、延庆、顺义等各区，如昌平的水屯、景文屯，延庆的高庙屯、西屯，通州的常屯、后屯，顺义的龙湾屯、水屯等。

5. "营"

以"营"为名的村落除了作为各朝代驻军地，再有就是因移民屯田而产生。明代移民屯田，有些是按"营"编组并加以安置的。如大兴县（今为大兴区）采育一带，元朝时尚是一片荒沙地，为浑河（即今永定河）故道所经的地方。明永乐二年（1404年），从山西、山东等地迁移大批百姓于此开垦，共立五十八营。这就是今凤河两岸叫作"营"的村庄特别多的原因。顺义区西北部，许多村落都用山西州县名作为村落命名，如河津营、大同营、山西营等。此外，明清时代一些专为皇家服务的工匠、菜农所居住的聚落，也称作营，如永定门外的铁匠营，右安门外的菜户营，房山区大石窝的上营等，就属此类。

6. "寨"

最早为辽太祖为安置所携行唐县民而设立的村寨，如密云区西南境的渤海寨、燕落寨等。由于地名具有稳定性，今北京地区称寨的村落，大多是辽宋时期形成的村落，如昌平区的黑山寨，平谷的熊儿寨等。

7. "垡"

"垡"字是指耕地翻土之意。以垡命名的村落，多分布于北京南部的永定河频频泛滥而形成的河间洼地中。这种地带多为土质板结而难于破碎的土堡。在京城南部的房山、大兴、通州等地区，出现很多以"堡"命名的村落，如房山的葫芦堡、闾仙堡，大兴的榆堡、张公堡，通州的东堡、西堡、尖堡等，体现了村落所处地区的土质特征。

8. "卷"

多为元明清时期由于为当朝皇室服务而形成的村落。为供皇家祭祀、官府膳所的牲畜之用而建的牛、羊、猪等专业圈养户组成的村落，此类村落以"圈"命名，后改为雅名"卷"，例如顺义区城北，潮白河西岸马卷、官志卷等一系列以"卷"命名的村落。这是因为顺义在明代即有上林苑所属的良牧署设于此地而有所发展。

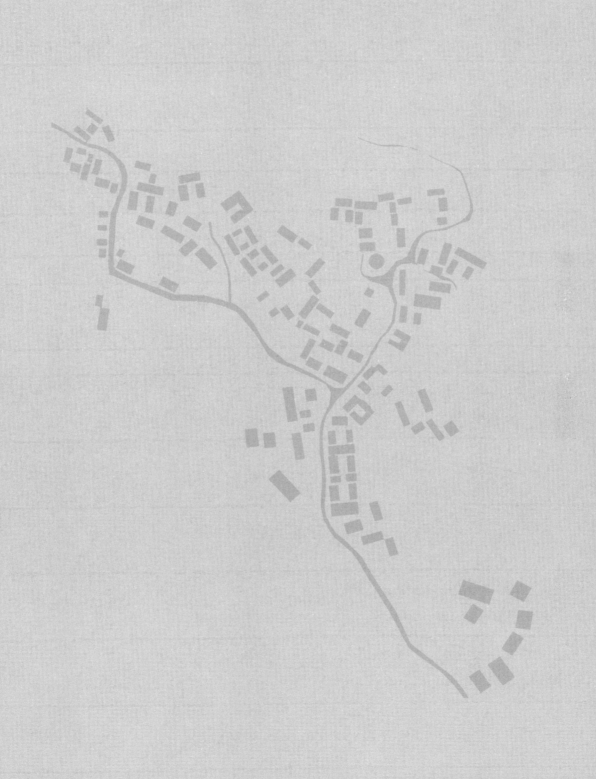

第一节　以都城为核心的聚落体系

一、概述

（一）北京建都的历史条件和特征

1. 北京建都的历史条件

一般来说，历史上的国都选址一般应具备四大因素：一是全国的政治、经济和文化中心；二是处于能够号令全国、控制全局的枢纽位置，交通便利；三是具有防御性，即军事上有险可恃；四是要适应当时社会发展阶段的政治、经济或民族斗争需要。以上因素中，经济条件在交通运输很不发达的古代愈加显得重要。而当运河疏通、海运开辟后，首都可以靠赋调、漕运满足自己的需要，因而开始出现政治中心与经济中心分离的情况。

国都迁移的原因是中国的经济中心和主要外敌威胁的地域转移。我国华夏文化发源于黄河中下游，中原地区是封建社会早期农业最发达地区。所以，历代王朝选择此区域作为中心，控制此区即能控制全国，因而西安和洛阳成为早期的古都。一是这里古代文化十分发达，二是关中出产丰饶，三是地理形势兼顾。秦汉之际，中央政权疆域尚小。到隋唐时，长安成为丝绸之路的起点。此时，都城既是政治文化中心，又是经济中心。唐朝中叶以后，中原经济凋敝，江南地区已经开发成新的经济中心，每年能有大量的粮食北运以济长安及其邻近的军队。加之由于吐蕃的兴起，丝绸之路受阻，海路成为通往国外的主要交通线，长安的优势地位丧失，首都东移已成必然。五代至北宋，经济发展转向南方的趋势更为明显。首都继续东移，开封成为新的政治中心，因为其更接近于江南经济区，以减少运粮的成本并对之进行有效的控制。开封位置虽然比较适中，但地理上却几乎无险可恃，而且彼时北方少数民族正逐渐强大，南北政治、经济形势在发生剧烈的变化。随着北方少数民族入主中原的新趋势，自辽开始，燕京成为北方的政治中心，与开封相持近200年，形成南北两个政治中心的特殊局面。金建中都后，宋室南渡，中原陷入了交通与政治上的混乱时期。自此国都的选择一直在南方（南京或杭州）和北方（北京）选址徘徊而没有再回到中原一带。杭州虽然经济富庶，但是无力控制全国。就全国军事政治形势而言，已出现北重南轻的态势。北京的地位随着北方少数民族的强大不断上升，且北方政权的疆域也在继续向南推移。当元朝建立，北方少数民族强大到足以控制全国的时候，南方都城便被彻底摧垮，全国政治中心正式北移到北方，元大都成为全国的首府。从此，北京一直是一个强大而稳定的朝代的首都。全国的政治中心与经济发达区域愈加分离。纵观我国历史上都城的变迁，大体上经历了由西向东、南北对峙和重心北移三个发展阶段（图3-1-1）。

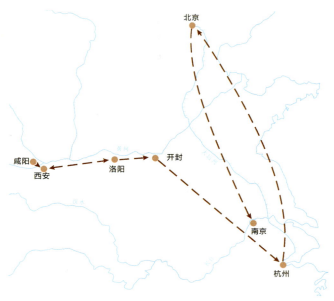

图3-1-1　历代中国国都迁移轨迹示意图（来源：改绘自《北京：由传统国都到中国式世界城市》）

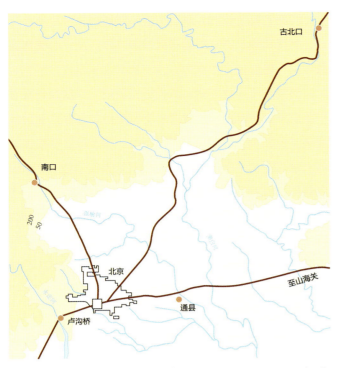
图3-1-2 北京小平原古代大道示意图（来源：改绘自《北京城的起源与变迁》）

图3-1-3 太行山东麓地形示意图（来源：改绘自《北京城的起源与变迁》）

2. 北京作为都城的主要特征

从地理位置上看，北京不如洛阳、开封适中；从经济条件看，不能与南京、杭州相比。北京作为都城，是有一个过程和一定历史条件的，也有其自身的特征。

首先，优越的自然条件和地理形势使北京成为军事中心和交通枢纽。

从军事上看，它三面环山，南向平原。高山耸立，关隘险要。由中国东北和蒙古草原进入北京平原主要经过三个山口，即南部的南口、北部的古北口以及东部的山海关（图3-1-2）。因此，北京进可攻，退可守，因其地理形势以及对这些关键通道的控制，在战略上位置重要，成为全国的军事核心。从交通上看，是中原与西北草原和东北地区沟通的枢纽之地。加之有大运河纵贯南北，靠近出海口，便于和江南沿海各地及国外联系，陆路、水路、海路并举可连接控制全国。

古时，华北平原是冲积平原，地势低平，排水不畅，尤其是在黄河三角洲的北侧，由于受到海河流域所形成的冲积扇的阻隔，期间形成了大面积的湖泊洼淀。这些湖泊洼淀的存在严重影响了南北的交往。当时由华北至北京平原的最便利的通道是太行山山脚，即西山边沿的一条窄窄的通道。正因为如此，沿太行山山麓的南北交通线在古代华北交通史上具有极其重要的地位。它对北京城的起源和成长有着直接的、重大的影响（图3-1-3）。

其次，北京作为政治中心和文化中心，承担着服务中央政权、处理民族事务、贸易文化交往、保障安全防卫等职能。

封建帝都的宫廷既是城市建筑的精华所在，又是掌握至高无上权力的帝王通过庞大的行政网络控制全国的神经中枢。宏伟的皇城宫殿、秀美的皇家园林、庄严的祭祀坛庙、雄壮的皇家陵寝、精美的王公府邸、灵巧的行宫别院，都是中央政权的载体与象征。

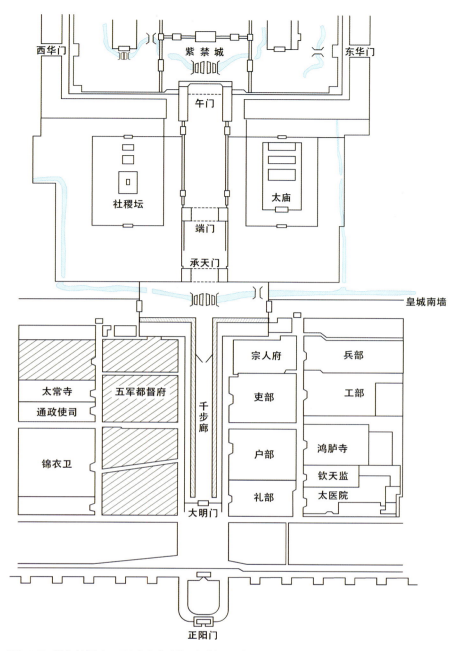

图3-1-5 明北京城午门至正阳门祭礼建筑及行政场所示意图（来源：改绘自《北京：由传统国都到中国式世界城市》）

业活动，成为北京最大的商业中心。1553年南城被城墙围起，自此被称为外城。这个区域也在顺天府两个县的管辖之下，明朝时被分为8个区域，清朝被分为5个区域，为汉人聚居区。外城既非城市也非乡村，兼具城乡的特点，属于京城的外围区域。人口的社会经济地位和职业文化地位相对较低，但是，它为京城提供了商业等重要的城市功能。

由此，北京的城乡空间大体形成了五个层级：皇室居住办公的宫城和皇城；政府机构处理政务的皇城南部和东南部；王公贵族、大臣官员们居住的都城东部；商业与工匠集中的外城；以及散布于郊外的乡野。与社会政治地位依次降低的顺序相对应，城乡空间也呈中心辐射状展开，空间格局亦从形式规整到自由而不规则变化，构成了城乡空间体系。

二、北京城区

（一）内城

北京内城周长40里，大部分依元代的外城墙，呈长方形，东西6650米，南北5350米，设九门。南面三门，崇文门、正阳门和宣武门；北面两门，安定门和德胜门；西面两门，西直门、阜成门；东面两门，东直门、朝阳门。清代，九门名称被沿用。明代九门交通有严格控制。正阳门为天子及皇室车驾出入之所，崇文门外主要为酿酒厂，是运酒的通道。朝阳门专治粮运，江南地区粮米经北运河至通州后以陆路运至该门附近的主要米仓。安定门是城内粪便运出通道，门外有三大处理区。德胜门是出征军队出发时的告别之门，西直门是皇家饮用水从玉泉山运入宫城的专用通道。阜成门是城市用煤的入口，而宣武门是死囚被送往菜市口行刑的必经之路。钟楼和鼓楼位于城市的地理中心，成为北京中轴线的北端。明代，内城居民以满人为主，大多是王公贵族、官僚、军队及他们的属众（图3-1-6）。

皇城位于内城中心地带，周长18里，包括太庙

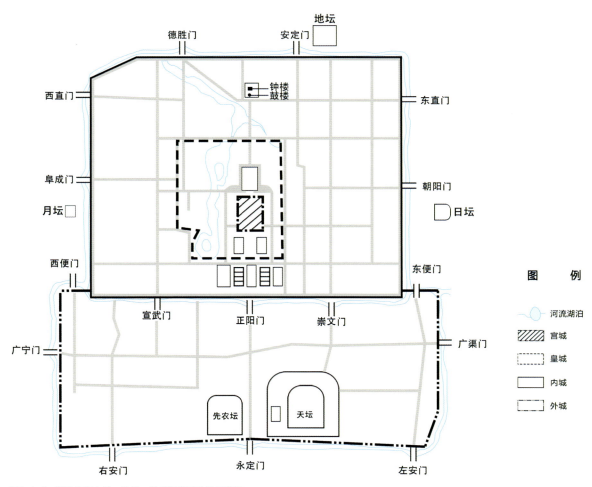

图3-1-6　明代北京内城、外城、皇城和宫城关系示意图

和社稷坛两组礼祭建筑，太后、皇子居所，高官的官邸，皇家花园，以及北海、中海和南海。煤山（或称万岁山）位于中轴线之上，成为国都的地理中心。皇城南，即天安门（明承天门）以南，"丁"字形广场延至大明门（清大清门）。"丁"字的直划两旁为千步廊，设有官署以及中央行政与军事机构。宫城名紫禁城，位于内城正中、皇城中心地区的城市轴线上。墙周长6里，并有石造护城河环绕。城墙高10米，四角各有一个角楼。建筑沿中轴线依等级有序地排列在高低不同的台基上。

（二）外城

外城或称外罗城。在元建大都时，金中都的部分居民未能进入新城而聚居于新旧城之间的空地上，因而在大都南部形成一片没有围墙的建成区。明初，该地仍为繁盛的商业及手工业区，而且人口不断增加。在新都营建时，明成祖在城的南方建了天坛及先农坛两组礼祭建筑。出于防卫需要，于1553年新建城墙，形成了外城。按原计划，外城城墙周长120里，将整个内城四面围起。但由于经费不足，只有南部的部分建成，缩减了的外墙只有28里，使北京城平面形成一个"凸"字形。外城开设七门，即南侧的右安门、永定门、左安门，东西两侧的广渠门、广宁门，以及北侧的东便门和西便门。

三、北京郊区

北京郊区的主要职能一方面是服务当地民众的生产生活，发展种植业和畜牧业等农业生产，满足县乡的行政治理、百姓教化和社会文化生活需要。另一方面要服务于都城职能，发展主要面向城市和皇室需要的蔬菜、水果、花卉等特色农业，采煤、制陶、酿酒、琉璃制造等手工业。再有，就是服务都城对外交通运输，守卫都城安全。

服务于城乡经济的榷关、义仓、近现代工矿企业等在郊区也有分布。榷关是官府征收商贸等税银的机构和口岸。京师榷关始设于明宣德四年（1429年），京城各门及东北、西北、西南、东南几条水路交通要道上均有设立，如密云榷关、张家湾宣课司、南口税务分局等。义仓是地方官府为储粮以备荒歉而建的粮仓。乾隆年间，直隶总督奏设义仓，各州县遂广建义仓，各县三至十处义仓不等。清末，北京郊区涌现出一批近现代工矿企业，除西郊的平西、大同、门头沟、杨坨等煤矿公司外，其他如石景山制铁厂、长辛店北方车辆制造厂、孙河自来水厂、南口机车厂等。

社会管理与社会生活方面，有历代各州县治所以及各州县巡检司和各类军队组织。巡检司主要用于训练甲兵、巡逻州县、缉捕盗贼、维护治安。早期巡检司具有一定的军事职能，后以维持地方治安为专责。金、元时，多在一县之境设巡检司。明、清时，在镇市、关隘及距县城较远的重要地点设巡检司。清代，设协、标、营、汛不同级别的军队组织，既有保卫京师安全的职能，在河流沿岸也有防汛的职能。北京郊区设五路营，下辖若干汛。在京郊各州县城邑、重要村镇以及重要关口、驿站均设营、汛。另外，各州县设有县学和书院。有些机构置于县城治所，有些独立设置。

皇家园林、陵寝、寺院庙宇、行宫，卫戍关隘、卫所，以及王公和太监墓地大多分布于郊区。

历史上北京的城市建设、物资供应、安全卫戍、对外交通、皇室活动、居民风俗等，无不对北京郊区聚落发展产生重要影响。不仅有供应皇室建设和日常需求的煤炭、琉璃、木材等物资以及牲畜、蔬菜等农产品的村落，也有服务于皇陵、行宫、皇庄、皇家园林、寺庙等形成的村落。有些农业型村落依托新的职能而发展，而有些村落原本为非农业型村落，而是由某些城镇型职能演化为村落。如陵监，以及长城沿线防卫型堡寨，都是后期逐渐演化为村落。近郊村落随着城市的不断扩展，今已大部分消失。

四、行政建置治所

（一）各区行政建置治所

北京市境内不同历史时期的州、府、县等行政建制治所分布在郊区。这些古城，有的是不同历史时期的行政建置叠加于同一城址，有的尚存有断垣残壁，有的仅留有基址，大多数已经荡然无存，但作为历史上的重要建置，其遗址或地名的存在依然可以反映出北京历史文化发展的主脉络。这类古城址，在各区均有分布，尤以密云、房山的历史较为悠久，昌平、延庆的密度较大、数量较多（图3-1-7）。

1. 昌平

各个历史时期在昌平区域内都有相应的行政建置，变化较大。包括战国虎峪古城遗址（今南口镇虎峪村）、战国芹城遗址（今兴寿镇秦城）、汉昌平故城遗址（今百善镇上、下东郭村、沙河地区辛立屯村附近）、北魏军都县城（今马池口镇土城村）、唐东燕州城（今兴寿镇西新城村）、唐至元朝军都古城遗址（今城南街道旧县村），现大多已无遗存。

2. 密云

古城遗址不多，但是历史悠久。共工城遗址（今不老屯镇燕落村南密云水库下）距今4100多年，是原始部落时期尧的臣子共工（掌管手工业的大臣）被舜流放居住的土城，今已淹没于密云水库中。燕落古城遗址（今不老屯镇燕落村南密云水库下）是东魏燕乐县城、隋代安乐郡城，五代时废为燕乐庄。石匣城遗址（今于密云东北潮河之畔），汉犷平县城，明代为地扼古北口的军防要地，与密云城、古北口同为密云三大

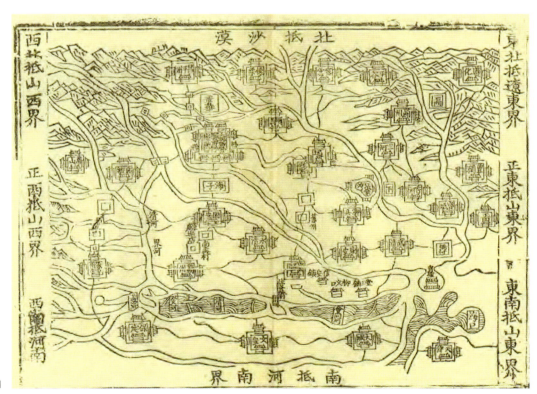

图3-1-7　明万历《顺天府志》图

重镇。城为正方形，周长约2800米。原为土城，明嘉靖时改筑石城。四面设门，均设有瓮城。密云城（今密云县政府驻地），东魏始迁密云县于此地，隋唐为檀州密云郡城，辽金时为檀州或密云县治所在。明代分建新旧两城。西北被白河环绕。旧城在西，呈正方形，周长约4857米，西北略微收窄，设东、南、西三门。新城在东，呈正方形，周长约3537米，也设东、南、西三门。新旧两城之间留有南北走向的夹道，两城城垣均围以5米宽的护城河。今新旧城墙均已被拆除，仅城东北有小段夯土残存墙基（图3-1-8）。

3. 延庆

历代建置沿革的变化较大。据相关文献记载，有蚩尤城、居庸县城、夷舆县城、上谷郡城、乌桓校尉府、缙山县故城、妫川县城、金镇州城、龙庆州城、明隆庆州城等。其中缙山县故城（今旧县镇），为唐所置儒州缙山县治所，辽金因之。元仁宗时升之为龙庆州。该城原为内外两层，内城砖砌，东西各一门。外城土筑。今仅存南墙一段残留。永宁古城（今永宁镇），明永乐时县治，其后置永宁卫于永宁县中，守备隆庆州（今延庆）。明宣德五年（1430年）始筑城，平面呈方形，设有四门。四门上均设有城楼，筑有瓮城。城内以玉皇阁为中心，向东、南、西、北方向形成十字街。东街古称善政街，为县治之所；南街古称阜民街，为永宁卫左卫与屯兵之所；西街古称广武街，为永宁卫所在；北街古称拱辰街，为军粮库。现城墙仅残存西北角数百米，城内进行了部分复建（图3-1-9）。

4. 怀柔

作为一个独立的行政建置出现较晚（元代），但秦汉时期重要的军事城镇——渔阳郡治所在其境内。渔阳古城（今北房镇梨园庄一带），为战国燕及渔阳郡治所遗址。"渔阳"，秦治县，以在渔水之阳而得名。西晋时废，后复，北齐又废。今遗址东西长三四百米，南北宽二三百米。地势较高。明清怀柔城，始建于明洪武十四年（1381年），明清两朝多次修葺。城周长四里多，东、西、南三面设门。城墙为砖石加砌，有瓮城和敌台。现衙署大门仍在，是北京地区为数不多的古代衙署建筑遗迹（图3-1-10）。

5. 房山

历史沿革可追溯到西周时期，有琉璃河商周古城遗址。除此以外，还有不少历史上的古城遗址。广阳古城遗址（今长阳镇南、北广阳村），汉至北齐时广阳县治所，西汉置县，属广阳国，北齐时废。窦店古城遗址（今窦店镇西芦村东北），最初为燕中都城，汉置良乡县治所。长沟土城遗址（今长沟镇东长沟村东），汉西乡县治所。城为长方形，南北长约419米，东西宽约263米。该城位于幽州通往涿州、易州的交通要道上，是历史兵家必争之地。今南、北城墙保存尚好。

6. 通州

历史悠久，因潞河经此，自秦汉时就成为交通要道。汉代路县土城遗址（今潞城镇古城村），西汉初年设置路县县治于此。漷阴县旧址（今漷县），辽朝将延芳淀辟为皇家苑囿，在此升漷阴镇为县。元升漷阴县为州称漷州。明，漷州降为县，称漷县，今遗存甚少。

7. 顺义

汉在域内始置狐奴、安乐两县，存有狐奴、安乐故城遗址。狐奴故城遗址在今北小营镇北府村，安乐故城遗址在今后沙峪镇古城村。明顺州城址，始建于唐末，初为土城，明改砖砌城墙。今仅北城墙有一段遗存（图3-1-11）。

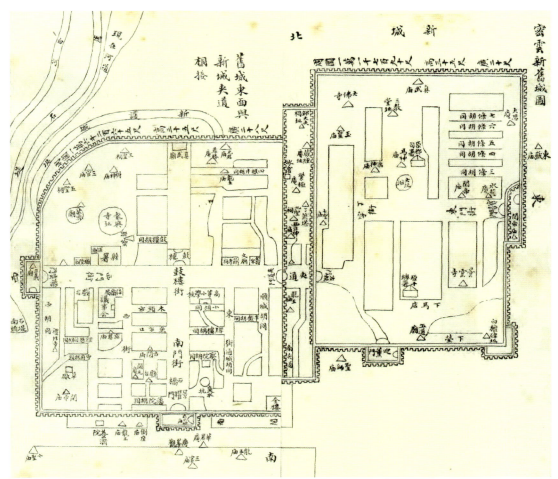

图3-1-8 民国时期重绘之密云新旧城图

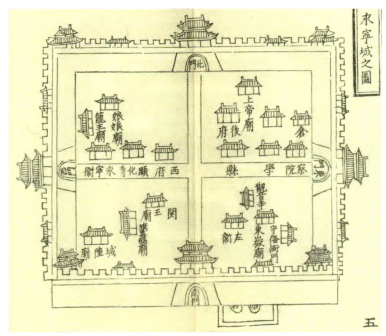

图3-1-9 明嘉靖《隆庆志》中的永宁城图

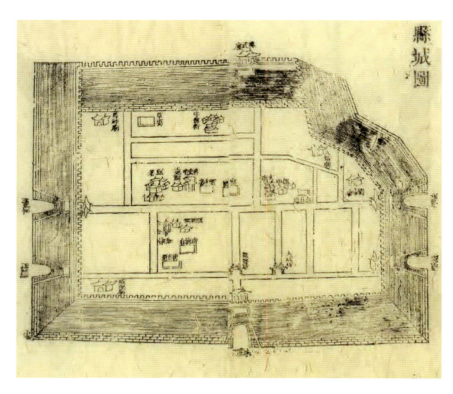

图3-1-10 清康熙《怀柔县新志》中的怀柔县城图

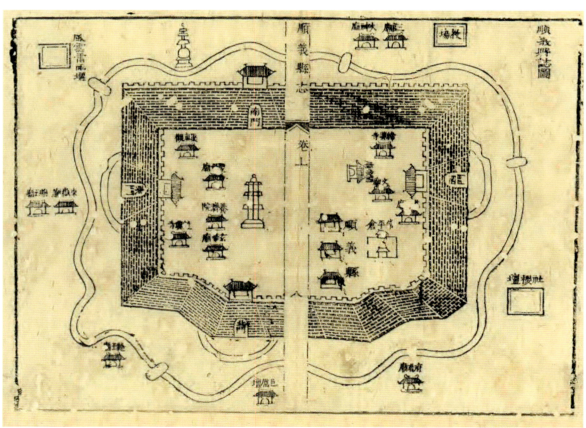

图3-1-11 清康熙《顺义县志》中的顺义县城图

8. 平谷

平谷县自西汉汉高祖十二年（公元前195年）设置，后多次撤销和复置。汉博陆古城遗址（今大兴庄镇北城子村），为西汉大司马霍光封为博陆侯时的封国博陆城。城址残存部分高2～3米，南北长约180米，东西宽约250米，城墙基为夯筑。

（二）通州古城

通州城历史悠久，秦朝时属渔阳郡，汉朝开始设县，县城位于今通州区潞城镇古城村，因靠潞水（北运河），东汉初路县改作潞县。北朝末，潞县治所迁于今通州城北大街北部一带。到后魏时，潞县升为潞郡。唐武德二年（公元619年）改为玄州，后又改名潞县。辽萧太后为解决潞县至陪都南京的漕运问题，主持开凿了萧太后运粮河。金定都燕京后，为通漕运而治理潞水，南粮北调漕运至潞，然后陆运官粮于都城，将潞县升为州，称通州，取"漕运通济"之义，通州镇始为州城。下辖潞、三河二县。随着金口河的开凿，通州与金中都的关系日益紧密。

自金代北京上升为国家都城，历金元明清四朝，通州因地处运河北端而成为漕运重镇，是北京地区最重要的漕运码头和仓储重地（参见图2-2-3、图2-2-5）。各地征集来的大米和各种物资，都要运到这里储存或经过通惠河和陆路转运至京都。明人有言，"夫通州非郡邑之城，天子之城也。"足见通州城市地位之重要。清光绪二十七年（1901年）京通（北京—通州）铁路建成，漕粮全部改为陆运。民国初年又建成京津（北京—天津）公路，至此，通州完全失去了水路码头的作用。

据县志记载，金代通州镇已有城，以砖砌之或以土为之已无可考。元代郭守敬主持贯通通惠河，将通州与大运河紧密联系，兴建真正意义上的通州城，后开始建仓储粮，储米数十万石。

明洪武元年（1368年），徐达率军攻克通州，大将孙兴祖受命修筑通州城。周长九里十三步，高四丈六尺。此为"旧城"。以砖筑旧城，下以条石为基，设四门，东曰"通运"，西曰"朝天"，南曰"迎薰"，北曰"凝翠"，各门均有瓮城。通州城北部呈尖角状，南部呈方形，似一条大船停靠在潞河之滨。通州民间有民谣，"通州城，好大的船，燃灯宝塔作桅杆，钟鼓楼的舱，玉带河的缆，铁锚落在张家湾。"明成祖迁都北京后，漕粮转运和存储需求日益增长。永乐年间，在通州旧城西门内以南建设大运中仓，在南门内以东建大运东仓，同时在旧城西门外空地建大运西仓。

明正统十四年（1449年）塞外蒙古瓦剌部首领也先在土木堡大败明军，进而入侵北京，并袭扰京畿周边。当时，大运西仓还在通州城外缺乏防护，一旦落入蒙古军之手，则成为资敌物资。为保护大运西仓，开始建设通州新城。新城南、西、北三面系新筑城墙，周长八里，连接旧城，环护大运西仓。东城墙利用旧城西城墙南半段，新城设南门和西门两座城门。通州新旧二城均有护城河。此后又多次增修新城。通州新旧城连在一起，类似北斗，故称之为斗城。清乾隆三十年（1765年）通州旧城与新城之间的旧城西墙南段城墙被拆除。城内官衙林立，大小官衙20多个。州衙署位于旧城北门南侧。还设有仓场署、坐粮厅署、仓监督署、漕运厅署、理事厅署、州同署、州判署等衙署。城内有燃灯舍利塔、文庙、佑胜教寺、紫清宫、关帝庙、魁星楼、文昌祠、药王庙、白马关帝庙、静安寺、水月庵、莲花寺、紫竹庵、火神庙、城隍庙、白衣观音庵等众多庙宇道观（图3-1-12、图3-1-13）。其中燃灯舍利塔是京杭大运河北端的标志，"通州八景"之一。

（三）延庆古城

延庆古城，即今延庆城所在，位于延庆区西南部，自古便是南北交通孔道及军事要冲。秦汉时期就有州、县建置，战国至东魏时期所设上谷郡之居庸县城，唐妫

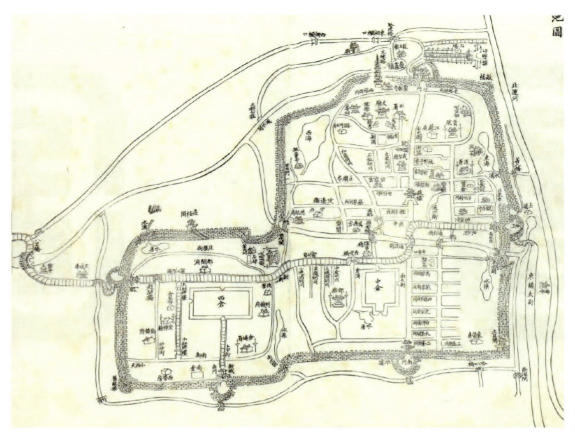

图3-1-12 清光绪《通州志》中的通州城池图

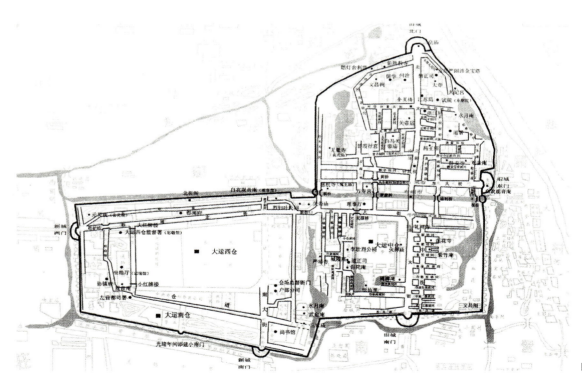

图3-1-13 通州古城示意图

052

川县治在此，设防御军城。元仁宗延祐三年（1316年）置隆庆州城，元末兵焚。明朝迁都北京后，朱棣命人重建隆庆州。明隆庆元年（1567年），为避年号的忌讳，改名为延庆州。明代延庆置有隆庆州（后改延庆州）、永宁县、隆庆卫（后改延庆卫）、隆庆左卫（后改延庆左卫）、永宁卫、隆庆右卫（后改延庆右卫）、怀来卫，构成一州一县五卫建制。

延庆古城建于妫水河北岸的台地上，岔道城、八达岭和居庸关位于古城南部，永宁卫位于古城东北方向，东、南、北三面长城围绕。水陆交通便利，位置险要（图3-1-14）。

延庆州城于明永乐十二年（1414年）在元代城址上复建，初时为土城，明宣德五年（1430年）补修，景泰二年（1451年）再修。筑城高2丈2尺，周长4里103步，平面呈梯形，并于南、北、东三面设门，南门曰"奉宣"，北门曰"靖远"，东门曰"致和"。明天顺、成化年间，其改为砖石包砌，但工程未完成（图3-1-15）。

明万历时期，因军事防卫需要，开始大规模续建、增筑。万历八年（1580年）修北城，万历三十六年（1608年）遭水患，增开西水门一座，曰"西成"。万历四十四年（1616年）增建南关城墙，南城墙随地势呈现"月牙"形，引妫水入南城郭，并设角台一座，敌台、关门、水门各二座。清康熙年间曾补葺，将墙加高至3.5丈，周长未有变化，仍设四门（图3-1-16）。

城池占地面积约为40公顷，城周长约2800多米。城门均有大街相通。府衙位于城中心西北部。城内设有察院、神机库等设施，并散布玉皇阁、城隍庙、三义庙、三清官、文昌宫、药王庙、关帝庙、碧霞宫、灵照寺、马王庙等众多庙宇。目前城墙仅遗存一段西北角土城，长度约110米。

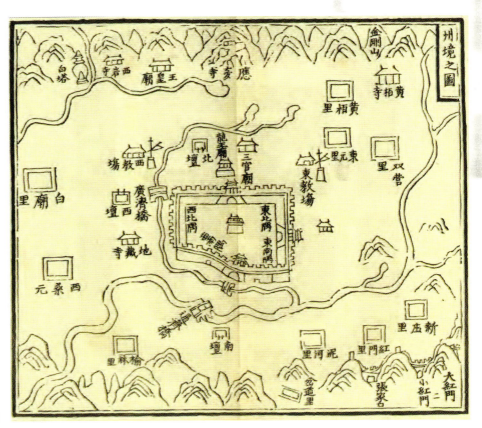

图3-1-14　明嘉靖《隆庆志》中的隆庆州境图

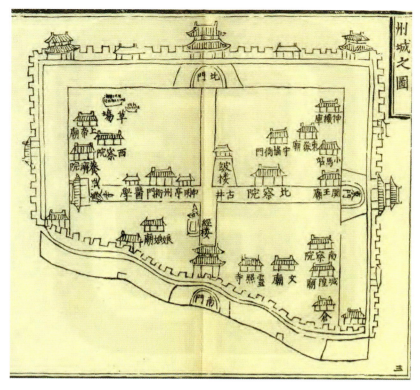

图3-1-15 明嘉靖《隆庆志》中的隆庆州城图

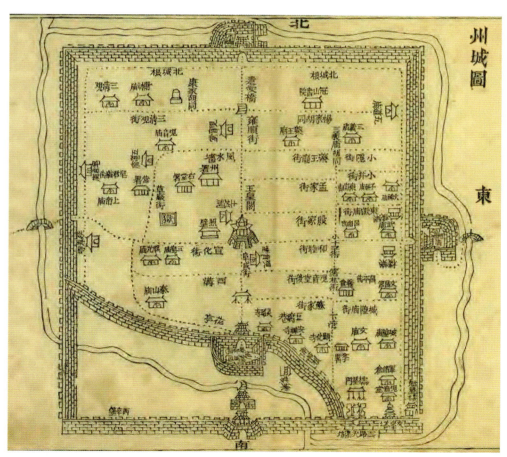

图3-1-16 清光绪《延庆州志》中的延庆州城图

第二节 皇权外溢下的聚落体系

一、皇家园林与聚落

（一）清西郊园林与聚落

1. 清西郊园林

清朝定都北京后沿用明代宫殿，同时锐意经营北京西郊园林，规模宏伟，工事浩繁。从康熙十六年（1677年）修建香山行宫始，至咸丰十年（1860年）英法联军侵入北京、火烧圆明园止，历时百八十年。清室不惜人力、物力和财力，征调全国的能工巧匠，以江南苏、杭等地的名园构建为样本，在东自海淀村附近，西至香山，二十余里间开展建设，陆续营建了以畅春园、圆明园（包括长春园、绮春园在内）、万寿山清漪园（后更名颐和园）、玉泉山静明园、香山静宜园组成的"三山五园"为主体的皇家园林区。其区域还建有许多王公贵族及达官政要的私家园邸，如蔚秀园、承泽园、朗润园、鸣鹤园、镜春园、熙春园、淑春园、近春园、澄怀园、自得园、一亩园等。离宫别馆接踵而起，殿阁楼台遥遥相望。周围绕以八旗营房，严事护卫。各类服务需求增加，村镇聚落随之大量兴起。同时，随着这一区域园林的兴建，又进行了河湖水系的调整，既保证了皇家诸园享有丰沛的水源，同时也为这一地区迅速开发起来的稻田荷塘提供了极为有利的条件。西郊一带的原始景观，为之一变（图3-2-1）。

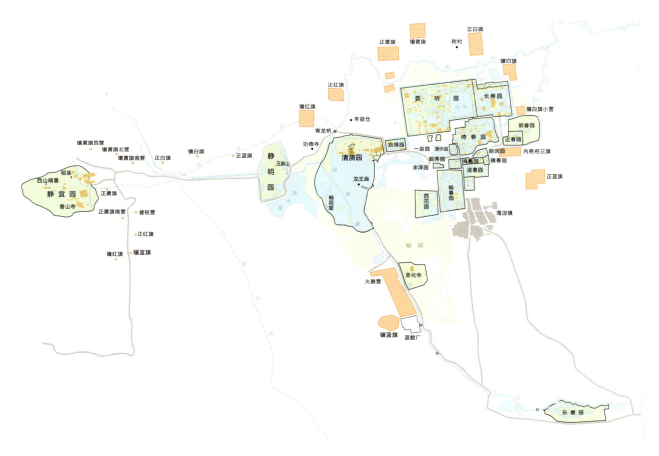

图3-2-1 清西郊园林分布示意图（来源：改绘自《北京历史地图集·政区城市卷》）

2. 皇家园林服务区

围绕着"三山五园"的建设发展,在周边区域形成以圆明园、颐和园等御园为中心的皇家园林服务区,东到镶白旗、正白旗、正蓝旗一线,南到镶蓝旗、蓝靛厂,西到玉泉山,北至正黄旗、镶黄旗、正白旗,包括守卫皇家园林的八旗军旗营、工匠杂役生活型村落,以及商业服务型村落等。

圆明园始建于清康熙朝后期,并逐渐形成一座离宫御苑型的皇家园林,园林前部建有宫廷区,成为除紫禁城外的政治中心。清代皇帝除了夏天去热河行宫避暑外,一年之中园居的时间超过全年时间的三分之二。雍正、乾隆和咸丰帝在园中居住时,举行朝会、处理各种政务、接见外国使臣、发号施令,内阁、六部、军机处等也都在此设立办事机构。因为圆明园的重要地位,因此设护军守卫。驻扎此地的京师三大兵营为圆明园八旗护军营、香山健锐营,以及蓝靛厂外火器营,亦名"外三营"。其主要职责是拱卫圆明园(含长春园和绮春园),并负责出城御道,兼管玉泉山静明园,确保皇帝出城来园和驻园后的安全。旗营在方圆数十平方公里皆有分布。清亡以后,军营演变为村落,村名与原来所驻防的旗分相同。

三营旗兵共计约万余人(不同时期数量有增减),营房一万间。旗人不事生产,以当差为业,待遇颇高,重视消费,故而在旗营周边地区形成极强的消费力。同时,皇家园林的修建是长期的营建活动,全国各地的能工巧匠汇聚在附近村落中。由此,因对各种服务设施的大量需求,周边村落逐步发展为小型商业中心,随之兴旺起来,店铺聚集,买卖街、营市街应运而生。如挂甲屯、大有庄、水磨村、树村、四王府、青龙桥、海淀等都有商业街。另外,亦建有娘娘庙、观音庙、山神庙、龙王庙、清真寺等诸多宗教文化场所。

3. 海淀

"海淀"原是今海淀镇西巴沟低地上泉水汇聚而成的一片湖泊的名字。明朝中叶以后,不断有人迁入耕种,湖中种植莲藕和水稻,大湖逐渐分成南北两个小湖,分别称为"南海淀"和"北海淀"。最初经营这一带浅湖的农民,选择附近的高地居住,即今日海淀镇所在。此地是海淀台地的西坡,地势高亢,便于居住,同时又距湖地很近,工作往来便利。自元至明,海淀二字兼为湖泊与聚落的通称。明代,傍水近山的优越地理环境和巴沟低地的自然美景逐渐使之成为有闲阶级游览的胜地,于是皇亲官僚开始辟园林、造别墅,如武清侯李伟的清华园和太仆少卿米万钟的勺园,海淀附近聚落随之发展。

随着"三山五园"的兴建,海淀镇迅速发展。南、北两个海淀居民点也都继续扩展起来连为一体,形成京城西北郊的一个大镇,统称海淀。海淀既是通向皇家园林区的门户,又是为其服务的中心集镇。当时来自京城内的主要干道,大都出西直门或德胜门,最后合二为一到达畅春园,也就是继续前往"三山五园"的起点。清初以来海淀镇南大街和西大街由此形成(图3-2-2)。雍正乾隆时期,圆明园已成为常年临朝听政的中心。因此许多王公官员都在海淀建造宅第,以便早朝。清廷军机处也在海淀别立衙门,还设有御园的中营副将衙门、畅春园守备卫衙门、中将参将公所等。北部逐渐发展为繁华的商业区,南部逐渐形成达官贵人的居住区。此地距巴沟低地甚近,既富有江南风光,又有西山在望,成为海淀镇上良好的居住区,礼亲王的礼王园就建于此。

可见,清代西郊园林的建设,为海淀这个聚落的迅速繁荣提供了难得的机遇和条件,注入了巨大活力,使其蓬勃发展起来。

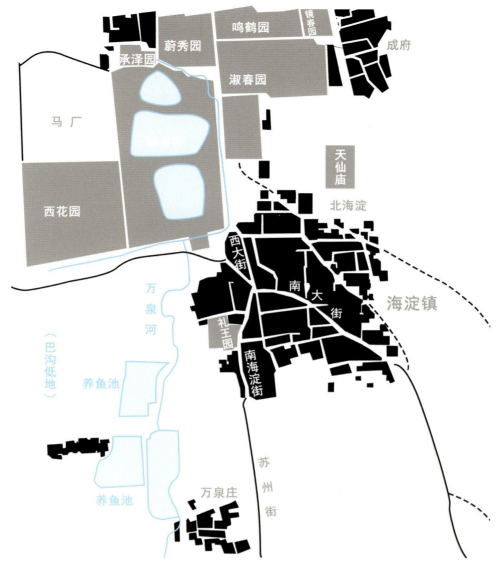

图3-2-2 清代海淀镇示意图

4. 青龙桥

青龙桥是瓮山泊风景区的门户。随着瓮山泊风景区的建设演变，青龙桥不断繁荣发展。元代瓮山泊面积宏大，元天历二年（1329年），元文帝考察瓮山泊后，下令建造大乘天护圣寺。寺庙规模宏大，金碧辉煌，汉藏合璧。环寺还布置了为臣属营建的别墅区，以及护卫营房、生产用房以及驻跸台等。至正初年，护圣寺不幸被大火焚毁。大乘天护圣寺的建成影响了青龙桥瓮山泊周边的广大地区。此时因寺得名的青龙桥已经聚集成社。明代，"青龙桥"不仅是桥名村社名，也是周边区域的通称。明宣德四年（1429年），在元代护圣寺遗址上建设功德寺，作为前往寺庙北部红石山一带金山皇家陵寝区祭陵的驻跸治所，又称"功德寺行宫"。青龙桥由于元、明两朝皇帝经常去瓮山泊、玉泉山、功德寺等地游

图3-2-3 青龙桥地区示意图

憩而保持着一定的繁荣。

清代,大力建设西郊皇家园林并改造水系。青龙桥位于"三山五园"区域的中心,是清帝及其王室成员经由海淀前往玉泉山、香山避暑游赏的必经之地,也成为重要的交通枢纽,设有驿站和丰益仓粮仓(参见图3-2-1)。为了供应周边驻防八旗军粮饷,曾从通州由温榆河逆水而上,至沙子营入清河,转运漕粮至青龙桥粮仓(参见图3-3-3)。青龙桥逐渐由一个村落发展为较为繁华的商业集镇。两山周边形成三大水稻种植区。瓮山泊地势西高东低,湖泊缩小使西部湖底首先露出水面。人们利用肥沃的湖底低地,开发水田,在玉泉山下形成大片稻田。明代后期稻田已经由玉泉山脚下扩展至功德寺门前,一派水乡稻作的美景画卷。清代,玉泉山下的稻田尽归皇家所有,专供内廷所需。作为御稻田,耕作十分精细,形成园艺化的种植,加之其处于万寿山、玉泉山两大御园之间,水乡景色尤胜其他地区。清康熙五十三年(1714年)在青龙桥建稻田厂,负责稻米加工、储藏、销售等,形成粮食交易市场,成为大宗粮食供给中心,亦带动了其他商业店铺的繁盛(图3-2-3)。

(二)南苑与村镇聚落

南苑,亦称南海子,系元、明、清三代皇家苑囿,位于北京南郊平原,永定门外10公里,可看作城市中轴线向南的延伸,东西长约17公里,南北宽约12公里,面积约210平方公里。

南苑地处永定河冲积扇前缘,地域辽阔,地势低洼,多古河道,泉源密布,水质优良,或潴以为湖,或流注成河,昔日草木丰茂,野生禽兽多栖息其间。

早在辽金时期，皇室即常来此游猎。元朝，称为"飞放泊"，又称"下马飞放泊"，皇帝时常在此放鹰扑逐猎物为乐，故有"飞放"之名。其内有晾鹰台（用来放鹰捕猎），亦称按鹰台，于此开始营建苑囿。

明永乐十二年（1414年）更加开辟，扩大面积，四周土筑垣墙，长120里，曾誉为"燕京十景"之一，名曰"南囿秋风"。置四门，即北红门、南红门、西红门、东红门。作为皇家"行猎"之所，先后修建衙署、寺庙、桥涵、御道等，派海户千人驻守。因皇城北面有积水潭，又称作海子，为了区别起见，所以此地名叫南海子。其中有行宫、晾鹰台，以及大小桥梁若干。自永乐年间建都北京以来，皇帝时常于南海子游猎，也有讲武之意。明中期以后，苑事荒废。

清朝重修，将南海子改名为南苑，作为皇帝狩猎的场所。清康熙二十三年（1684年）以后，南苑归奉宸苑管理，进行围垦，派海户1500余人，人各给地24亩，负责饲养苑中禽兽和维修垣墙、御路等。增扩四周垣墙，在旧海子垣墙上新辟黄村门、镇国寺门、小红门、双桥门、回城门，并改北红门为大红门，共九门。南苑也是清代操练兵马场所，有主要阅兵场两处，即西红门内杀虎台和南红门内晾鹰台。康熙皇帝曾经多次来到南苑，举行八旗兵军事演习，地点即在晾鹰台。清乾隆年间（1736～1795年），改砌砖墙，增开高米店等十三座角门。自顺治至乾隆，先后在南苑修建行宫，即旧衙门行宫、新衙门行宫、南红门行宫、团河行宫，又建德寿寺庙宇数处。清咸丰十一年（1861年）增设神机营，驻南苑旧宫之北，共建营盘数十座，房屋数千间，有垣墙壕沟围绕（图3-2-4）。

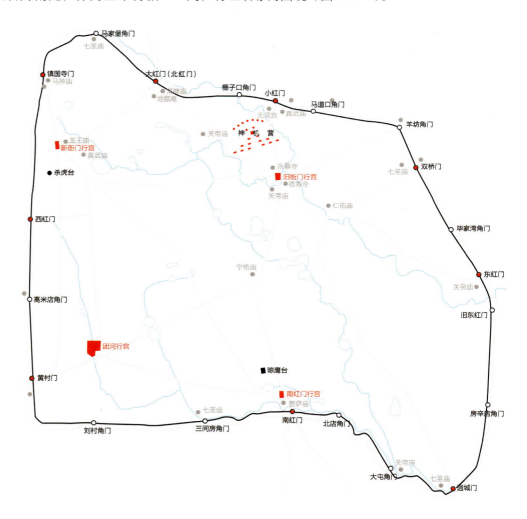

图3-2-4 明清南苑示意图

清末，光绪二十六年（1900年），八国联军入侵北京时，南苑也遭浩劫，苑内行宫、庙宇大都被破坏。清廷国库空虚，内外交困。光绪二十八年（1902年），成立南苑督办垦务局，准许招佃开垦苑内旷闲土地。于是，不少皇亲显贵、宫廷太监、官僚士绅、军阀巨商纷纷利用苑内土地建立私家庄园，新村落涌现出来。例如，广德庄、富源庄是太监李莲英所建庄园。俊德庄（今大粮台）是清宫首领太监李三顺的庄园。亦留下不少与行宫、城门等有关的地名村镇聚落散落在今丰台区和大兴区，如南苑、东高地、大红门、小红门、海户屯、新宫、团河村、旧宫、西红门、鹿圈、瀛海庄、南宫等（图3-2-5）。

二、皇家陵寝与聚落

（一）北京的皇陵

帝王陵寝与都城密切联系。金朝统治者把都城从东北迁到北京的同时，也把帝王陵寝从东北迁至此，这

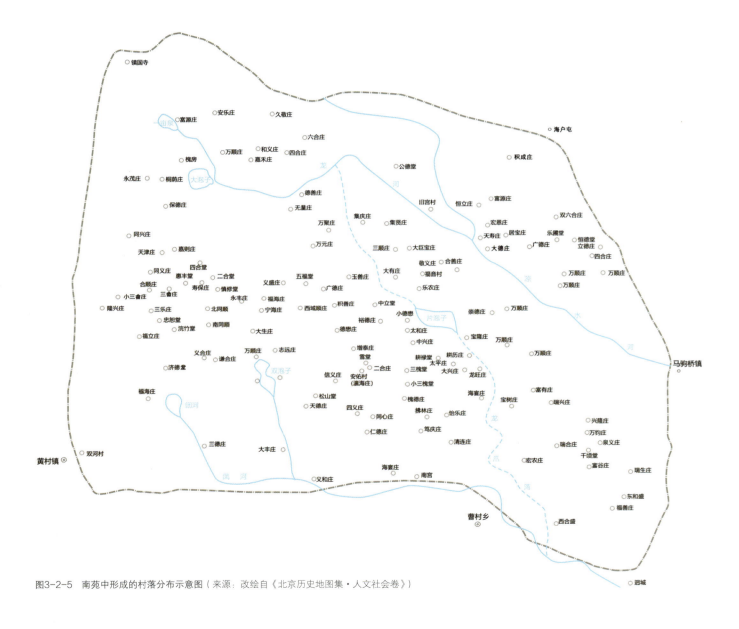

图3-2-5　南苑中形成的村落分布示意图（来源：改绘自《北京历史地图集·人文社会卷》）

是北京有帝王陵区的开始。此后的元明清三代，皆定都北京。但是，元朝统治者依从蒙古族"深埋不见坟"的丧葬习俗，故而北京未见元朝帝王陵寝。明初定鼎于南京，明太祖葬在南京。明成祖迁都北京后，为巩固北京都城地位，在北京选定墓地，营建陵寝。此后的明朝诸帝遵从这一制度，相继建陵寝于此，形成帝王陵区。清朝统治者定鼎北京之后，建设了位于今河北遵化的清东陵和今河北易县的清西陵两个帝王陵区。两处帝陵在清代直属京畿十三道，归北京管辖，今归河北省管辖。帝王陵区的大规模集中兴建，促进了守陵护陵聚落的发展。

（二）金陵

金贞元三年（1155年），金帝完颜亮将原在上京的先祖之陵迁至中都西南的大房山东麓建立陵园，此后又有熙宗至章宗等诸帝葬于此，形成金代皇帝和宗室诸王的陵墓群。大房山雄峻秀丽，古来称之为"幽燕奥堂"。金帝王陵区共有17座帝陵及妃陵、诸王陵墓数十座。陵区面积广大，约60平方公里。周围建有围墙。金王朝在大房山建陵后，每年于山陵举行祭祀仪式，并先后在此修建瑞云宫、磐宁宫行宫、山神庙等建筑。明天启二年（1622年）金陵被毁，进而在陵址建关帝庙以镇之。清代恢复守陵和祭祀制度，并对陵墓进行了修葺，新建了部分太祖陵、世宗陵享殿等建筑，清末遭破坏。

金大定二十九年（1189年）分良乡县西境新置万宁县，以奉山陵，金明昌二年（1191年）改称为奉先县，元代又改名房山县。可见，金室皇陵的营建必然促进周边聚落的发展。在金室山陵先后有不少守护山陵的陵户，是陵区新居民点的首批居民。今周口店镇的车厂、龙门口以及坟山（今已被划入燕山石化）等村庄皆与金陵有关，如车厂村为金代皇室谒陵停存銮舆之处。

（三）明陵

明皇陵选址在北京城北约50公里昌平州黄土山，改名天寿山。自明永乐七年（1409年）始建长陵，到明朝最后一帝崇祯葬入思陵止，其间230多年，依次建有长陵（成祖朱棣）、献陵（仁宗朱高炽）、景陵（宣宗朱瞻基）、裕陵（英宗朱祁镇）、茂陵（宪宗朱见深）、泰陵（孝宗朱佑樘）、康陵（武宗朱厚照）、永陵（世宗朱厚熜）、昭陵（穆宗朱载垕）、定陵（神宗朱翊钧）、庆陵（光宗朱常洛）、德陵（熹宗朱由校）、思陵（思宗朱由检），共有十三位皇帝葬于此，故清以后统称明十三陵。此外，还有一部分后、妃、太子等陵墓，如悼陵、万娘娘坟等，形成规模宏大的明帝王陵区。

陵区北依燕山余脉，诸峰三面环列，正南有凤山、龙山与卧虎山，平缓错落，中间形成一小盆地，面积约40平方公里。陵界有周长约40公里的城垣，设有十关口，筑有敌楼。有明一代定为禁地。诸陵布局以长陵为中心，其他十二陵环葬左右山麓。各陵墓规制大体均由祾恩门、祾恩殿、明楼（牌楼）、宝城（地宫）组成，唯规模各有差异。长陵规模最大，永陵、定陵次之，其他各陵较小，思陵形制最简（图3-2-6）。

明永乐营建长陵以前，黄土山地区只有一个康家庄。明十三陵的陆续辟建，为陵区及周围地区聚落的形成和发展提供了机遇。除思陵外，十二陵都在陵宫附近设有祠祭署、神宫监、神马监、果园及陵卫，负责管理陵宫祭祀和保卫陵寝，形成帝陵服务型聚落。

各陵神宫监"在陵下，或左或右，有重门厅室，内臣居之。"各陵祠祭署"在宰牲亭左，各有朝房，在陵下或左或右"，即长陵监、献陵监、景陵监、裕陵监、茂陵监、泰陵监、康陵监、永陵监、昭陵监、定陵监、庆陵监、德陵监。明亡以后，清初为了维护明室皇陵，在各陵神宫监分别设司香官和陵户，负责祭奠和管理各陵，后子孙繁衍，居民增多，逐渐演变为村落。起初

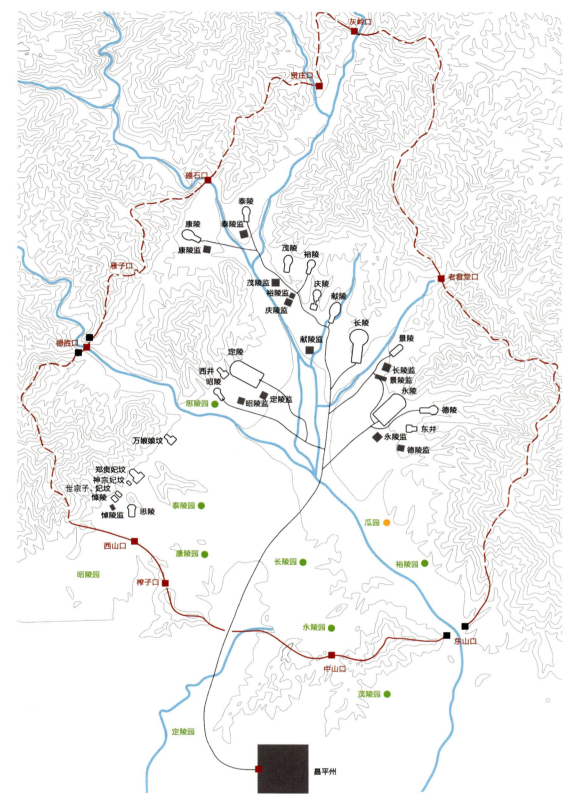

图3-2-6 明皇陵分布示意图（来源：改绘自《北京历史地图集·政区城市卷》）

也以各陵神宫监相称，民国以后改成村。因此，在明十三陵的各陵附近，有十一个由各陵神宫监演化而来且与陵同名的村落，即长陵村、献陵村、景陵村、裕陵村，茂陵村，泰陵村，康陵村，永陵村，昭陵村，庆陵村，德陵村。另有世宗皇后陈氏之悼陵监名依然如旧。

除神宫监外，为了保证各陵祭祀有充足的果品供应，各陵都设有果园、榛厂，由专人管理和经营，日后便形成村落，如今昌平的长陵园、泰陵园、康陵园、茂陵园等村。

皇家陵寝还有守护的需要。明嘉靖时期，将蓟镇分为蓟镇和昌镇。昌镇的设立就是护卫陵寝，防守边关的需要。其先后增设了裕陵卫、茂陵卫、泰陵卫、康陵卫、永陵卫、昭陵卫及定陵卫等陵寝七卫，各领左、右、前、后五千户所，统辖几千兵丁专事护陵，集中驻扎昌平州城及明陵区。各陵卫公署在昌平州城中。同时，在陵区四周的十大关口，即东山口、中山口、榨子口、西山口、德胜口、雁子口（燕子口）、碓石口（锥石口）、贤庄口、灰岭口、老君堂口等处筑以墙垣，安营驻兵，各把隘口。当初各关口护陵军士的营房驻所，就是今日环拱于陵区名之为"口"的那些村落，例如西山口、德胜口、燕子口、锥石口、老君堂口、上口、下口等村（图3-2-7）。

三、皇帝行宫与聚落

（一）行宫

北京作为金、元、明、清的都城，皇室不仅在都城内工作生活，而且会有谒陵朝拜、避暑、秋狝、巡游等外出的皇室活动，形成帝王出行的御路，且沿途多建有行宫，便于皇帝途中驻跸休息。例如，由金中都至大房山东麓金皇陵的御路和北京至易县清西陵的御路，主要在房山区境内；由元大都到上都的御路和由北京至明

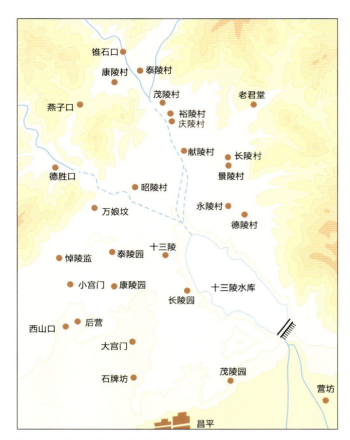

图3-2-7 明十三陵区形成的村落分布示意图

十三陵的御路，主要在昌平区及延庆区境内；由北京至承德避暑山庄的御路，主要在怀柔及密云区境内。

行宫即是帝王出行时在京城之外的专用住所。历代行宫，用途不一，规模建置也有所不同。见于记载的北京地区最早的行宫是隋代的临朔宫，位于蓟城南郊，是隋炀帝为用兵辽东的驻跸之处。北京成为帝都后，北京地区的行宫增多。辽代，在漷阴县延芳淀畔建有神潜宫，在顺州西南有凉殿。金代在中都北有万宁宫，中都南有建春宫，房山皇陵有磐宁宫。元代在昌平龙虎台、漷州柳林、玉泉山东、缙山都建有行宫。明代在南苑、良乡琉璃河、昌平巩华城、回龙观及十三陵区皆建有行宫。清代北京地区的行宫最多，主要是为去避暑、谒陵、巡视、围猎习武路上休息所用。京西郊"三山五园"及南苑建有多处行宫。自康熙后期始，皇帝每年都

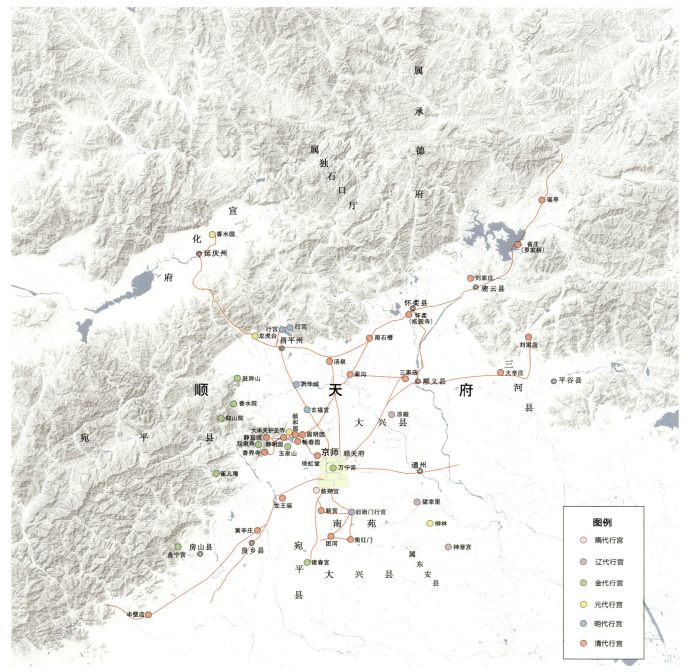

图3-2-8 历代皇家行宫分布示意图（来源：改绘自《北京历史地图集·人文社会卷》）

要到承德避暑山庄（又称热河行宫）度夏，到围场打猎，到丫髻山进香，到遵化东陵和易州西陵谒陵。因此，从北京到上述地区的道路上，皆建有供皇帝临时休憩的多处行宫，如房山半壁店行宫、昌平小汤山汤泉行宫、平谷刘家店行宫等（图3-2-8）。

皇家行宫的建设推动了聚落的发展。一是给周边带来生机和活力。由于皇帝时常巡幸，且有大批扈从人员，为周边村民提供了供役、经商等务农之外的谋生机会。因皇帝巡幸会给官民增加额外负担，所以往往会减免沿途州县村庄租赋以示仁惠。二是丰富了聚落形态。皇家宅院占地面积广阔，房屋建筑气派，环境设施别致，还设有行宫管理衙门和护卫。清末，原来的诸多行宫逐渐废弃，遂扩展演变为村落。再有，村落因行宫而得名。例如，平谷区刘家店镇的行宫村，即因清代行宫而得名。

（二）巩华城

巩华城，又名沙河城，在今昌平区沙河镇东南。最早明永乐年间曾在此建行宫，正统年间毁于洪水。弘治年间于其南建玄福宫（回龙观）代之。明嘉靖年间又大规模重修沙河行宫，扩建城池，用于皇帝北征或谒陵驻跸之地。城池呈方形，城周长8里，面积约100公顷，城垣高10米，有四座城门：东曰镇辽，西曰威漠，南曰扶京（另说拱京），北曰展思，形制等同午门，皆有瓮城。四门有千斤闸、吊桥，城外有护城河。城内有20余座各式庙宇。行宫位于巩华城城中偏南。明朝在此派重兵把守，其"南护京师、北卫陵寝"之地位显然。清代以后因行宫废弃而城渐凋落，目前尚留有部分城门和城墙（图3-2-9）。

（三）平谷刘家店镇行宫

平谷区刘家店镇行宫村清朝初年成村，乾隆、嘉庆、道光三帝巡游丫髻山时曾在此处行宫驻跸，所以得名。

丫髻山位于行宫村东侧，有"北方泰岱"之誉，是北方道教圣地。为方便皇帝巡幸，清统治者于乾隆三年（1738年），择丫髻山东南四里龟龙山下建行宫一座。乾隆皇帝三次来丫髻山、嘉庆皇帝一次来丫髻山、道光皇帝做太子时十余次来丫髻山进香以及道光十七年（1837年）亲奉皇太后来丫髻山拈香，都驻跸于此。

龟龙山高盈百尺，山峰起伏连绵，松柏参天，浓荫碧绿，状若入海神龟。昔时宫前东有宝仓湖，西有宝库湖，河水自东向西将两湖联结，风景如画。行宫坐北朝南。核心区由御路、石桥、宫殿区等部分组成。其中宫殿区占地20余亩，房屋百余间。平面呈长方形，东西略窄，南北略长，分为东、中、西三路，每路三进院

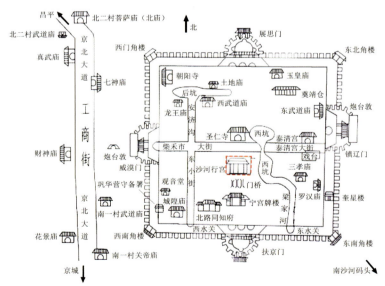
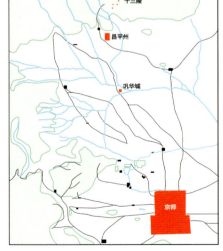

图3-2-9 巩华城示意图（来源：《风雨沧桑巩华城》）

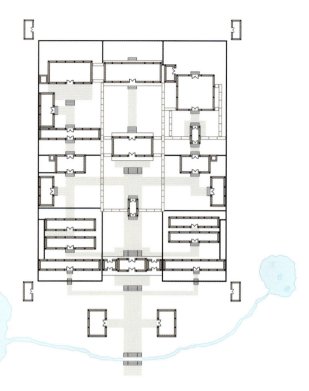

落。建造行宫的砖瓦来自山东临朐，汉白玉来自北京房山大石窝。

行宫东南约100米处，设有管理行宫的衙门。行宫设内营外营，有兵丁驻守。至民国初，宫毁，聚落演变成今天的行宫村，仅留一株古柏、两孔龙井及散落的汉白玉和青砖大瓦等（图3-2-10、图3-2-11）。

图3-2-10　丫髻山行宫示意图（来源：改绘自清工部样式房绘丫髻山行宫草图）

图3-2-11　行宫村鸟瞰图

第三节　服务都城交通的聚落体系

一、交通与聚落

（一）陆路交通

北京自古是北方的交通枢纽，特别是陆路四通八达。受山川地形的影响，形成了四条主要交通道路。一条是太行山东麓大道，是沿太行山东麓南北一线高地的南北通道，连接北京与中原；一条是居庸关大道，西北方向经南口，连接北京与蒙古高原；一条是古北口大道，东北方向经燕山腹地，连接北京与辽西山地；一条是滨海走廊，东北方向经燕山南麓或山海关，连接北京与辽东。这几条道路不仅影响了北京早期蓟城的选址，也是随后历代北京地区的主要交通道路（图3-3-1）。

图3-3-1　北京周边的古代道路分布示意图（来源：改绘自《北平历史地理》）

19世纪末20世纪初，铁路、公路的兴建也基本沿此交通走向。先后建设了京汉铁路（卢沟桥至汉口）、京奉铁路、京张铁路、津浦铁路以及良乡至坨里（良坨支路）、琉璃河至周口店（琉周支路）、西直门至门头沟（京门支路）、正阳门至通县（京通铁路）、永定门至南苑（京苑铁路）、通州至古北口（京古铁路）以及环城铁路等铁路支线（图3-3-2）。

（二）水路交通

水资源条件和水系改造是都城建设的基础条件和建设重点，水路交通十分重要，以保障都城漕运供给。辽以前，幽州蓟城为军事重镇。隋代，为用兵辽东，开凿了永济渠，永济渠南接沁水，北达幽州蓟城，形成了沟通北京与中原的水上交通线。辽升幽州为陪都，开挖整修了从辽南京到张家湾的河道，称萧太后河。金代，修建了由中都到通州的闸河，是当时的主要漕运水道。元代开通了京杭大运河，改造了金代闸河，修通了通惠河，开凿了坝河。通惠河与坝河是元代的主要漕运水道，积水潭成为京杭大运河的重点码头。明代因皇城及大城改建，漕船已不能驶入城内，但通州至东便门外大通桥间的通惠河段（大通河）仍然是主要漕运水道。此外，从通州到密云的潮白河，从通州到昌平沙河的温榆河，也是重要的漕运水道，以供应密云、昌平等地驻军之需。清代通惠河漕运仍然畅通，故在大通桥附近建有大型粮仓。另外，从大通桥到东直门的护城河，从通州到颐和园后的青龙桥之间的温榆河及清河，也是重要的漕运水道，后者用以供应北京西郊"三山五园"周围驻防的八旗军粮饷。清末，随着铁路的兴起，北京地区的水路交通逐步衰落（图3-3-3）。

（三）交通与沿线聚落

交通的发展推动了沿线聚落的起源、发展与变迁。主要交通道路，既承担着人员往来、信息传递、物资运输的作用，也是军备输送和军事防御的重点。因此，沿途重要节点处，军镇、商业集镇等聚落得以发展。有些以某一职能为主，大多数则形成综合性城镇或村落。最初，只是供路人休息食宿提供歇脚之处，随后饭馆、酒肆、客栈、商铺等兴盛起来，人口不断集聚，房屋宅第陆续增建，设立集市，官府设置驿站、

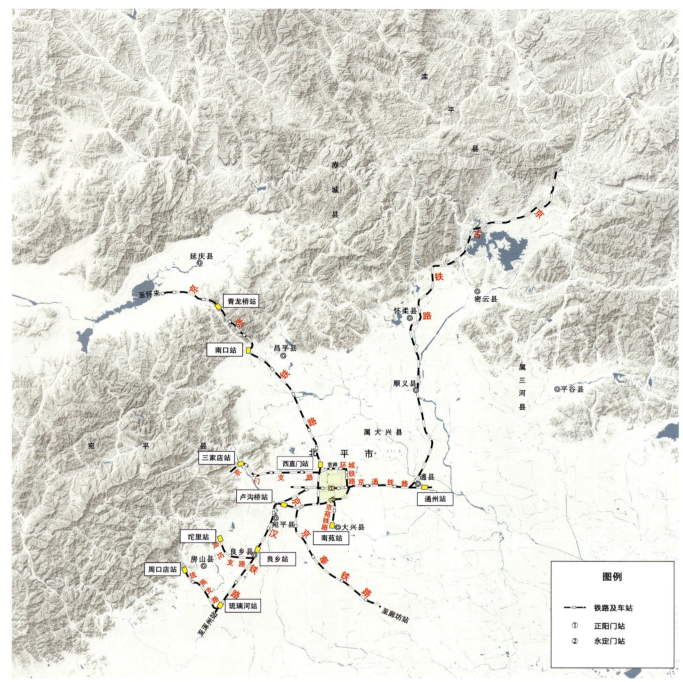

图3-3-2 清末民国间北京(平)地区铁路交通分布示意图(来源:改绘自《北京历史地图集·人文社会卷》)

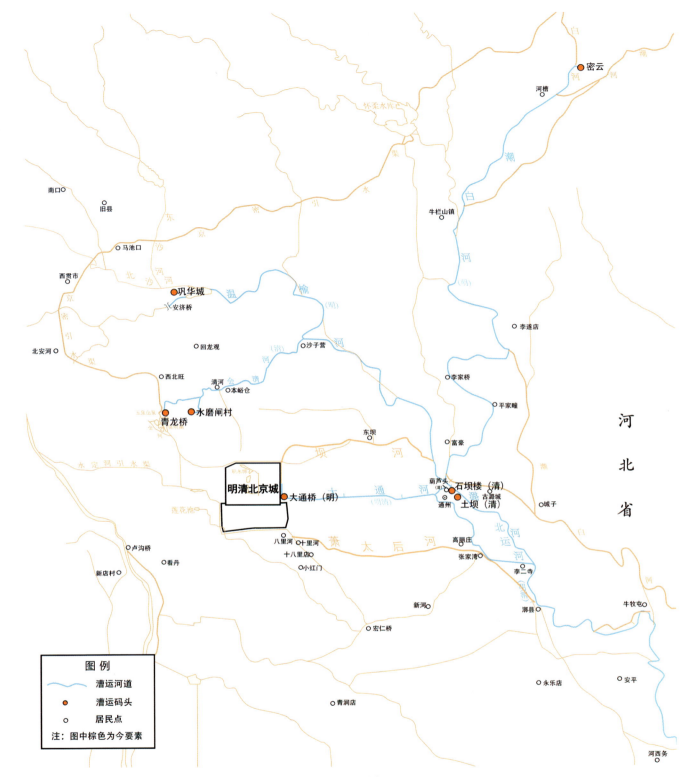

图3-3-3 明清北京地区水运河道示意图（来源：改绘自《北京历史地图集·人文社会卷》）

行政、工商税务、社会治安等管理机构，从而逐渐成为交通枢纽、商旅通衢的重要城镇或村落，比如，各州府县，房山的琉璃河、窦店，延庆的榆林堡，昌平的清河、沙河、南口，通州的张家湾，门头沟的三家店，密云的古北口、怀柔的汤河口等。

驿站作为交通道路上的重要设施，沿主要干道多有分布，供传递政府文书、物品的驿吏或往来官员歇宿、换乘之地。明代州县城内一般都设驿站，如良乡的固节驿，通州的潞河驿，昌平的榆河驿以及顺义驿、密云驿、怀柔驿等。不在州县城的重要驿站有居庸关驿、榆林驿、永宁驿、石匣驿、古北口驿、和合驿（后移张家湾）等。驿站间还设有递铺，但没有住宿和换乘功能（图3-3-4）。清代北京地区的驿站、递铺较明代有进一步发展。除明代已有的驿站外，新增长辛店、吉阳、平谷、怀柔、青龙桥等驿站。此外，增加了专为传递军情、转运军粮的驿站，称为军站。

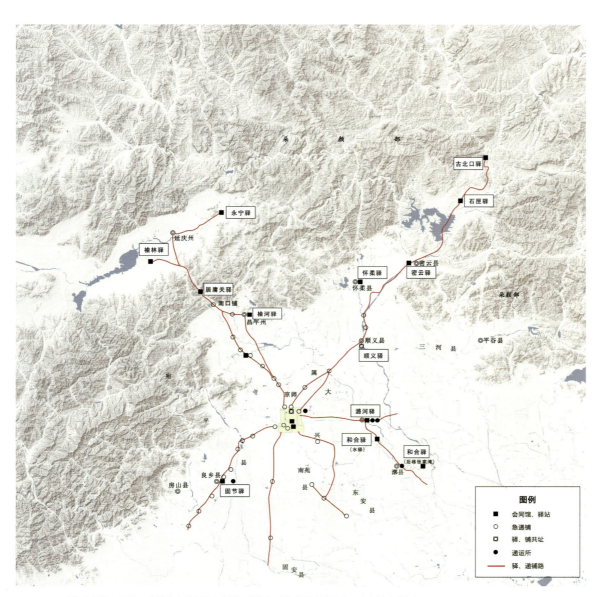

图3-3-4 明代北京地区驿站、递铺分布示意图（来源：改绘自《北京历史地图集·人文社会卷》）

依托交通条件形成的村镇，交通条件的改变也会导致村镇的兴衰。有的村落会因之兴起发展成为大镇甚至城邑，但有的村镇则会随之衰落。

（四）昌平南口

南口位于北京城德胜门西北约38公里，昌平城西北约7.5公里。地处燕山山脉和华北平原交接处，居庸关以南，因位于关沟的南口处而得名。南口同八达岭、居庸关都是古代华北与塞外的交通要冲，历代兵家必争之地。北魏时形成村落，原是一个不大的村庄，只是因其可以控制居庸关的进出，所处位置极为重要，时称下口，北齐时称夏口，元代初年在此重新筑城，始称南口城。明代长城关沟防线军事要塞之一。南口城为不规则的长圆形，跨东西两山，南北开城门两个，设水门两座。整个城除南北城门和楼门用砖外，其余墙体均为虎皮石。元、明时期在南口均设有急递铺，带动了村落的发展（参见图3-3-4）。清代，城内南北门之间的大街两边开设临街商铺，经营粮食、布匹、杂货、旅店等，渐成商业集镇，后城外又逐步形成村落。关城多次修缮，也多次被毁。大部分城墙已不存在，只有南城墙较为完整。

清光绪三十一年（1905年）至宣统元年（1909年），著名工程师詹天佑勘测设计并主持施工，修成京张铁路。詹天佑考虑到南口村附近良田，且两山之间发展空间相对狭小，就将南口火车站址选定在南口城南约1公里处的荒石河滩上（参见图3-3-2）。后又在火车站北侧建设了南口机车厂（原名京张制造厂，今名南口机车车辆机械厂）等企业，商品交易中心遂由南口村逐渐转移至南口火车站附近。南口迅速发展成为一个集交通枢纽、商品集散及生产居住为一体的京郊重镇。城镇规模远远超过南口村，所以，南口镇又称大南口，南口村则称为小南口（图3-3-5）。

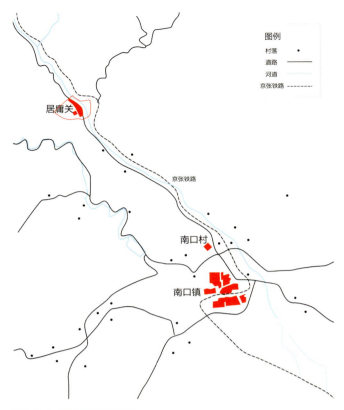

图3-3-5　南口镇区位示意图

（五）通州张家湾

张家湾位于今通州城区东南约8公里处，作为大运河北端码头达700余年。自辽金以来，因潞河通运、通惠河疏凿，逐渐成为水陆要津。至明代，张家湾已是京郊显赫的大镇。曾是大运河北端起点上最重要的水陆交通枢纽和物流集散中心，有"大运河第一码头"之称。但由于清嘉庆七年（1802年）潞河（北运河）改道，清末铁路兴起而又实行"停漕改折"政策，张家湾彻底失去赖以繁盛的水路交通条件而逐渐衰落（图3-3-6）。

秦汉时期，潞河（今北运河）自张家湾东折流，湾流宽阔而深，两岸土质坚硬，为天然良港。辽建陪都于南京，调运辽东粮饷，开凿萧太后运粮河，其河口即在此处港湾，海船至此，易小船驳运，此湾成为朝廷漕运码头。元建都北京，粮用依赖江南。元至元二十二年骑兵突破古北口长城，侵入密云、顺义劫掠，然后南下通州张家湾，意欲抢夺粮食。经此战事后，明嘉靖四十二年（1563年）开始派兵戍守，次年，在萧太后运粮河北岸筑张家湾城，当年完工。用于加强粮库安全保卫并加强对往来客货的管理。大学士徐阶撰有《张家湾城记》。张家湾城随后多次重修。

根据史料记载，张家湾城略呈瓦刀形，南、北面城墙宽于东、西面城墙。城池依河而建，东、南面滨潞河及萧太后河，西、北面环以城壕。城墙周长约3015米，设有城门楼四座，水关三座。南门外有横跨萧太后河的通运桥。城内设有张湾营都司、漕运厅署、巡检署、和合驿等衙署，以及粮仓和军营若干，驻扎守军约500人。寺庙亦多，西门外有圆通寺、弥陀寺、立禅庵（唐大历年间建）、关帝庙。北门外有孤州寺、兴国寺、铁牛寺、观音寺。东门外有东岳庙、祐民观。南门外有火神庙、小圣庙、海藏寺、古城寺等。[①]现存通运桥及南、东侧部分城墙遗迹（图3-3-7）。

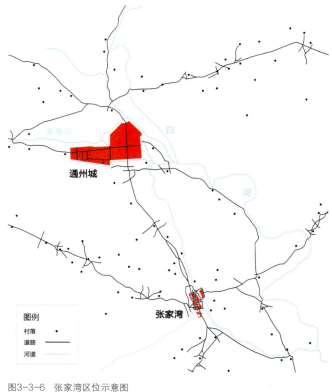

图3-3-6　张家湾区位示意图

（1285年），万户侯张瑄首次指挥海运漕粮自渤海溯海河而上，再沿潞河（时称白河）逆运至此湾，于此陆运至大都城，此处亦为码头，遂迅速发展成一个喧闹、繁华的码头商业区，张家湾也因此得名（参见图3-3-3）。

至明初时，张家湾已为京东重镇，是中国北方水陆交通枢纽。凡是经由运河来京的物资、人员，都需在张家湾下船，改换其他陆路方式进入北京城。随着大运河航运业的兴旺发达，张家湾成为重要的商品集散地。各类店铺、货栈、客店争相开业，由此带动了餐饮、娱乐业的兴起，各种餐馆、娱乐场所纷至沓来，张家湾沿河一带白天弦歌船号相闻，入夜灯笼桅火争明，成为京东著名商业区。

明朝中期，塞外蒙古各部日渐强盛，多次闯进长城内抢掠。尤其经"土木之战"后，明王朝再无力主动出击，转入守势。明嘉靖二十九年（1550年），10万蒙古

二、京西古道与沿线聚落

（一）古道概况

北京西山道路历史久远，门头沟区的古道最为典型。西山，泛指北京城西的群山，属太行山脉北端东麓。这里北望上古，南下涿易，西通飞狐，东瞰幽蓟，战略地位十分重要，是陆路交通要道；山清水秀，环境优美，庙宇众多；盛产煤炭山货，多靠骡马驼队外运。正是这几方面原因，形成了永定河沿岸地区的西山古道。古道既有横贯东西的交通干道，也有联系险要关隘的军用山道；既有外运煤炭、山货的商旅大道，也有赴潭柘寺、戒台寺进香的香道，赴妙峰山娘娘庙的香道。沿西山古道可远达山西，供商旅往来、煤炭运输等。

---

① 曾保泉. 张家湾和曹家当铺[M]//北京市社会科学研究所. 北京史苑（第一辑）. 北京：北京出版社，1983：329.

图3-3-7 张家湾古镇示意图（来源：清康熙《运河全图》）

（二）起源发展

京西古道所处区域以山地为主，永定河自西北向东南斜穿过。约2500万年前的第三纪晚期中新世构造运动（又称喜马拉雅运动）形成了京西古道所在的官厅山峡，并在今三家店附近形成北京冲积扇平原。官厅山峡河谷成为人类最早进入西山的天然通道。河谷天然通道及山间人行小径，是京西古道之始。群山中自古就蕴含丰富的矿藏，煤炭资源丰富。

历史时期京西古道的修筑工程，始于南北朝以前，有民修，也有官修。汉代时已成西山大路，至唐末，幽州节度使在京西设置玉河县，并于崇山峻岭间修建"玉河大道"，大道往东的部分，从三家店起折往东南方向，沿永定河走向至今之卢沟桥位置，再向东到幽州（后为辽南京、金中都）。至元、明、清时，因京城用煤量大增，京西山区成为对京城供煤的主要区域，煤炭开采规模逐渐加大。因北京城址北移，往京城运煤的大道改成从三家店往东经石景山模式口大街，最后入京城阜成门（元代为平则门）——古时阜成门亦称"煤门"。经元明清三朝屡次整修，京西古道逐渐成为颇具规模的官山大道。这条大道从东端三家店起，沿永定河往西，经军庄、王平、军响、斋堂、清水、小龙门，往西出北京市到河北省，成为门头沟区的东西向大动脉。古道部分路段也是今G109国道的线路。

（三）古道组成

京西古道网东端分别与联系京城阜成门、西直门、广安门（广宁门）的北、中、南三组道路相连。阜成门一线为运煤通道；西直门一线为运煤和妙峰山进香线路；广安门一线经卢沟桥可至潭柘寺和戒台寺。

整个京西古道网与地形紧密结合，以"西山大路"为主干线，各条支线道路纵横南北。道路交叠，繁复错综，形成一套较为完整的古代交通道路体系。其中京西古道东段的北道、中道、南道是最主要的组成部分。

西山大路北道也称王平古道、西山大道，从石景山区磨石口（模式口）到王平口。东联阜成门，西经磨石口，从三家店跨过永定河后到琉璃渠，过石古岩，至京西古道上的汇集点王平口。

西山大路中道也称为玉河大道，从磨石口向西，经麻峪、大峪、圈门，到王平口。

西山大路南道即从今庞村进入西山古道网，主要是向潭柘寺、戒台寺进香的古香道，又包括庞潭、卢潭（芦潭）和辛潭（新潭）古道。民间自古以来就有"先有潭柘寺，后有幽州城"的说法。潭柘寺是北京西郊著名的皇家寺庙，历史悠久，规模宏大，有数条大道通往北京城。庞潭古道从石景山区庞村渡口过永定河到潭柘寺。卢潭古道东起卢沟桥，沿途经长辛店、大灰厂、石佛村等到戒台寺，再经鲁家滩、南辛房、平园等到潭柘寺。辛潭古道东起东新秤（辛庄），经何各庄、万佛堂、桑园，到潭柘寺。南道与中道汇合后也通往王平口。

北、中、南三条古道汇合于王平口，继续向西，过千军台、军响、斋堂、清水、杜家庄等。在斋堂，古道有分支转向西北，经爨底下村，可达天津关。过天津关后，进入河北怀来盆地，向西北，可经宣化、张家口去往内蒙古；向西，可经蔚县进山西。由此，京西古道东连京城，西通塞外，成为过去京西的重要出塞道路。

另外，京西古道在主干的南北两侧分布有很多分支古道，如妙峰山古香道、上苇甸古道、北岭古道、大村古道、碣石古道、沿河城古道、燕家台古道、塔河古道等。

（四）沿线村镇

根据职能不同，京西古道大致可分为三类：军防古道、进香古道、商旅古道。村镇聚落是京西古道上的节点，有些作为中途村落，有些形成枢纽型村落。依职能不同，形成不同类型的沿线村镇聚落。

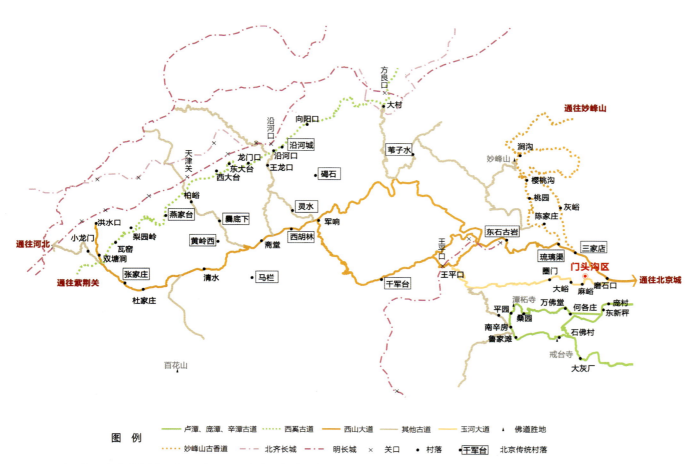

图3-3-8 京西古道及沿线村落分布示意图（来源：底图改绘自《北京历史地图集·人文社会卷》）

西山深处有古长城，包括北齐长城和明长城设有一系列的关口。如天津关、沿河口、方良口、王平口等，多分布于今斋堂镇和清水镇。大道曰关，小道曰口。作为军防要塞，多有军卒驻守，建有隘口关堡。为保障后勤供给，必然会有山路通往各关口，形成军防古道。例如，从斋堂通往柏峪、燕家台、沿河城等地的山路多属于这一类。其中，西奚古道串联起了明内长城居庸关与紫荆关之间的关隘聚落。包括房良、大村、向阳口、沿河口、沿河城、王龙口、东大台、天津关、西大台、龙门口、柏峪、燕家台、梨园岭、洪水口、瓦窑、双塘涧、小龙门等。

西山环境优美，很早就有寺庙兴建。戒台寺、潭柘寺、九龙山、百花山和妙峰山都是佛道胜地。庙会与进香是重要的宗教和民俗活动，形成了载有宗教、民俗活动信息的进香古道。香道沿线村落分布在胜地周边，多数村也位于商道上，如三家店、琉璃渠、陈家庄、灰峪、桃园、樱桃沟、涧沟等。其中涧沟是各交汇处，是距离山顶最近的村落。

煤炭山货等货物交通运输带动了古道沿线村落的发展，形成了三家店、琉璃渠等十分繁盛的交通商贸型村镇。三家店是出西山后最初的平原地带，因此在这里形成了一个煤运集散地。明清时期三家店是京西古道上最为热闹繁荣的村落之一。琉璃渠村，明清时称琉璃局，是北京的琉璃之乡。明朝初年，扩建京城、新建宫殿对琉璃瓦的需求量十分大，其中有一半就是产自琉璃渠。两村也都是妙峰山香道与西山大道连接的南端起点，进一步推动了村落的发展（图3-3-8）。

第四节　防卫都城安全的聚落体系

一、北京地区长城与军事防务

（一）长城

长城的修筑开始于春秋时代。到了战国时期，各国纷纷修筑长城，除各国用于互相防御外，有一部分是用于防御匈奴的，这就是燕、赵、秦北部的长城。秦始皇统一全国，将其他长城进行拆毁，而为了继续防御匈奴，将燕、赵、秦北部的长城连接起来，加以修葺，合成一堵长城，西起临洮（今甘肃岷县），东至辽东，长达万余里，这就是我国最古的"万里长城"。

秦始皇所筑长城，上承燕、赵、秦长城之旧，下立历代长城之基，对后世影响很大。此后两汉、北魏、北齐、北周及隋、明等朝，都曾对长城进行过大修，其中汉、明两朝的规模最为宏大。其他朝代对长城只是修缮一部分，而汉代是将长城向西延长到敦煌附近的玉门关和阳关，明代则是对全长城进行整修，许多段落完全是重新修筑的。

明朝大修长城，其目的在于防御北部的蒙古势力及后来崛起于东北的女真政权。明朝在开国的第一年即洪武元年（1368年），朱元璋就派大将军徐达修筑居庸关等处长城。此后各朝屡修长城，历时200余年，才完成了明长城的全部工程。这条长城西起嘉峪关，东至鸭绿江，全长12700多里。为加强军事防务，明代中期长城全线划分为九大防区，驻扎重兵，史称"九边重镇"，即辽东、宣府、蓟州、大同、陕西、延绥、宁夏、固原、甘肃九个边防重镇防区。其中蓟州镇管辖的长城

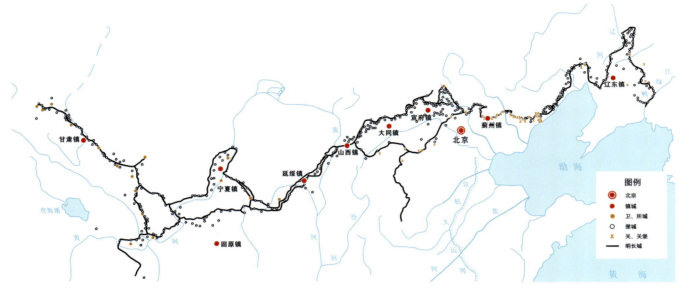

图3-4-1 明长城示意图（来源：改绘自《中国长城志·图志》）

东起山海关，西至北京居庸关的灰岭口，全长1200多里。这段长城紧靠都城北京，战略地位异常重要，由时任蓟州镇总兵的名将戚继光组织修建，非常坚固（图3-4-1）。

（二）北京长城

北京处于华北平原的北端，往北可通过燕山山地山口，进入蒙古草原，往东北可沿渤海边缘大路进入松辽平原，往南可经太行山山麓通道直达中原核心地区。这种地理交通形势使北京成了最适合屯兵建都的地方，进可攻，退可守。修建防御边墙是古代冷兵器时代抵御外敌的最有效做法，因此北京周边筑有较为完备的长城及关隘堡寨，成为保卫北京的一道屏障。

战国时期，燕国曾在北方修筑长城，但燕北长城经行地段偏北，并不包括今北京地区。在北京地区最早修筑长城的是北齐。现在北京北部的一些山岭之间仍可见北朝长城的遗迹，多呈碎石状。北朝长城在后代也被不同程度地沿用。

明朝在北京地区大规模修建长城，以护卫京师。部分明朝长城利用了北朝长城的旧址，对其进行加高加固，而在另一些地段选择新线修筑。

长城东从山海关蜿蜒向西，在平谷区的将军关进入今北京市界，东西横跨平谷、密云、怀柔、昌平、延庆、门头沟六个区，沿燕山和太行山修筑，呈半环状拱卫京师之势。北京境内明长城全长约600公里，有墙台、敌台、战台1500座，关口、城堡140座，以及大量拦马墙。著名关口有居庸关、古北口、黄花城、沿河口等。北京境内明长城高大雄伟，在长城主线两侧某些部位有支线伸出，长几百米至几千米不等，以加强防御。

长城总体走向呈比较连续完整的半环形，在延庆区四海冶分为内、外长城，形成东西、北西两个体系。二者在怀柔区旧水坑西南分水岭上汇合，此结合点被称为"北京结"。由此开始，向东、向西、向北放射出三条不同特色的长城。其中由平谷区将军关向北，到密云区古北口往西南，至怀柔区慕田峪、黄花城，再向西至延庆区八达岭，最后往西南延伸到门头沟区笔架山、东灵山，这一线构成北京长城的主体。其中以"居庸关—八

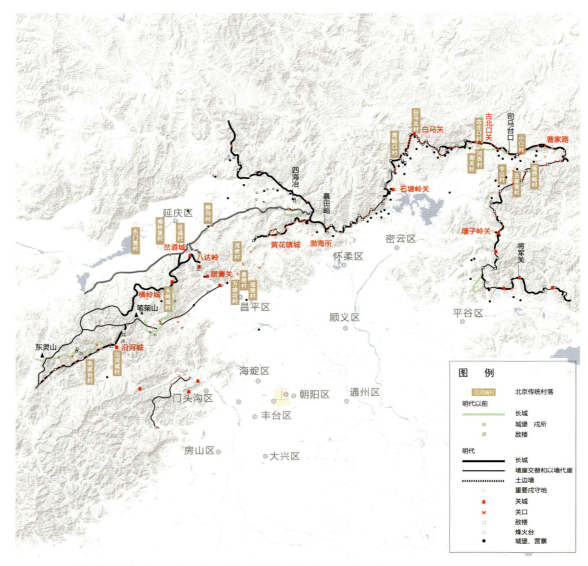

图3-4-2 北京地区长城分布示意图（来源：底图改绘自《北京历史地图集·人文社会卷》）

达岭""黄花城—慕田峪""古北口—司马台"三线保存最完整，也最具有代表性（图3-4-2）。

（三）京畿防务体制

明代的京畿防务按照都司卫所制度和九边镇守制度设置，并随着不断演化而逐渐并置。

根据都司卫所制，一郡者设所，连郡者设卫。依"都司—卫—千户所—百户所—总旗—小旗—伍"编制，大抵以5600人为1卫，1120人为1千户所，112人为1百户所。百户所下设2个总旗，每个总旗下设5个小旗。

根据九边镇守制，长城沿线划分为以九个主要军事重镇为核心的九大边防区，各防区内常驻军队，设置卫所，并依据"分地守御"的原则，划定管辖范围，负责边墙、城堡和墩台的修筑，形成一个整体防御体系。"总镇一方者，曰镇守；独守一路者，曰分守；独守一城一堡者，曰守备。"其官称分别为总兵、副总兵、参将和游击将军、守备。此形成体系，层层节制。

各镇镇守总兵官为该镇的最高军事长官，驻镇城，总兵官统领正兵，兵额几万至几十万不等。其副职是协守副总兵，一般与总兵同驻镇城或单驻其他重要城堡，各自分管若干路的事务。路是次一级的防御单位，各路设分守参将管理，设府于军事地理上重要的城堡，成为路城，每路官兵东西策应为援兵。长城沿线"皆峻垣深壕，烽堠相接。隘口通车骑者百户守之，通樵牧者甲士十人守之。"因此，除镇城、路城为主要驻扎防御点外，其余相当一部分卫所官军分散驻扎在关寨隘口处。每路下辖约2卫，1卫下辖5千户所。与之对应，各镇还设置游击将军数名，率领3000游兵，遇敌入侵时"往来防御"，平时驻扎于镇城、路城或其他城堡。游击将军级别稍低于参将，受镇守、巡抚的调遣。守备负责一城一堡的防卫，各关口派提调把守。提调下十台设一千总，五台设一把总。每个敌台设百总一名，专管调度攻打；设台头、台副二名，专管台内辎重、两旁有兵士三五十名不等。这样，从镇守总兵、协守副总兵、分守参将、游击将军到守备、提调、千总、把总等，各任其事，各领其兵，分担其责，形成与长城防御体系相适应的统兵体制。

明代实行军户制，即"军皆世籍"，称"军户"，并且朝廷规定"军士起解，皆金妻"，即丁壮入戍卫所守边，必与妻子同行。因此，明代卫所驻军多携带眷属。眷属随军戍守成为明初沿边卫所关寨形成军事聚落的前提条件。洪武初年开始推行军需屯田制度，以满足庞大军需供给的必要物质保障。为养活众多的士兵眷属，政府在驻军附近按军卒的数额拨给一定的田土，实行边屯边戍，以屯养军。"边军皆屯田，且战且守"。"七分屯种，三分守城"。它们或者与驻军堡城合在一起，或者单独建置。当时，"养以屯田，栖以营房""择地为营，联房为居，使之出入相友，朝夕相亲"的聚居形式，有力地推动了沿边军事聚落的发展。

（四）军事防务与聚落演化

九边重镇在明代不同历史时期也有所变化，总体上看，京畿防务涉及蓟镇、昌镇、宣府镇、真保镇四镇辖区，共同构筑了从西南向东北方向保卫京师的屏障，各镇独立防守，又互为增援。

明初在北京地区置关修口的同时，先后建置了密云中卫、蓟州卫、密云守御千户所即密云后卫、居庸守御千户所及隆庆卫（后改为延庆卫）、永宁卫、通州卫及守卫北平城的燕山六卫和燕王府三护卫等卫所，分兵据守山地关塞。靖难之后，迁都北京。在北京沿边及近畿州县城镇增设并移调军卫10个。其中隆庆左卫驻扎居庸关，长陵卫驻扎昌平州城，营州中屯卫驻扎平谷，营州左屯卫驻扎顺义，兴州中屯卫驻扎良乡，通州左卫、通州右卫、神武中卫、定边卫驻扎通州，并恢复永宁卫驻扎永宁县。洪熙、宣德时期，又增设了献陵卫和景陵卫，驻扎昌平。

当时，北京地区长城沿线防务有关的镇守两处，即蓟州镇（今河北迁西）和宣府镇（今河北张家口市宣化）；分守五处，即燕河营（沿河口）、居庸关、密云、古北口和通州；守备五处，即天寿山、黄花镇、隆庆州、永宁城与四海冶。

明中叶，京畿防务不断加强，军事聚落剧增。明弘治中期，增建了渤海城、八达岭城、横岭城、镇边城防御千户所。明嘉靖中期，分蓟镇，增设昌镇（今昌平）和真保镇（今河北保定）。设提督、都督，护视陵寝，防守边关。后又改提督为镇守总兵。蓟镇、昌镇和真保镇的关隘、敌台、城堡数量大增。蓟镇东自山海关西至石塘汔连口，分12路镇守，其中墙子路、曹家路、古北路、石塘路所属关寨敌台在今北京地区；昌镇东自慕田峪接蓟州镇石塘路汔连口，西抵居庸关镇边城，分居庸路、黄花路、横岭路三路镇守，均在今北京地区；真保镇北自紫荆关沿河口接昌镇镇边城，南至故关鹿路口，分紫荆关、倒马关、龙泉关、故关四路镇守，其中紫荆关路部分所属在今北京地区（图3-4-3）。据《四镇三关志》不完全统计，位于北京地区分属于上述诸路的营城关寨约240余处。在居庸关外延庆州地，宣府镇东起慕田峪渤海所和四海冶所分界处向西，分六路防守，主要城堡有四海冶城、周四沟城、柳沟城、永宁城、刘斌堡城、黑汉岭城等（图3-4-4、图3-4-5）。在这一时期，还先后增设了裕陵卫、茂陵卫、泰陵卫、康陵卫、永陵卫、昭陵卫及定陵卫等陵寝7卫，35所，集中驻扎在昌平州城及明陵区。

与明初相比，驻军大量增加，军事驻扎与防守形成的军事聚落大大增多，由明初的三四十处增到400余处。除了关隘驻军重地之外，还大量增加了对峪、口等具有军事意义的地点的军事防守。到明代中期，长城沿线关隘驻军以小规模为主，因此长驻之主兵携眷驻扎形成的军事聚落规模均比较小，一般在二三十人到二三百人之间。唯总兵及副总兵、参将和守备镇守之地官兵较多，可达二三千人或更多。在关寨驻扎地附近开垦种地、增加收入、改善生活的情况普遍存在。

清军入关后，长城及其周边的戍边城堡失去了军事价值，大量裁减沿线驻军。正是由于前朝的驻防士兵家属随往和屯田制度，使得大多数城堡在军事功能丧失后，延续其经济开发职能，并未废弃，而是逐渐演化为村落。清中期以来，伴随着平原地区土地兼并农业衰落和农民生计破坏加剧，人口不断迁居山区，山区开发进程加快。原本地广人稀的长城周边地区，人口逐渐增多，新的村落开始出现。不少关城、墩堡、营城及卫所因为大都设在交通要冲部位，和平环境下成为人流、物流的重要通道和节点，又具有屯田等方面的先发优势，因此经济发展较快、人口迅速增长，村落得以快速扩张，有些村落逐渐突破原有城堡城墙的范围向外扩张发展。

图3-4-3　明《九边图说》中的蓟州镇总图

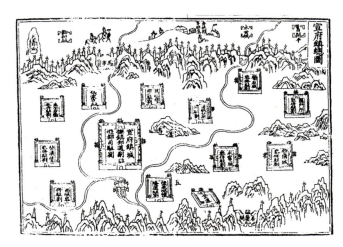

图3-4-4　明《九边图说》中的宣府镇总图

图3-4-5　清光绪《延庆州志》中的永宁城及周边城堡分布

二、长城防御工程与军事聚落体系

（一）军事聚落体系

长城的防御功能不是单独依靠一道城墙，而是由一整套完善的防御体系所组成。长城防御体系既包括因山利险的自然山形、水势，更包括与军事防御功能相关的边墙、传烽、关隘、堡寨等防御工事。这些人工修建的边墙敌台、传烽墩台和军事聚落构成了长城防御工程体系。

敌台是城墙上用于防御敌人的楼台，亦称墩台、墙台、马面，为城墙向外凸出墙体部分用以三面防敌的建筑，用于战斗、屯兵和瞭望的墩台。敌台之间相隔一段距离，有实心敌台和空心敌台之分。

烽燧是用于点燃烟火传递重要消息的高台，亦称为烽火台、烽堠、烽墩、墩台、烟墩等，建在长城沿线以及周边的交通要隘、山河谷口、驿站沿途和各级指挥部附近的制高点，与敌台等相配合。日夜设置守墩之人，白天燃烟，夜间举火，随时报警，以传递军情。

长城沿线军事聚落由关和堡构成。关，即关隘，亦称关口、隘口、关塞，指在两山之间的狭窄通道筑城设险，多沿长城边墙构筑。重要关隘建有关楼和城堡，即关城和关堡。小型隘口则只"正城一道，水门一空"。堡，即城堡，亦称关城、堡城、营城、关堡、营堡、堡寨、墩堡等。其目的主要是驻扎军队，可与长城边墙结合构筑，也可设置于长城纵深方向，多置于边墙内侧。关与堡，有时结合，有时分离，共同构成防御工程体系。其产生与发展演变既与地理和军事形势紧密相关，也与军队建制防务密切相关，在明朝不同历史时期有较大的差别。这也是构成明代长城沿线聚落种类繁多、内容丰富的重要原因之一。

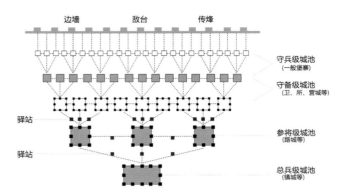

图3-4-6　长城防御体系构成要素示意图（来源：改绘自《明长城"九边"重镇军事防御性聚落研究》）

守边军队均驻于屯兵城堡内，是军事防御组织的重要载体。结合明代的军队建制，形成军事聚落层级网络体系，即镇城—路城—卫、所、营城—堡寨，逐级递减。驿站、递运所、急递铺等设置于交通要道，便于信息传递（图3-4-6）。

从地理位置上看，关城和关堡距离边墙最近，有些沿边墙构筑。长城既有居庸关关城等大型关城，也有驻扎几十人的小型关堡，屯兵能力小，承担前线驻守关口和实时监控敌情的职能，如鹞子峪城堡等。其他军事聚落则位于距离长城边墙稍远地带，地形相对平缓、地势相对开阔，适于屯田耕种，承担当地作战中枢和屯驻兵马粮草的职能。依驻军建制级别高低和驻军人数多少，形成不同等级规模和空间结构的军事聚落。级别越高，城池越大，并设有管理机构（图3-4-7）。

以居庸关防区为例，因军事形势变化和驻军调整，各城堡地位亦有起伏。大体上看，居庸关属于镇城（总兵级城池）至路城（参将级城池）级别；黄花城、镇边城、横岭城属于路城（参将级城池）至卫所城（守备级城池）级别；白羊城、八达岭属于卫所城（守备级城池）级别；长峪城、岔道城等属于卫所城（守备级城池）至一般堡寨（守兵级）。

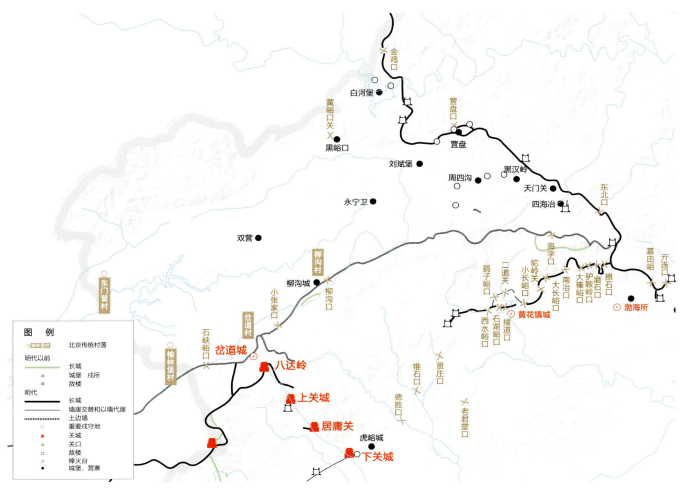

图3-4-7 宣府镇延庆境内长城及沿线关堡聚落分布示意图（来源：底图改绘自《北京历史地图集·人文社会卷》）

（二）居庸关—八达岭长城

1. 居庸关关沟

居庸关位于北京西北崇山峻岭之间，太行山脉西山与燕山山脉军都山分界的峡谷地段，即太行八陉之一的最北之第八陉——军都陉。这条狭长的峡谷，全长约20公里，因居庸关而名之为"关沟"。关沟乃自南口越八达岭通往晋陕北部和内蒙古高原的天然孔道，北连宣怀延盆地，南接华北平原，自古便是京西北咽喉要道。广义的居庸关，是指整个峡谷而言。狭义的居庸关，则单指居庸关关城所在地。

关沟一线设有四重防线，五道边墙、四座关城和一个岔道城。四座关城由南而北分别为，南口（下关城）、居庸关、上关（已废弃）、北口（八达岭），纵深布局，层层严防，可谓关外有关，城外有城，扼守天险隘口（图3-4-8）。

自南口进入峡谷后，两侧山峦重叠，树木葱郁，景色迷人，自金代以来就被列为燕京八景之一，名为"居庸叠翠"。

五座城池修建时间不一。下口（南口），明永乐二年（1404年）建。居庸关城，明洪武元年（1368年）建。上关城、旧居庸关城所在地，明永乐二年（1404

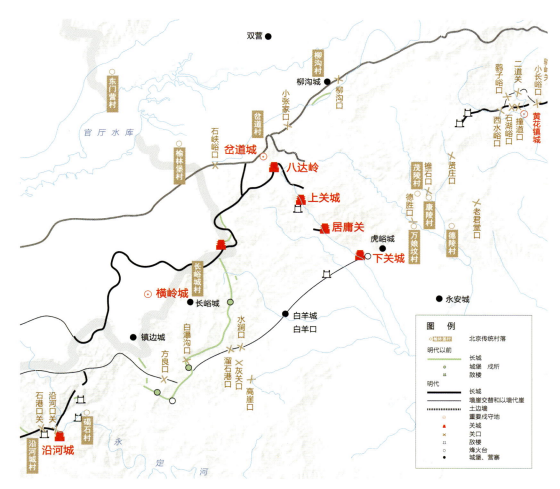

图3-4-8 居庸关—关沟长城及沿线关堡聚落分布示意图（来源：底图改绘自《北京历史地图集·人文社会卷》）

年）重修。八达岭关城，明弘治十八年（1505年）建。岔道城，明嘉靖三十年（1551年）建。

居庸关长城地处枢纽，主要为昌镇管辖。居庸关防区除关沟内五座城池外，还有关沟外的白羊口城、长峪城、镇边城、横岭城，将居庸关城环抱，起到多点拱卫、加强防守的作用。

2. 居庸关关城

居庸关防区中重镇级关城为居庸关，是北京西北至关重要的门户，守卫京师西北边防的军事重镇。亦是居庸关防区的战略核心，防控关沟之中枢，最高军事将领的驻地，也为蓟镇（后改昌镇）居庸路驻地。

地处关沟南部，南距下关城（南口）约7公里。自古地势绝险，战国设塞，汉设关，北齐改长城之关。现居庸关始建于明洪武元年（1368年），明景泰至嘉靖年间有过大规模修葺，以关城气势宏大而著称。平面呈环形封闭状，由南北券城、城墙、敌楼等部分组成，占地约60公顷，城内有云台、衙署、仓库、庙宇等建筑（图3-4-9、图3-4-10）。

3. 八达岭长城

八达岭长城南距居庸关11公里。属明长城支线（称"内边"），是为加强北京的防御而筑。该段长城地势险峻，居高临下。自八达岭下视居庸关，如同窥井，所以

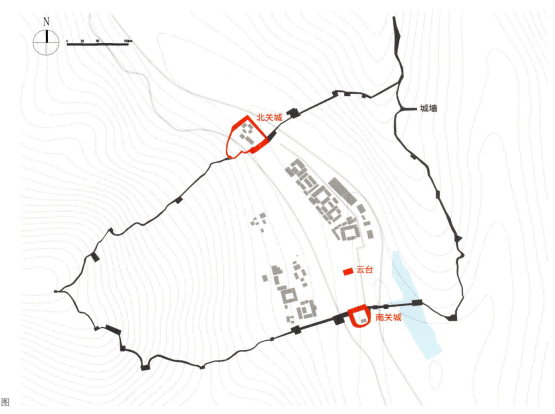

图3-4-9 居庸关总平面示意图

古时有"居庸之险不在关城而在八达岭"之说,是居庸关的前哨与最高点。因之,元代在此设千户所,明代在此设守备。八达岭是居庸关四重防线的最北端、最重要的部分,为"四十里关沟"之首,称为"居庸外镇",以结构复杂、完整而著称。由关城、城墙、敌楼和哨楼等部分组成。全段为砖石结构,总长约23公里,有敌楼92座,哨楼2座。关城建于明弘治十八年(1505年),嘉靖、万历年间曾修葺。占地约0.5公顷,为东窄西宽的梯形。有东西二门,东门额题"居庸外镇",西门额题"北门锁钥"。

(三)黄花城—慕田峪长城

1. 黄花城长城和沿线关堡

黄花城位于怀柔区西南,地处古北口、居庸关、四海冶之间,在京师正北方位,号称京师北门,是明代长城的重要关口之一(参见图3-4-2)。现存明长城始建于永乐年间,因地处天寿山东北,又为明代护卫皇陵的关键门户,其修建工艺精良。山石上有明代镌刻的"金汤"二字,故有"金汤长城"之称。

黄花城西面的延庆,地处居庸关之北,经常受敌寇侵扰,为多事之地。黄花镇为其东邻,且明皇陵在其南侧,须加倍谨慎防护。此外,倘若敌骑企图从延庆东犯蓟州一带,黄花镇便首当其冲。因此,明朝对此地防务极为重视,驻重兵戍守。黄花城附近最高峰风驼梁屏蔽于北,白河支流怀九河环流于东、南,此种形势有利于战守。唯西部地形平缓,无险可恃,故建有隔垣二重:一重称头道关;二重称二道关,关之西则有撞道口堡、鹞子峪堡、西水峪堡等大小6座城堡,以加强防御,形成以黄花城为中心,周边头道关、二道关、撞道口、鹞

图3-4-10 居庸关鸟瞰

子峪、西水峪等关堡共同构筑的防御体系（图3-4-11）。此处也是历代交通要道，黄花城南靠明朝皇陵，北邻四海冶。从黄花城向北出撞道口、二道关，即至四海冶。再经今菜食河谷至北小川，转为西北过白河，沿黑河河谷溯源而上，过河北赤城县东卯等地，亦可至上都。

黄花镇在北魏时就有记载，明时既是军事重镇，又是较大的集镇。明景泰四年（1453年），塞外诸夷不断进犯，为加强防守，便于指挥调动，又在头道关、二道

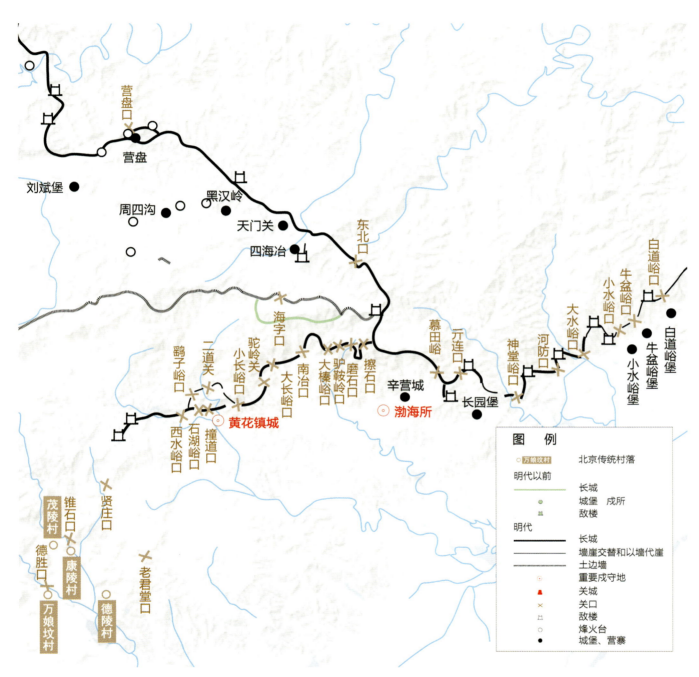

图3-4-11　黄花城—慕田峪长城及沿线关堡聚落分布示意图（来源：底图改绘自《北京历史地图集·人文社会卷》）

关不远的长城下建城。城建好后，黄花镇的军事指挥机构移驻于此，成为军事指挥中心。称为"黄花镇城"，后简称"黄花城"。初时，蓟镇分为十二路。居庸关、黄花镇、镇边城三路，由总兵统领；副总兵分守黄花镇。参将公署和守备公署都在城内，并设参将一员守备一员镇守。后改设昌镇，昌镇总兵府设在长陵卫驻扎，统辖黄花、横岭、居庸三路与皇陵九卫。自此，原辖于蓟镇的黄花路遂为昌镇所辖，防区东自慕田峪与蓟镇石塘路亓连关相接，西至枣园寨，南至昌平州，北至宣府镇四海冶。防线东西延袤180里，镇守大小关口20处，高峰期驻兵12600人。后因戍守需要，改为副总兵驻扎，原黄花路参将公署移至渤海所城。

黄花城背倚青山，两水相夹，东西长约210米，南北长约240米，设有东南西三座城门，均为青砖砌筑。城门上刻有匾额，东门题额为"威震藩篱"，南门题额"黄花镇城"，城坚墙固，气势如虹。据《昌平山水记》载："城内设有黄花仓和神机库，南门外有演武场，城北有碧霞元君祠，其殿西有二松，相去四五尺，而上枝樛曲相穿，遂合为一，名曰交松。"城内庙宇众多。现已基本无存（图3-4-12）。

撞道口关，又称镇虏关，建于明永乐二年（1404年），是黄花路所辖的要冲之地。关门砖券拱门洞尚存，南北两侧有万历五年（1577年）题写的石匾"撞道口""镇虏关"（图3-4-13）。

鹞子峪堡建于明万历二十年（1592年）。南与撞道口相望，北同二道关相峙。城堡规模较小，为砖石结构，北高南低，平面呈梯形。南墙长约102米，北墙长约91米，东西墙均长约78米。该堡仅设有一南门，

图3-4-12 黄花城鸟瞰图

门洞上方石匾题曰"鹞子峪堡"。城门上原有防卫房一间，今已不存。城中正对南门有400年树龄的古树一株（图3-4-14）。

2. 慕田峪长城及渤海所城

慕田峪长城在黄花城长城以东，为明代昌镇黄花路下的最东隘口，是长城上一处易守难攻的据点。始建于明永乐二年（1404年），隆庆时著名将领戚继光曾加修，由城关、城墙、敌楼、燧楼等部分组成。雄奇险要，景观奇特，多建在外侧陡峭崖边，依山就势起伏连绵，构筑坚固，敌楼密集。

渤海所城，位于慕田峪长城南侧。地处四周群山环抱的小盆地中。明朝弘治年间，随着明十三陵部分陵园的建立和附近长城的修建加固，渤海地区日益重要，在此修建渤海城池。明弘治十六年（1503年）建成，并设立"拱护陵京"千户所，担负内护皇陵，外防夷人的

图3-4-13　撞道口关门

图3-4-14　鹞子峪堡鸟瞰图

重任，成为渤海所城。因外夷屡次犯边，渤海所一带长城战事频发。明嘉靖三十二年（1553年），移黄花镇参将到渤海所驻扎，具体管辖黄花路隘口防御事务。擦石口、磨石口、大榛峪口、南冶口等长城重地均属渤海所管辖范围。

城墙周长约1467米，墙厚约4米，高6~8米，墙体全部由石头砌成。该城设有东、西、南三门，砖石结构。东门匾额为"天山东府"；西门内匾额为"永固门"，西门外匾额为"拱护陵京"；南门内匾额为"渤海城"，南门外匾额为"黄花路"。城内18米宽的大街直对，分别通往各门，形成宽阔的十字街，街道正中砌有一排石条，两旁整齐地栽有120余棵古槐。南门外设有操练兵马的操场，并筑有3米高，6米见方的观礼台。十字街口西北侧建官府衙门一座，占地面积约7000平方米，大门两侧有上下马石及石狮一对。大门对面建有一座约长10米高8米且由砖石砌成的影壁。大门内有两座约6米高、1米宽的石碑，镌刻着渤海城池的建筑历史。城内先后修建了大寺、玉皇庙、城隍庙、关帝庙等16座大小庙宇。今街道形态尚在，其余已基本无存，衙门口石狮和石碑等遗存于村委会展陈（图3-4-15）。

（四）古北口—司马台长城

古北口、金山岭和司马台体系与居庸关及八达岭体系是两大并列的体系，一西一东拱卫京师（参见图3-4-2）。

1. 古北口长城

古北口长城位于密云区东北与河北滦平县交界处，其东接金山岭长城、司马台长城，均属蓟镇古北口路管辖。

古北口地处燕山山脉层峰叠嶂之中，潮河由北向南从中流经，自古便为战略要冲，是北京通往蒙古大草原的重要通道。燕时最早于此设防，北齐长城亦修经该

图3-4-15 渤海所城鸟瞰图

地。现存明长城为开国大将徐达在北齐长城基础上始建，由西段的卧虎山长城、东段的蟠龙山长城组成，全长近20公里。其中蟠龙山长城全长约15公里，敌楼84座，有著名的将军楼、二十四眼楼，以及正关、水关、关城、营城等（图3-4-16）。

2. 金山岭长城

金山岭长城位于古北口长城东侧，其所处的大、小金山岭，在燕山主峰雾灵山和古北口卧虎岭之间，战略位置重要，有"第二八达岭"之称。全段长约10公里，西接古北口长城，东接司马台长城，分布敌楼67座，烽火台2座，关隘5处，以"大、小金山楼"最为知名，是长城中构筑较复杂，楼台最密集的段落之一。

3. 司马台长城

司马台长城，为古北口东麓隘口，两侧山势陡峻，城墙沿山脊建造，是古北口防线的重要组成部分。始建于明洪武元年（1368年），隆庆至万历年间著名将领谭纶、戚继光曾加修，是一段偏离北齐长城基础的明长城，隶属蓟镇古北口路。东起望京楼，西至后川口接金山岭长城，全长约5000多米，共有敌楼35座（包括已毁的水中敌楼一座），为长城北京段内敌楼较密集的一段，楼与楼之间最近仅44米，形成了一道严密的军事防线。

图3-4-16　古北口—司马台长城及周边关堡聚落分布示意图（来源：底图改绘自《北京历史地图集·人文社会卷》）

第五节　服务社会生活的聚落体系

一、商品供应与村镇聚落

（一）城乡经济商贸活动

京畿农村独特的生态环境和人文脉络，孕育着富有特色的农村经济，呈现出农林牧副渔及工商业全面发展以及自给自足与服务城市兼顾的鲜明特征。

元、明、清三代，北京成为全国的政治中心，其经济特点也从南北经济交流枢纽逐渐向消费型城市转变。都城需要大量的外部商品供给，除了供应王室和军事管理机构外，城市居民的日常生活消费品亦需要由外界提供。一方面，大量的漕粮、白粮、地方贡赋、手工业制品、日用消费品从全国各地贩运至此；另一方面，蔬果花卉、建材能源等由城市外围的郊区就近提供。

明代手工业中，发展较为重要和突出的是冶铁、采煤和工艺品制造业，分为官办与民办两类。官营手工业主要是为皇宫和皇亲国戚及达官贵人服务。手工业主管衙门除内阁工部、六科以外，还有专门为皇宫服务的内宫系统的监、作、局。景泰蓝、牙雕、玉刻、宝石和花丝镶嵌等专供皇室的特种工艺发展迅速。与一般地区农村相比，京郊手工业在城市带动下较为发达，例如家庭纺织业、采矿业、烧窑业、采石加工业、酿酒业等。据明万历十年（1582年）调查史料记载，京城拥有一百三十二行，在宛平、大兴二县也同样存在，说明城乡间商贸相通。有些节点型村庄手工业发展迅速。例如，门头沟区桑峪村，手工业较发达，凡上下五邻之村的社交、购物、工具制作、生活用品都离不开桑峪村。

在京城商业不断发展的影响和带动下，使得京畿农村的商业活动亦随之繁荣，在京畿物流要道形成集市。例如通州不再仅仅是粮食集散中心而成了百货汇集之处。郊外的许多寺庙胜景，也出现定期的繁华集市。例如戒台寺，"自四月初八说法起，至十五日止。天下游僧毕会，商贾辐辏。"此外，郊县县城和乡村集镇也都有商铺或定期集市。集市多设在宽阔的道路两侧，也有设于广场，定日设集，各村轮流。

位于交通重要节点或是为京城发展建设提供物资保障的大型村落，往来商客众多，吸引不少厂商安家落户，村落经济相对发达，形成商贸型村落。沿主要道路开设店铺。在一般村落中，设有为农业生产和日常生活服务的小型店坊。包括杂货店、肉铺、豆腐店、铁匠铺、竹柳陶瓷店（经营绳、筐、扁担、棕麻制品、食具等）等。商店、作坊规模小，大多与住宅混为一体，前店后宅式格局。

（二）农副产品

水甘土厚的"北京小平原"五谷丰登、六畜兴旺，山区则是林果遍布，花果飘香。

北京地区生长期短、自然降水少，粮食生产从战国前直到元代都以农民自食的粟、黍为主，供给城市的，主要是稻、麦。从西周起房山长沟地区始种稻，至东汉顺义始种小麦。小麦和稻作为细粮，大多供给城市消费。从春秋时期开始，大规模种植蔬菜。元代大都时期的时令蔬菜、花卉都是本地生产或采摘，还出现了专业菜农。明代除设立"菜户"外，还在京城四郊设立民间菜圃，供给都城需要。清代除了皇家菜圃果园及近郊设有民间菜圃外，远郊昌平、密云、怀柔、通州、房山等地也设有民间菜圃。同时，还出现种菜、种花的专业村，专门从事蔬菜、花卉的商品生产与经营。

不少农副产品专供宫廷。如丰台草桥一带成为专供王室、贵族点缀环境的花木生产地，京西万泉庄一带则主要生产御稻，海淀的莲藕也主要供应官廷。明万历年间，密云县（今密云区）不老屯的黄土坎鸭梨、大兴县（今大兴区）庞各庄西瓜和梨花村的金把黄梨成为奉往皇宫的供品。

明代设立上林苑监，负责饲养或者种植皇家祭祀、会客以及自用的各种牲口、家禽、果蔬等，辖良牧、蕃育、林衡、嘉蔬四署。良牧署负责放牧、饲养牛羊猪等。蕃育署负责饲养鸡鸭鹅。林衡署负责花木。嘉蔬署负责时令果蔬。这些部门均需要大量的人员为其服务，随着人口的聚集，便也形成了不小的村落。

明代在今菜户营一带建立起官办的皇家蔬菜生产和贮藏基地，设立嘉蔬署，辟菜园百余顷，且从山西移民居住于此，专为朝廷种菜。此后相继在附近又开辟出多个菜园，逐步形成以种菜为主的村落。

明朱元璋用武力统一天下，明统治者深知有"马壮则兵强，兵强则国安"的道理，因此颇重马政。在东直门外专设御马苑，在顺义西北设良牧署，在京郊州县适宜之地设置许多牧场、马房、草场。放牧草场以顺义草场面积最广，其次是良乡、大兴、怀柔、宛平、通州、房山等州县。京西地区永定河两岸土地肥沃、荒草茂盛，适合牧马。例如马栏村就是明代提供战马的基地。

（三）建材能源

作为京畿之地，北京郊区大量提供用以建造宫殿城池的木材、石灰和日常生活所需煤炭等建材能源，繁荣了乡村地区经济，带动了相关村落的发展。

明代北京都城营建，包括宫殿、城垣、坛庙、公廨、陵寝的修造和维护等，需要采办木材、石料、砖瓦、琉璃、石灰以及颜料、苎麻、苇席、金箔等大量物料，也形成了特殊的烧造业。城砖、苏州细料方砖（金砖）、斧刃砖、琉璃等主要由山东、河南、江西、南北直隶等地军民烧造。明嘉靖后，琉璃主要在京师琉璃厂烧造。琉璃渠作为皇家琉璃产品供应村落，成为一方的经济、行政、文化中心和交通枢纽。各地方所办物料，大多沿运河运抵京师，存放于张家湾（图3-5-1）。

宫殿、坛庙、王府、衙署、陵寝等皇家建筑所用木料称"皇木"，主要有楠、杉、松、竹等，以楠、杉居多。多到四川、湖广、贵州、浙江、江西、福建、山西、陕西等地采办。所采办木材多编筏沿溪流、江河转入运河，历数年而达京师，分贮于京师神木厂、台基厂等处。

与王室有关的采石业，规模也很大。明代北京营建所需石料，尤其是大型石料，主要取于三山一窝——即房山马鞍山、顺义牛栏山、石经山和房山大石窝。白玉石产自大石窝，青砂石产自马鞍山、牛栏山、石经山，紫石产自马鞍山，豆渣石产自白虎涧。

烧窑业发展也很快。北京大兴土木，需要大量的砖、瓦、沙、灰、石等。其中除沙、石靠山采伐外，砖、瓦、灰都需要就地取材，立窑烧制，有灰窑、砖窑、瓦窑等。京郊的马鞍山、磁家务、周口店、军庄、怀柔石厂等均为烧石灰的基地。

京郊的采煤业在元代就已有较大发展，设有官窑和管理采煤的官吏。明清时期发展迅速，既服务于王室，也供给都城居民。北京地区的产煤地主要是房山马鞍山、周口店，以及门头沟斋堂、王平、大台等地。宛平、房山的煤窑有数百洞。据清乾隆二十七年（1762年）档案记载，京畿西山、宛平、房山共有旧煤窑750个，在采煤窑273个。清宫每年用煤达二十多万斤。沿西山古道运载煤炭的驼、马、驴、骡络绎不绝，古道沿线的圈门、琉璃渠、大峪、三家店等村落，有煤商、煤厂数十家。其中三家店村殷氏经营的天利煤厂延续200余年，村中的泰和厂、天成厂都是从乾隆年间到清末的百年煤厂。这些村落的发展与生产

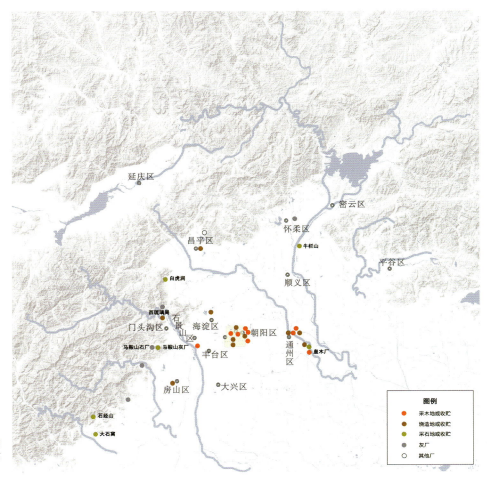

图3-5-1 北京地区供应明北京城市建设所用物料来源地分布示意图（来源：改绘自《北京历史地理·人文社会卷》）

和运营煤炭密切相关。

（四）通州区皇木厂村

通州区张家湾镇皇木厂位于通惠河古道与古运河夹角处。元代至清嘉庆十三年（1808年）之前，皇木厂一带河流纵横，客货运输盛极一时。明永乐四年（1406年）至明嘉靖七年（1528年），北京皇家建筑所用的皇木沿大运河到此存储，后发展成村落。

据史书记载，明初，朱棣分遣大臣到四川、江西、湖广、浙江、山西等省采伐珍贵木材之后，扎成木排或装船经大运河运到皇木厂码头卸货，并储存在这里，再经陆路运进皇宫。包括故宫太和殿所用长14.5米、直径1米多的整材木料，也都是如此运输而来。此外皇木厂还是东北、西北、华北地区的运盐中转站。

由工部派官员管理物资的验收及发放。村内还留有当时管理木厂的官吏所植的一株古槐树。村南部还出土了当时用于建设北京的巨大花斑石以及称盐石权等文物（图3-5-2）。

（五）房山区石窝村

房山区大石窝镇石窝村位于房山西南，原名大石窝村，后俗称石窝村。因优质汉白玉被元明清皇家大批开采、广泛应用而久负盛名。石窝村开采、加工、雕刻汉白玉的历史长达千余年。

图3-5-2　皇木厂村古槐树

大石窝石材的开采、雕刻、利用的历史可追溯到汉代，自隋末云居寺刻经开始，历经金、元、明、清几个朝代皇家修建宫廷、园林、陵墓等工程，从河南、河北、山西、山东、陕西等地调来大批石匠艺人达上万人在此定居，逐渐形成自然村落。据《房山县志》记载，"大石窝在房山西南六十里黄龙山下，前产青白石，后产汉白玉，小者数丈，大者数十丈。宫殿建筑，多采于此。"故宫、颐和园、天坛、卢沟桥、明十三陵等所用的汉白玉石材，均取自石窝村附近。

工程期间，常有官吏往来，大石窝村落形成相对规整的街道格局。中心为官厅，左右各为东夹道、西夹道，外有东店大街、西店大街、北街道、南街道。建有显圣禅寺、娘娘庙等寺庙。其中街道商铺林立，每逢三、八大集市、九九庙会、三路五乡的百姓常聚于此，村落日渐繁华。由此大石窝已形成以大理石开采、加工、雕刻为行业的大型村镇。当时大石窝村街道整齐，店铺林立，十分繁华。

显圣禅寺，占地面积1.2公顷。兴旺时期有几十位僧人，上百亩土地供养。香火旺盛，远近闻名。

从清代至今，大石窝的传统石作工艺，经久不衰，驰名中外，形成了包括开采、运输、加工、雕刻等一套完整的工艺工程。同时，也孕育了每年农历三月十七日的石匠节，农历十月十五日的祭山节，以及拜山神、石匠号子等民俗节日和行业习俗（图3-5-3）。

二、社会文化与村镇聚落

（一）城乡社会文化生活

虽然北京处在严密的皇权等级体制下，但是社会文化活动也十分丰富。城乡居民的社会文化生活大多没有政府机构直接干预，与城乡社会空间节点相对应。包括遍布城乡之间的书院、会馆、园林、寺庙、戏庄、茶馆等。大部分集中于城市和州县，如学校、书院、会馆、茶馆、戏庄等，而有些也扩散到城市郊区，如园林、会馆。各类寺庙、戏台等则广布于城市与乡村，成为城乡居民共同享有的文化场所类型。作为信仰中心，庙宇吸引不同规模的社会与商业性聚集。一月一次或是一年一次定期举行庙会、集市和节日活动，成为人们祭祀、社交、娱乐、购物等的公共场所，生机勃勃，引人入胜。

会馆、戏庄和举办集市与节日的庙宇，也并非彼此分离，而是功能上相互重叠。会馆的集会包括敬神的活动，常伴有戏团的戏剧表演。另一方面，戏团在庙宇和其他场所间巡回，为不同的团体和结社的集会演出。在会馆和庙宇中，会开展不同规模的敬神活动。与之对

(a) 显圣禅寺　　　　　　　　　　　　　　　(b) 娘娘庙山门

图3-5-3　大石窝村

应，三者的空间也会不同程度的重叠。不少会馆设在庙宇内部；庙宇设置戏台，亦可容纳行会交易。除部分寺庙专供皇家使用外，大部分庙宇面向广大民众。寺庙与民间市场、行会结合，成为不同身份市民社会活动的共享空间。

乡村地区远离都市，社会文化生活更是多为自发或自行组织，无论是耕读传家、民间结社、社会交往，还是民俗活动、戏曲文化、庙会花会等，无不以聚落空间为载体，并影响着村落的分布和空间格局。

（二）教育与耕读文化

科举制度是中国古代通过考试选拔官吏的制度。从童生、秀才到举人、进士，学子们通过科考获得功名，取得社会地位。教育制度逐步完善，从最高学府国子监到府学、县学、社学，国家设立各级官办学堂，形成较为完整的教育体系。科举制促进了教育事业的发展，士人用功读书的风气盛行。

北京是明清时期全国的教育中心，不仅有全国最高学府——国子监，还有为全国各地举子赴京赶考的考场——贡院。清末兴办了京师大学堂。就地方政府而言，顺天府有府学，所属各州县也有州县学和书院。社学和义学是地方教育的初级形式。义学是专为贫寒子弟设立的学校，广泛分布于北京城内外。例如，斋堂地区明清时期就广办义学。社学是一种初级的官办学堂，提供学生就近到官办学堂读书的机会。15岁以下的学生在社学读书，学有成者到县里继续学习，称为"入学"，从而得到秀才的功名。如明洪武八年（1375年），宛平县在桑峪村设立社学。但社学对于读书者的资格和财力有较高要求，相比而言，民间私塾才是地方的主要教育形式。许多考中秀才但没有考中举人的读书人开馆教私塾。无论是社学，还是义学、私塾，均促进了乡村地区读书风气的形成。

读书人追求儒家所倡导的读书—科举—仕宦之路，"学而优则仕"大大激发了读书人进取的积极性，耕读传家，村中人才辈出，形成浓厚的文化氛围。例如，坐落于京西深山中的灵水村，自古文风盛行，仅明清两代就出了几十名举人和国家最高学府国子监的监生，被誉为"京西举人村"。村里在地势较高处建有文昌阁与魁星楼,被称为"文星高照",是灵水八景之一,昭示着当地读书风气的盛行。

(三)社交与民俗活动

1. 民间结社

社会中的民间结社有三大类型,分别是关于宗教、行业和同乡的各种社会团体。第一种(通常称为"会")基于对某种特定神灵的崇拜,并希望得到信仰相同者的支持协助。第二和第三种结社,都可视为"行会"。因成员从事同样的行业而结社,以手工业与商业为主,成为商业行会,主要功能是帮助成员控制价格,维持行业垄断。此外,来自同一省份的同乡结社,通常由来自该省的大商人或高级官员出面组织,成为同乡会馆,主要功能是提供社交场所,接待来京出差的同乡官员及进京赶考的举子等该地区的来访者,以及在北京的同乡们。但是有时因为来自某一地区的成员经常垄断某一行业,二者也会合一。两种结社都会为地方社区提供慈善服务,也会为祭拜行业守护神、故乡土地神或城隍等神灵定期举行集会,有时兼做生意商讨,成为非正式沟通与社交的场合。

会馆是北京城明清时期特有的一种机构场所。北京作为京城吸引着来自全国的官员、学生、商人和工匠。到19世纪末,北京已经有100多个行会与大约400个同乡会馆,分布在内外城以及郊区,以外城分布较多。著名的有湖广会馆、安徽会馆等。郊区以商业会馆为主,如三家店山西会馆、通州江西会馆、山左会馆等(图3-5-4)。

2. 民俗活动

民俗文化不仅体现在各种岁时节令风俗、婚丧习俗上,而且渗透到庙会集市、茶馆酒楼等市民百姓的日常生活中。庙会在不同庙宇间定期轮流开放,各有特色。届时百货充盈,游人纷沓。

广大乡村地区因地域差异,形成了具有地方和行业特色的民俗活动。例如京西地区,采煤业及相关行业圈形成了具有独特行业特征的文化传统和风俗,主要包括祭祀窑神和行业性的九龙山庙会活动等。丰台、草桥种植花卉地区形成花神信仰和花会。花会原称"香会",

图3-5-4 郊区会馆(来源:改绘自《北京历史地图集·人文社会卷》)

是始于明代中叶的一种民间组织,包括了多种民间表演艺术,形成了丰富的非物质文化遗产。例如房山、门头沟等地的中幡、走旱船、大鼓会、太平鼓会、银音会、灯笼会等。

通州区漷县镇张庄村的运河龙灯会是大运河沿岸特有的民俗活动,被列为北京市非物质文化遗产保护项目,正式命名为"通州运河龙灯会"。通常由男女队各舞一条蓝色长龙,龙皮用白布缝制,用蓝色染料描画出龙身和龙尾,用细麻制作龙须,龙骨架分别用白松木条和竹篾制作,舞动起来,或如腾云驾雾,或如翻腾水中。旧时,一般在年、节、庆典、祭祀或灾年时,运河龙灯都要起会。祈求赐福百姓、风调雨顺、五谷丰登。

怀柔区琉璃庙镇杨树底下村的敛巧饭习俗,则是由民间传说而来,独具特色,入选国家级非物质文化遗产。相传180年前从山东逃荒到这里的两家人,见此地山清水秀,藏风纳气,且在山前向阳处生有一棵粗壮参天的大杨树,便在此定居,并以杨树名村。先人为垦荒种粮而四处寻找种籽。归途中不慎将种籽洒在石缝里。焦急之际,忽然飞来几只山雀,将石缝中的种籽衔出,一粒未吃,留给了讨种之人……后人为了感谢神奇山雀的恩德,清代以来逐渐形成敛巧饭习俗,即在每年正月十六日这天,由村中十二三岁的女孩,到各家敛收食粮、菜蔬,然后由妇女将粮菜做熟,全村共食。其间,锅内放入针线、顶针、铜钱等物。食之者,便预示其乞到了巧艺及财运。同时,还举行扬饭喂巧、走百冰、花会表演及唱大戏等活动。"巧"字,是当地人对麻雀、山雀等鸟儿的别称。村中还建神雀台,立有雀图腾柱,寓意感恩山雀恩德(图3-5-5)。

3. 戏曲文化

中国是一个戏曲发展很普遍的国家,地方剧种甚多。经过几个世纪的逐步发展,宋朝时已出现了世俗的、有叙事结构的戏曲表演。上至王亲贵族,下到平头百姓,观剧成为主要的娱乐方式。戏楼、戏庄、戏园、戏台这类文化设施十分普遍。戏剧社团的表演都是流动的,实力较强的戏团演出特定种类的剧目,通常在城市中表演,具有乡村背景的杂家戏团则提供从节日庆贺(如舞狮子和杂技)到正式戏曲的各种演出。

(a)敛巧饭场所

(b)神雀台

图3-5-5 杨树底下村

城市中观看戏曲表演的地点有以下几种：皇宫私家园林和官员府邸里的戏台、庙宇建筑内的戏台、会馆和饭庄的平台，以及专门独立建设的戏楼戏庄里的戏台。大多分布在外城。乡村地区演出场所常常是在村庄街角、谷场等露天场地，或是地方庙宇和戏台，有时也在干涸的河床表演。

北京许多村落都设有不同规模的戏台，成为全村的文化中心。通过演戏及相关活动，教育后代，并起到娱乐生民的作用。戏台大多位于村中公共活动场所，或附属于寺庙祠堂之内，例如古北口村药王庙关帝殿与戏台。或与之相对立于一侧，例如潮关村瘟神庙和戏楼。

戏台是供人们娱乐消遣之地，无论是单独立于村中，还是与庙宇结合，其前面必有较大空间供大量人员聚集。节日期间丰富多彩的民间活动使村落充满热闹祥和欢乐的景象。平日则成为村民日常活动场所。

三、宗教信仰与村镇聚落

（一）宗教信仰与庙宇

在中国长期封建社会中，祭祖与祀神成为上自帝王下至百姓精神生活中的主要内容，体现了人们崇尚道德、讲究礼仪、崇拜地方神灵大于宗教信仰的传统。祭祀天地、祖先的坛庙宗祠，纪念名人的庙堂等坛庙属礼制性建筑。宗教建筑主要指佛、道、伊斯兰三教的寺观。但是在广大农村，礼制性建筑与宗教建筑却没有明显的界线。

各宗教文化在北京地区传播的时间先后和影响力均有不同。据文献记载，北京地区晋代已有佛教活动。道教在元初一度兴盛，如白云观等道观的修建，但总的来说，道观的数量少于佛教寺院。佛教的信仰最为普遍。伊斯兰教的清真寺主要建在回民聚居区及商道之上，如马甸清真寺、清河清真寺等。另外，从元代开始出现西方西式宗教建筑，如房山区元代景教十字寺、门头沟后桑峪天主教堂等（图3-5-6）。

中国民间宗教信仰的教义繁杂多样，涵盖各类不同的崇拜对象。人们面对各种不确定的自然因素，为了避免灾祸并实现美好愿望，形成了对地方神灵和自然神灵的崇拜。包括家族和皇族祖先；孔子和其他儒家先贤；历史及传说中的英雄和圣人；佛教众神；道教自然神与守护神；以及其他神灵。同一座庙宇中也会设有与大殿主神不同的神的祠宇。佛教的菩萨（如观音）与历史上的英雄（如关公）常常同现于一座庙宇中。例如，妙峰山娘娘庙是一座集佛、道、儒、民间崇拜为一身的庙宇。

（二）庙宇与社会活动

庙宇最大的功能就是祭祀。由于每个神灵的职能不

图3-5-6 桑峪村天主教堂

同，人们会根据自己信奉的神灵祭拜，又或根据祭拜的目的不同而选择不同的神灵。同时，庙宇也是文化娱乐场所，庙宇中的戏台用于酬神，也用于娱民。以庙宇为载体形成了民间庙会。庙会是为庙宇主神诞辰而举行的庆祝活动，也称"庙市"。每逢寺庙开放日，善男信女前去烧香拜佛，祈求福佑。因游人香客集中，商贩们便在寺庙附近设摊售货，民间艺人亦来表演杂艺。久之，庙会渐由定期向长期、流动向定点演变，范围从庙内延伸到庙外，形成以寺庙为中心的百货杂陈、百技竞巧的商业场所。人们进香祭祀，祈福还愿，逛山赏景，商贸交流，观看戏曲，走亲事友，极大地丰富了社会生活。

1. 妙峰山庙会与香道

明末至清代，北京碧霞元君崇拜极盛。碧霞元君信仰是泰山信仰的重要组成部分，其职能小到求子发育、寿夭祸福，大到国家治乱，庇佑九州。华北地区人们尤其崇拜碧霞元君，民间称为娘娘。环京城四周共有五座碧霞元君庙，分东、西、南、北、中，俗称"五顶"。分别位于东直门外、西直门外、左安门外、德胜门外和右安门外。此外，郊区亦有"两山"，即京东丫髻山和京西妙峰山。

门头沟区妙峰山建有碧霞元君祠，以庙会香火极盛而著称。在清朝极盛之时，庙会期间，上至慈禧太后等王公贵族，下至平民百姓、三教九流都会蜂拥而至，拜顶进香。

妙峰山娘娘庙会始于明朝，于每年农历四月初一至十五举办，是华北地区最重要的庙会之一。清朝时期，妙峰山庙会规模发展到顶峰，香会数量达至400余档，种类包括舞狮、五虎少林、中蟠、地秧歌、清茶等几十种。来自全国各地数十万善男信女汇聚于此。各路香会鼓磬齐鸣，蟠旗飘扬，施粥布茶，汇聚金顶，酬山赛会。京都万人空巷，观者如潮。

大量信众进山参加庙会，形成众多香道，成为妙峰山庙会的重要特点之一。有多条进香山道可达金顶，但是有四条香道最为著名，依习惯和方位分别称为南道、中北道、老北道和中道。北道、中北道、老北道在海淀区，南道在门头沟区。

南道从三家店起经军庄、桃园、樱桃沟到涧沟村，最后抵金顶娘娘庙。南道路途最远，香客人流量最大，风景幽胜。中北道起自北安河村，途径响墙庙、庙儿洼，抵达涧沟村，被称为"金阶"，是清末时民众进香的主香道，慈禧曾沿着这条香道前往娘娘庙进香。老北道起自聂各庄，途径车耳营、双龙岭、贵子港，抵达涧沟村。中道起自徐各庄，途径大觉寺、冷风口到涧沟村。此外还有中南道和西道等其他进香古道。多条香道汇集于涧沟村，使之成为登金顶的起点。从涧沟村到娘娘庙之间的古道亦称为"金顶香道"。妙峰山香道沿途村落成为香客歇脚吃饭之处，带动了村落发展。例如，三家店村、琉璃渠村、车耳营村等（图3-5-7）。

古香道上标志性建筑是茶棚，设置于进香道路上的歇脚之处，为香会和香客提供服务。每隔数里便建有一茶棚，有的大茶棚则号称娘娘行宫。茶棚内均供有神位，白天施茶，晚上施粥。例如，琉璃渠村的万缘同善茶棚等。

2. 丫髻山庙会与行宫

北京有民谣："西有妙峰山，东有丫髻山"。平谷区丫髻山是北京供奉碧霞元君的"两山"之一，其庙会至清代达到鼎盛。康熙、乾隆、道光三代帝王多次驾临丫髻山，御封为"畿东泰岱""近畿福地"，成为皇家祭祀之所。后妃和王公大臣到此朝山也成为定例。

丫髻山庙会，是华北四大庙会之一，号称京东第一庙会，在京津冀地区具有广泛影响。庙会始于明嘉靖年间（1522~1566年），据明万历三十二年（1604年）《怀柔县志》记载："上有天仙圣母宫，灵应如响。四方之人于每岁四月十八日大会五日致祈云。"清初，庙会改为四月初一至二十日。南到天津、保定，北到承德，四

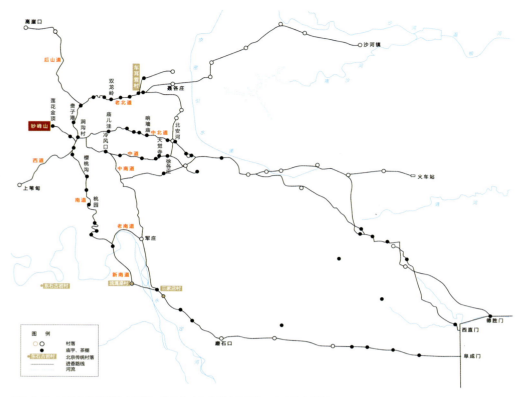

图3-5-7 妙峰山进香路线（来源：改绘自《北京历史地图集·人文社会卷》）

方商民、花会、善男信女，来赶庙朝山。

丫髻山山下建有东西行宫，后逐渐形成聚落。例如，平谷区刘家店镇行宫村即为皇帝在此处行宫驻跸，所以得名（图3-5-8）。

（三）庙宇与村镇聚落

1. 庙宇的分布

庙宇是大众信仰的主要场所，称为寺、观和庙。星罗棋布于都城、外城、周边地区和远处的乡村中。平原地区村落中多建有小型寺庙，而山麓地带多有大型寺庙，如潭柘寺、云居寺等。

寺庙的选址分布与城乡环境和社会活动有紧密关联。明代太监兴建了大量寺院，多分布在海淀、石景山山边及平原地区。明清以来，海淀地区的寺庙数量明显增多，尤其在清代，皇家园林区域中寺庙遍布，寺中也建有行宫为皇帝驻跸之所。例如，海淀区的大觉寺、万寿寺等。皇家御园周围的村落、旗营中都建有关帝庙、娘娘庙。信仰伊斯兰教信众聚居的地方，如海淀、树村、安河桥、蓝靛厂等还修建了清真寺。又如，河岸水塘洼地周围多建有龙王庙；关帝庙则广泛分布于城市与乡村。

京西地区风景秀美，山高林密，自晋唐至清末，寺院庙宇众多，历史悠久，地域分布广。区域内寺庙总数在300座以上，保存基本完好或有遗迹、遗址的有200余座，这其中包括佛教寺院、道教宫观以及民间崇拜的神庙，其中尤以佛教寺院和民间神庙为多。百花山、仰山、金城山、白铁山、妙峰山等都有千年古刹。例如，潭柘寺、戒台寺、妙峰山的娘娘庙、大云寺、李家峪的西峰寺、白铁山上的灵岳寺、灵水村的灵泉禅寺、樱桃沟村北的仰山栖隐寺、齐家庄的灵严寺、上清水的双林寺

图3-5-8　丫髻山

等。既有皇家和官宦出资修建的大型寺庙，更多的则是僧人募资而建的乡间小庙，丰富了村落文化（图3-5-9）。

2. 由寺庙形成的村落

寺庙的建设对村落发展产生影响。有的寺庙建筑本身使原有村落规模扩大，村名变更，并为村庄发展带来活力。有的则是由于在空旷之区或山区风景优美之地修建起寺庙之后，在寺庙周边形成供香客休息的粥棚和耕种粮食的田地，提供这些供给的人群便聚居于此，形成村落。有些则以寺庙之名为村名。即使之后寺庙逐渐衰落，村落仍然存在并发展下去。北京郊区特别是西山山麓地带以寺为名的村庄，大多是因此形成。门头沟区万佛堂村因村旁始建于明代的万佛寺而得名，田寺村因土地为村南福田寺寺产而得名。斋堂村和灵岳寺村也是由寺庙的兴建而形成的村落。

斋堂村和灵岳寺村皆与灵岳寺密切相关。灵岳寺位于白铁山山前坡地，始建于唐代贞观年间。辽代重建，称"白铁山院"，金称"灵岳寺"。后多有大规模修缮，元至元三十年（1293年）灵岳寺终成巨刹，规模宏大。另外广置庙产，购置土地，西斋堂村的宝峰寺就是灵岳寺的下院。随着寺庙的发展，山下便成了上山朝拜和祈福的游僧和香客休息吃斋的地方。由于佛教中称用饭之地为斋堂，此地便得名斋堂，后逐渐形成村落。由此流传"先有灵岳寺，后有斋堂川"之说。据记载，该村至少在辽代就已形成，距今千年以上历史。古刹四周从明代起，有徐、宋、刘、李四姓氏家族给灵岳寺务农，渐渐形成四个自然村落，统称为灵岳寺村。村庄和寺院相互依存，不断发展。今已逐渐萎缩。灵岳寺香火兴盛时，附近的火村也成为过往香客歇脚用斋的地方，村落也因此而发展。

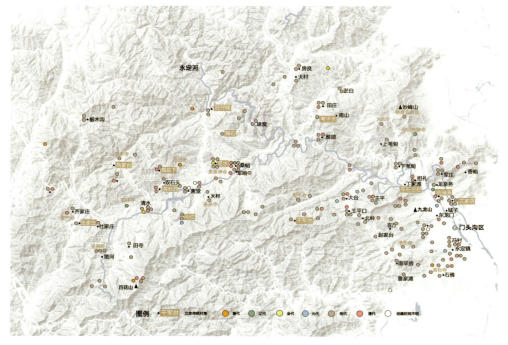

图3-5-9　门头沟区历代寺庙（来源：底图改绘自《北京历史地图集·人文社会卷》）

（四）村落中的庙宇

1. 杂神崇拜

我国南方地区，祠堂是农村中举行家族祭祀的场所，还有一些类型的祭祀建筑和庙宇承担着其他非家族祭祀。北方地区农村，庙宇则成为村落中主要的祀神场所，成为精神中心。

村落中的寺庙供奉的神灵多与人们生产、生活息息相关。在自然经济的农业社会里，面对各种灾害，只能求助超自然的力量，于是就强化了对各路神灵的崇拜。在实际生活中，人们的需求是多方面的，如保佑身体健康，无病无痛；免受洪涝灾害，驱瘟辟邪；祈求风调雨顺，收成丰足；渴求人丁兴旺，家族兴盛；希望商路顺畅，财源潮涌；祈求金榜题名，功成名就等。另外，乡民们也急于供奉一些有求必应的、传说中掌管现实生活各个方面的杂神和半神。因此，就有主管生育的观音殿及高谋殿；主治病的药王庙、瘟神庙、咽喉神庙；主文运的文庙、文昌阁；兼主财运的关帝庙等。除此之外还有各类诸事皆管的庙宇，如白云观、庵后庙、三大士殿、大王庙等。一切按实际需要向这些神灵磕头烧香。有些神灵是全国范围共祭的，而更多的却是地方性的，有的甚至只属于一个很小的范畴，例如一两个村落。杂祀并非宗教，没有专门的仪典、经籍和神职人员，更不要求专门的建筑形制。有时为了满足村民百姓多方面的祈求，在一座庙宇中能够供奉多位神明，里面既有观音菩萨又有文昌帝君，既供真武大帝又供关公。

这种泛神论的杂神崇拜，由于贴近乡民们的生活而受到广泛的传播，而这些庙宇也成为乡民们日常生活环境中的一部分。

2. 选址布局

庙宇的选址变化很大。根据风水学说，庙宇是神圣居住的地方，是人们对各路神灵表达内心崇拜的地方，在祀神时要营造一种居高临下、神秘庄重的气氛，使来此的人们都能保持一种敬畏之心。

庙宇空间不仅作为村民信仰的物质载体，也是村民日常文化和交往活动的重要场所。大多位于村头、村尾、重要节点，或者村落外围与居民的生活空间相对远离。如灵水村的白衣观音庵位于村落东南的高地，与居民区相对隔离。爨底下村的娘娘庙和龙王庙均位于高地势处。村口或是村中重要节点处的过街楼上方，也会设置庙宇，起到空间划分或标识的作用。

不少村落会拥有多处寺庙。如延庆张山营镇东门营村设有泰山庙、阎王庙、真武庙等多座庙宇。大型村镇还会形成庙宇群。例如古北口村关帝庙建筑群包括药王庙、关帝庙、观音庙和龙王庙，当地盛传"两步三座庙"的说法就是指这里。

每逢特定的祭祀时间，寺庙会变得异常热闹，因不少戏台与寺庙相邻，又成为文化娱乐场所。寺庙还多与古树、溪流以及广场结伴，所营造的环境在日常成为村民们娱乐、休憩和谈天说地的好场所，贴近乡民的日常生活。

3. 类型和形式

乡村地区庙宇类型多样。关帝庙、龙王庙、娘娘庙、五道庙、土地庙等是北京乡村地区常见的庙宇。

关帝庙又称武庙、武圣庙，供奉三国时期著名的蜀汉大将关羽。是集忠、孝、节、义于一身的旷世英雄，被奉为"武圣人"之尊。本是勇武和忠义的化身，后来逐渐成为一位全能的神明，掌管人间命禄、助人中科举、驱邪避恶、除灾治病、招财进宝等各方面。北京地区的关帝庙分布非常普遍。在一些具有军屯防御作用的村落中，人们更是会修建一座关帝庙来供奉关帝，保佑军队能够战无不胜。

龙王庙。龙王，是道教神祇之一，源于古代龙神崇拜和海神信仰，被认为具有掌管海洋中生灵的权力，在人间司风管雨，因此在水旱灾多的地区常被崇拜，祈求龙王能够为村子带来风调雨顺、五谷丰登。因此临水村落，多会兴建龙王庙。

五道庙。供奉五道将军。五道将军是东岳大帝重要的臣属，是冥间的大神，掌管世人生死与荣禄的神祇。他还具有监督阎罗王判案或纠正不公行为的权力，甚至可以决定世人的寿限。富有正义感和同情心。

观音庙。又称白衣观音庵，一般是供奉观世音菩萨，简称观音，是佛教中慈悲和智慧的象征。村落兴建观音庵以祈求观世音菩萨能够救苦救难、普恩众生。如三家店村白衣观音庵。

二郎庙。二郎，一说是《西游记》中的二郎神杨戬，最能镇住妖孽之神；另一说法是继承父业完成都江堰工程的李二郎，消除水患，保人民安康。也有传说李二郎是二郎神杨戬化身。供奉二郎神意为希冀神灵降妖除魔，消除水患，保佑安康。

文昌阁和魁星楼。亦称文昌楼（宫）、魁星阁，供奉掌管文运功名之神，保一方文风昌盛而建。文昌阁供奉的主神是文昌帝君，是主管功名利禄的神，又称为文曲星；魁星阁供奉的主神是魁星。魁星原称奎星，天上二十八宿之一，后被附会为管人间文运之神，遂改为魁星。文昌阁、魁星楼大都位于村口或村落边缘不远处，且地势相对较高位置，成为村落的制高点和标志物。

村落中庙宇的种类繁多，但是建筑形式大体一致，且规模不大。中等规模的庙宇以单进院落为主，占地20多平方米。以正殿为中心，两侧或单侧配厢房，形成类民居化的空间。庙宇的正门一般设置于以正殿为中心的轴线上，或者根据风水放在侧面。规模大的庙宇由前后院或者多进院落组成，有些将山门与戏台结合，以戏台、正殿形成轴线，两侧配厢房。还有不少庙宇与戏台相对设置，也有将戏台置于配殿。规模小的小型庙宇有些占地仅三至四平方米。

第一节 商贸型村落

一、商贸型村落特征

（一）职能特征

商贸型村落是因特殊地理位置而兴起的、以商业贸易为主要经济方式的村落。北京在历史上一直是华北平原北部地区的对外交通枢纽，四通八达，有大运河、古北口通道、居庸关通道、太行山东麓山脚大道、京西古道等重要商贸通道，连接华北平原和蒙古高原等地。商道沿途枢纽地带迅速发展起来若干重要的商业城镇，例如通州古城。在水陆交通要道的联系路线上也逐渐形成一些商贸型村落。有些村落只是依托交通沿线优势，满足商旅休憩，大多规模较小。例如京西古道沿线的东石古岩村等。而有些村落或是依托区域中心地理优势，或是依托特色产业优势，与交通优势相结合，发展为较大规模的商贸型村落。例如门头沟区三家店村、琉璃渠村和房山区南窖村等。还有些介于两者之间，因特色文化活动和商道经过，形成区域中心型的商贸型村落。例如房山区黑龙关村。紧邻大石河，有始建于元代并得清乾隆皇帝御笔题联的龙王庙，香火旺盛，形成京西河套沟地区重要的区域中心型庙会。村中遂依托古商道逐渐发展起来。频繁的商业活动不仅为村落积累大量的物质财富，同时也促进了文化的交流和民俗节事文化活动的繁盛。

因影响因素不同，可分为以下三种类型。一是商贸交通型村落。通常靠近水系、码头或商道的枢纽地带，因地位便利而发展兴盛起来，成为重要的货物集散地。二是区域中心型村落。通常位于区域的地理中心，地处交通要道，成为周边村落进行商品交易的集中地。既为周边居民提供商品交易，也为过往商客提供服务。三是产业商贸型村落。通常位于资源型产业集中区域中心，交通便利，带动运输业、商贸服务业发展，形成产业商贸型村庄。

资源、产业、交通、贸易等因素条件决定着商贸型传统村落的形成、发展、繁荣以及衰落。同为商贸型村落，各个村落也因这些因素的组合、交叠和侧重点不同而呈现出多样的职能特征和空间形态。

（二）形态特征

商贸型村落因商业而繁盛，带来财富，村落中大多建有商铺、庙宇等公共建筑，建造精良的官商邸宅也颇多。村落形态以商业街道为核心，带状发展，呈现出鲜明的外向型特征。沿商业街设有店铺和庙宇、会馆等重要建筑，以及商贾大院等。其他街巷多垂直于主街道，构成丁字路口。随着村落规模的扩大，居住及其他功能空间围绕商业街道两侧发展，逐渐出现两条以上的线性长街，主要长街为对外的商业街，其他长街为对内的生活性街道，长街之间由巷道联系。形成中心集中，周边松散的团状村落形态，规模较大。为商业需要，主要街道大多较为宽阔，沿街院落不少为前店后宅或前店后厂的商住院落。倒座沿街开门开窗，院门宽阔可进车马。

二、商贸型村落实例

（一）门头沟区龙泉镇三家店村

1. 村庄概况

三家店村位于门头沟区东端、永定河北岸。西连太行山，东望平原。历史上曾是永定河上的重要渡口、连接京城和西山的京西门户、京西古道上的重要枢纽、物资集散地和交易中心，商贾云集，有"京西第一村"的

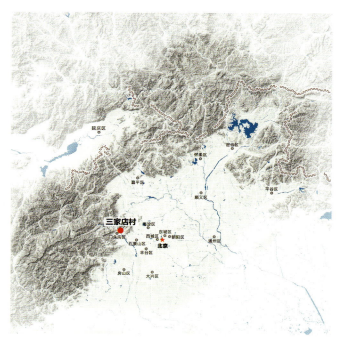

图4-1-1 三家店村区位图

美誉。因京西古道是西山供给京城煤炭的重要道路，旧时京师便有"三家店的煤，张家湾的粮，玉泉山的水"养育了北京城的说法（图4-1-1、图4-1-2）。

2. 发展演变

辽代成村，因最早有三家住户开办了三家客店而得名，明代改称"三家店"。元代，重开金口河漕运。从三家店南侧开引水口，顺渠流到金口，以漕运西山之煤、石灰及木材，适应兴建大都城之需。取水口从麻峪村北移到三家店，引水口旁的三家店成为重要渡口。三家店北侧龙泉务、灰峪等地的石灰，与三家店一河之隔的琉璃渠村的琉璃砖瓦，以及门头沟的煤炭都要经过三家店通过水路或者陆路转运至大都。还修建了长十余公里的排灌系统——兴隆坝，既能浇地、提供生活水源，也能排涝和淤田，促进了农业发展。明清时期，河上又架设木板桥，三家店村继续发挥交通枢纽物资转运的作用。清光绪三十四年（1908年）建成自北京西直门站至门头沟京西煤矿的京张铁路支线京门支路（后改称平门铁路），经过三家店地区。修建了跨永定河的铁路桥和公路桥。随着铁路、公路的修通，三家店村作为煤运物流中心地位逐渐丧失。另外，三家店村也是北京最早使用机械动力的地区之一。清末民国初，先后设有健锐营火药局和三家店火药局。

3. 村庄特点

1）交通枢纽

三家店地理位置十分优越，距京城约30公里。位于永定河北岸的总出水口处，水路与陆路的交汇处，更有多条古商道和古香道交汇于此，成为京城连接京西、河北、山西的交通枢纽和进入京城的起点。

三家店古渡口是西山通往京城的必经之路，因而自古即是京西古道上的咽喉要塞。自三家店向西入西山大道，经琉璃渠、王平、斋堂，通到怀来盆地，远达内蒙古、山西，向东接京西运煤大道，经五里坨、磨石口至阜成门，民国时期改建为京门公路。三家店村是去往妙峰山庙会南道的起点，老南道向北经军庄、桃园、樱桃沟到娘娘庙，新南道由三家店过河，经琉璃渠、龙泉务、陈家庄、涧沟到娘娘庙。因此，明清时期的三家店是京西古道上最为热闹繁盛的村落之一（图4-1-3）。

2）商贸中心

京西山区与京城连接处的区位优势使得三家店村形成了山区物品流入城市、城市商品进入山区的交易市，具有"京西商埠"之称，煤业和商贸业繁荣，是京西煤炭、石灰、林果、粮食等商品采购、订货、交易的经贸之地，尤以煤炭为突出特色。

作为京西煤炭集散地，三家店村形成了一个颇具规模的煤炭交易市场。承担着煤炭运输和销售中转功能，聚集大量煤行、煤厂、煤铺、煤栈以及散户运输等多种业态。既有天利煤厂这类煤行巨头，也有大量中小型煤炭企业。煤炭产业的蓬勃发展带动了煤炭业、畜力运输

图4-1-2 三家店村卫星影像图

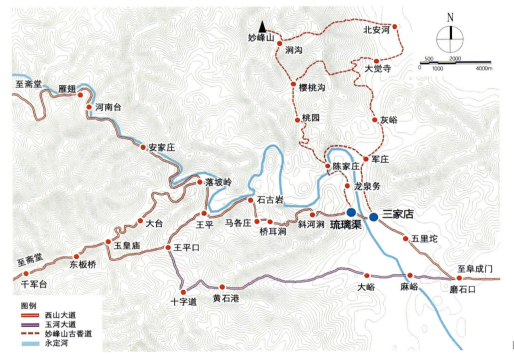

图4-1-3 三家店村区位环境示意图

108

业相关配套产业的繁荣，例如饲料供应、骡马钉掌、编制煤筐、煤篓、煤驮子、缝制煤口袋等。

村中店铺林立，商业繁荣，除去与煤炭贸易相关的店铺外，饭店、大车店、油盐店、杂货店、药店、布店等也应有尽有。鼎盛时有店铺300余家，其中煤厂二三十家。商业的发达造就了一批富商，建有深宅大院，也促进了庙宇的创建或重修。

3）交流节点

明代以来，不少山西人进入北京从事工商活动，也有众多移民迁至京郊一带从事农业生产。三家店地理位置重要，人烟稠密，素有经商传统的山西商人集于此地，从事商业活动。山西人在北京地区经商，需要相互联络，互通消息，商谈业务，保护自身利益，山西会馆就应运而生。

三家店的山西会馆始建于清乾隆年间，主要创建人为琉璃局的琉璃皇商赵邦庆。旧时，在三家店至琉璃局之间的永定河上，架设有木板桥。此桥为古西山大路要道，也是琉璃局的琉璃砖瓦的外运通道。板桥，是在河中垒石，上铺木板以利通行。夏季洪水期间，板桥拆除，汛期过后，再重新铺设。管理木板桥的民间组织是桥道老会，因桥道的管理人员多为山西籍人氏，桥道会的议事场所则被称为"山西社公议局"，后发展扩大为山西会馆，成为当地的山西籍商人联络、接待歇脚、聚会、议事的公所。

山西会馆位于村庄中部，主街南侧，采用合院形式。院落坐南朝北，现存正殿和两厢配殿，殿顶皆黄琉璃瓦，筑有青石台基。房屋高大坚固，建筑精巧。今作为三家店小学使用（图4-1-4）。

图4-1-4　三家店村山西会馆

4）信仰文化

村中建有龙王庙、白衣观音庵、关帝庙铁锚寺、二郎庙、马王庙、树神庙、五道庙等数十座庙宇寺观，为妙峰山庙会服务的茶棚三座，形成商业繁荣、文化多彩的街区。现存龙王庙、白衣观音庵、关帝庙铁锚寺、二郎庙。因村落紧邻永定河，尤其体现了对水利的关注。

龙王庙位于村西口，主街北侧。始建于明崇祯年间，初名龙兴庵。清代多次重修，并改名为龙王庙。曾作为管理兴隆坝的民间水利组织的办事公所。供奉四海龙王、永定河龙王等五位龙王，以祈求缓解永定河水患，风调雨顺。龙王庙为坐北朝南的三合院院落。院门有门楼，正殿三间，配殿各三间。院内有五百年以上古槐一株（图4-1-5）。关帝庙铁锚寺，位于村庄西部，主街南侧。最初供奉的是关公，京兆尹公署于民国10年（1921年）在村西渡口处造桥，为纪念原先的摆渡历史，将原摆渡所用的大铁锚奉入庙中，并重修庙宇，更改庙名，此庙为坐东朝西的三合院院落（图4-1-6）。二郎庙位于村西北半山坡下。建于明万历年间，供奉二郎神。庙宇主体为四合院院落，现有倒座殿、正殿及东西配殿。白衣观音庵位于村庄中部，主街北侧，与山西会馆隔街相对。始建于唐代，供奉白衣观音菩萨，后多次重修。观音庵坐东朝西，为两进院落。庵内有正殿三间。东西配殿各三间，倒座三间（图4-1-7）。

三家店村的非物质文化遗产也很丰富。村中原有高跷会、少林会、音乐会等民间花会。其中太平鼓最为有名。太平鼓是一种民间自娱自乐的舞蹈艺术，来自清代的宫廷。主要套路有十三套，分成三家店、大峪村、圈门里、炭厂村等四个流派，统称为"京西太平鼓"。2008年，京西太平鼓被列为国家级非物质文化遗产保护项目。

4. 空间形态

三家店村坐落于山水环抱的平坦腹地，南侧临水，

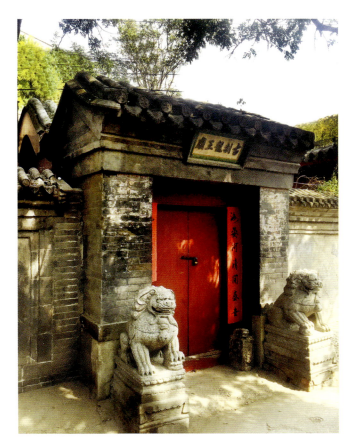

图4-1-5　三家店村龙王庙

图4-1-6　三家店村关帝庙铁锚寺

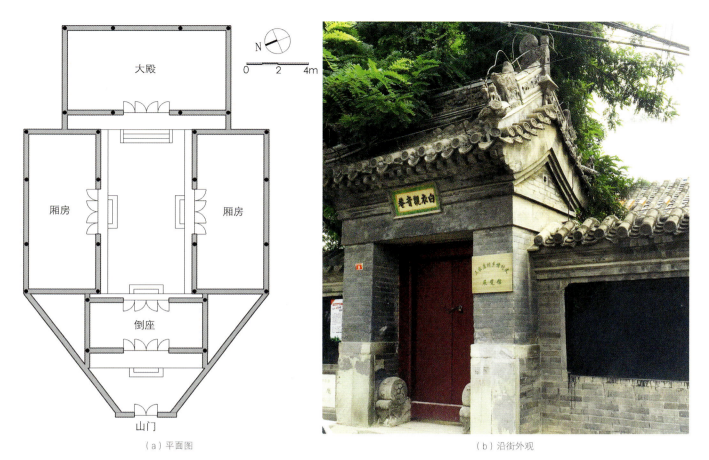

图4-1-7　三家店村白衣观音庵
（a）平面图　　（b）沿街外观

其余三面环山，形成背山面水的优越格局。传统村落沿河岸呈线形展开。沿西北—东南走向的中心街道呈线性分布，长约1.5公里。主路两侧布置次要道路，形成与主街成鱼骨形交接的道路肌理。主街宽度6~15米不等，东街较宽，西街较窄。道路宽度D与两侧的建筑高度H的比例D/H值都在2以上。街道尺度亲切，空间多变，开合有致。主街两侧商店密布。有些是前店后厂，有些是深宅大院。部分院落大门宽阔，以满足马车等煤炭运输工具的通行需要。主要庙宇、山西会馆等均位于街道两侧。老宅多为合院式，一进院或两进院。建筑形制简洁，青砖青瓦。最具代表性的是中街59号梁家大院和中街73、75、77号的天利煤厂殷家大院（图4-1-8~图4-1-10）。

殷家大院又称天利煤厂大院，位于村庄中部，主街北侧，为天利煤厂殷家创建于清道光年间，是一处商业居住功能复合的院落群，统称为"殷家大院"。坐北朝南，由东院、中院和西院三组院落组成，相互连通。分别用于仓储办公、居住以及工人宿舍。占地面积约3500平方米，建筑面积1000多平方米。中院（中街75号）为殷家煤厂东家居住的院落，为三进四合院。大门设在西南角，门前有雕刻精细的门蹲石一对。黑漆板门，刻楹联"孝友征家庆，诗书启世昌"。东西厢房各二间，均有随墙影壁。第二进院的正房五间，东西两厢配房各三间。两进院落之间由门楼相连，清水脊，砖雕饰精美。院落东侧有通往东院煤厂、账房的便门。西北角有通往西院的便门。院落布局严谨，建造精良。建筑

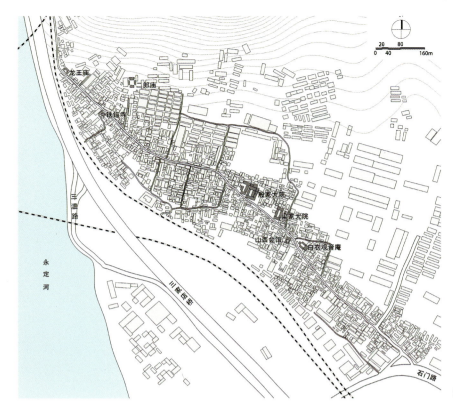

图4-1-8 三家店村总平面图

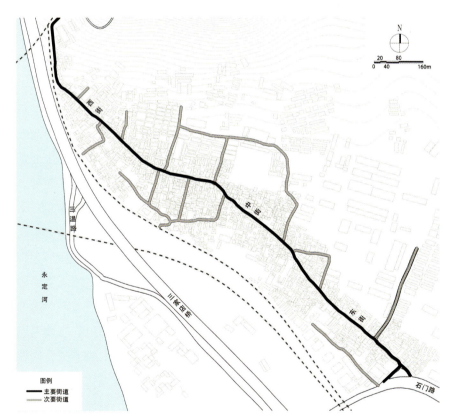

图4-1-9 三家店村道路系统示意图

112

(a) 主街　　　　　　　　　　　　　　　　（b）中街59号梁家大院

图4-1-10　三家店村村落景观

均为硬山清水脊，青石台基，墙体磨砖对缝。砖雕构件细致华丽，地面均铺设方砖（图4-1-11）。

（二）门头沟区龙泉镇琉璃渠村

1. 村庄概况

琉璃渠村位于门头沟区龙泉镇，西临丑儿岭，南临九龙山，东临永定河，与三家店村隔河相望。是永定河的出山口，历史上曾是京西水路、陆路交通要道。琉璃渠村既产煤炭又有烧造琉璃的传统，清代之前一直是京城琉璃瓦件的供应地之一，被誉为"中国皇家琉璃之乡"。独特的地理位置、自然资源和历史机遇推动了村庄发展，村庄形成以琉璃烧造业为核心产业的琉璃烧造、农业、交通运输、贸易等相关产业链条，多种业态并存，形成了不同的地缘文化圈和民俗信仰文化圈，构成了琉璃渠村独特的村落空间形态（图4-1-12、图4-1-13）。

2. 发展演变

该村为元代古村。元代，为营建元大都，需要大量的琉璃瓦和琉璃构建装饰宫殿庙宇，特设专管窑务的官员，并在琉璃渠一带设局烧制琉璃，同时向其他窑厂提供原料，称"琉璃局"。明代，建设紫禁城耗时14年，使用了大量的琉璃构件，继续在此设立琉璃厂，并由皇家派出官员主持琉璃烧制之事，用于都城的各项建设。这一时期，朝廷组织山西、山东移民，琉璃渠村当时大

图4-1-11 三家店村殷家大院
（a）中院平面图
（b）沿街外观
（c）院落大门
（d）门楼
（e）随墙影壁

图4-1-12 琉璃渠村区位示意图

量迁入山西移民，使得村落人口增多，村落规模进一步发展。清代中后期，京城宣武门外的琉璃厂逐渐减少烧造规模，清光绪二十六年（1900年）之后完全废弃，其烧造任务全部转移至此，村内的生产规模更加扩大，窑厂作坊数量增加，最多时达到40多座，成为皇宫建设专用琉璃制品的生产基地，琉璃制造业非常繁荣，远近闻名。因妙峰山庙会兴盛，窑商修整了村北至野溪渡口道路，开通妙峰山新南道，兴建茶棚，进一步促进了交通商贸服务业的繁荣。琉璃渠村成为京西的琉璃烧制中心及繁盛的商业中心。

清光绪六年（1880年），永定河泛滥，朝廷委派官员治理永定河河道，在琉璃局村修建了一条大灌渠，因为"局"和"渠"谐音，琉璃局逐渐也被称作"琉璃渠"。

图4-1-13 琉璃渠村卫星影像图

3. 村庄特点

1)琉璃产业

琉璃渠背靠九龙山,矿产资源丰富。除煤炭资源外,有丰富的页岩、叶腊石等矿产资源。页岩,当地人称之为"坩子土",琉璃烧造的重要坯料。叶腊石也是琉璃烧造的重要辅料。有如此得天独厚的条件,才使朝廷迁大批工匠入此地,就地取材,建立琉璃窑。自元中统四年(1263年)起,朝廷先后在此设有琉璃局、琉璃厂,派专人管理,相继承造元明清三朝宫殿、陵寝、坛庙所需的各色琉璃。琉璃制品光华美观,为皇家专用。

琉璃渠村森林资源和水资源丰富,也为琉璃烧造提供了良好资源。草灌坡主要以荆条、酸枣、白草为主,林木覆盖率达82%。早期琉璃烧造时使用木柴做燃料,烧制的琉璃制品较为细腻,颜色纯正。窑厂所使用的木材都在附近砍伐。后来为保护林木才改用煤炭。作为永定河出山前所经的最后一个村庄，琉璃渠村拥有丰富的用水资源。地下水资源也很丰富，村内古井多达40余口，能够满足当地农业和琉璃烧造所需的用水量。

琉璃渠村的窑厂从元朝起就属于官窑。元朝时期管理琉璃窑的机构隶属少府监。明朝时期琉璃窑局由内官管理。清朝琉璃窑局归工部营缮司管辖，由工部专员管理。清康熙二十四年（1685年）实行官督民办，由各窑厂主直接负责，琉璃渠村当时有南窑厂和北窑厂，南窑厂的厂主由王氏家族担任，北窑厂的厂主由赵氏家族担任，赵邦庆是北窑厂的第一任厂主。赵邦庆祖籍山西，早年赵家迁至北京琉璃厂，从事琉璃烧造。清乾隆年间，琉璃厂迁至琉璃渠。三家店村的山西会馆即由他创建。赵氏第16代孙赵花农于清同治、光绪年间主持窑厂事务，受封为三品官，成为显赫一方的皇商，专为官廷烧造琉璃。到民国时期，琉璃窑厂由官办改为民办，取名为"北平赵家琉璃窑厂"。

琉璃烧造业是琉璃渠的支柱产业，是该村的主要经济来源，同时也与农业、商业和交通运输业形成关联与互动。村中仍有一定的农业人口，为其他行业的从业人员提供充足的口粮。以西山大道为依托的商业和交通运输业，为琉璃烧造业的原料和产品的供销、运输提供了保障。沿道路两侧的店铺商号推动了琉璃渠村的繁荣。村中有专门负责运输的骆驼队将烧制完成的琉璃制品运往京城。此外，在琉璃烧造过程中釉料的配置较为严格，因此设有专门从事收集釉料原料的人员，主要由山西人经营，去往各地去购置质量上乘的原料，然后由配色匠将这些原料按照一定的比例进行配色。因此，琉璃渠村的各个行业是相互依存的关系，形成了和谐共生的行业链。

琉璃渠村的官式琉璃烧造技艺经过700余年的发展，形成了包括选料、配料、塑形、素烧、上色、色烧等工艺流程。琉璃烧造业的技艺传承旧时主要依靠地缘和血缘为纽带。窑厂内的工匠多数为山西人，技艺大都在同乡之间传承。其次是家族传承。

2）交通节点

琉璃渠村地理位置优越，地处水陆交通要道，永定河水运、西山大道、妙峰山香道新南道三者在此交汇（参见图4-1-3）。

村东有码头联系永定河两岸，水运便利，对岸即是京西门户三家店。村落位于西山大道的入山口，是西山大道的重要交通节点。沿西山大道，往东跨永定河，到三家店，出磨石口，去往京城。往西，进入西山，可通往怀来盆地、山陕地区和内蒙古高原。

妙峰山香道新南道的开辟使得琉璃渠村成为古香道上的重要节点。妙峰山庙会进香道路主要有南道、中北道、老北道和中道四条。南道从三家店向北，经军庄、桃园、涧沟，到娘娘庙，不需渡河，但是山路崎岖。新南道相对于旧南道，虽需渡河，且路程更长，但平原及浅山缓坡路段比较多，适合于车马行走，沿路新修建了规模大且建筑精美的万缘同善茶棚，免费为来往香客提供茶水接待。清代中期以后，朝中权贵、京城富豪及许多城南香客、游人多选择新南道，使得经琉璃渠的进香山道成为众多香道中香客最多的一条，逐渐成为妙峰山进香正道。

此外，传说村中的后街旧时通往千年古刹椒园寺，后街和进香的新南道以及西山大道就基本上框定了村落的基本道路格局。

3）信仰文化

村庄形成以琉璃烧造业为核心的信仰文化。各行各业都有自己的行业神，有各具特色的祭祀仪式，同时也有共同信奉的具有普世价值的神祇。各个信仰文化圈之间既各自独立，又相互交融。

首先，琉璃渠村因为其特有的琉璃烧造业，信奉太上老君，即冶炼烧造业的行业神。民间传说琉璃是在炼丹的过程中偶然所得，而太上老君是炼丹的鼻祖。琉璃渠村修建了老君堂。琉璃烧造业和煤炭业还崇拜窑神，村民前往九龙山、圈门祭拜窑神。为祭拜窑神，村民还成立了五虎少林会和水茶老会等花会组织，水茶老会主要是为九龙山庙会提供茶水服务。

其次，商业与交通运输业主奉关公。关帝在民间属万能神。琉璃渠村在西山大道的东口建有关帝庙，当地俗称"老爷庙"，主要功能是保佑过往商旅的安全和生意兴隆，同时也作为当地商会的活动场所。因此，在琉璃渠村，关公的神性主要还是体现为行业神，也就是财神。

最后，村民也有共同信奉的佛教、道教诸神。如三官文昌帝君、观音以及龙王，都建有庙宇供奉，反映了居民祈求风调雨顺、村内平安、人才辈出的美好愿望。

4. 空间形态

琉璃渠村位于永定河出山口的冲积平原上，西南依太行山余脉，东临永定河，西、南、北三面环山，一面环水。地处山区与平原的接合部，村落西北高东南低，地势平缓绵延。

作为围绕着琉璃烧造业而形成的村落，琉璃渠村的街巷格局、功能分区以及重要功能性建筑都有所体现。

村落的基地呈半圆形。全村以东西向的前街（西山大道）为主干道，以平行主干路的后街为次干道，中间以南北向的北巷相连，并通向最北端的妙峰山新南道（妙峰山正道）。中间分布有湾子胡同、西湾子胡同、北厂路等巷路。前街全长约1公里，后街全长约0.5公里，前街和后街的宽高比均在2左右。村落道路局部形成鱼骨状的道路骨架，手工业区、居住区、商业区各功能区分布于路网之中（图4-1-14～图4-1-16）。

手工业区由琉璃烧造厂和琉璃制品原材料产地所组成。依原材料产地就近原则，烧造琉璃的窑址设在"坩子土"资源丰富的山麓地带，即村落北、西、南三面山地与平地交汇的山麓地带，以东南和西南山麓地带为主。北厂和南厂即分别分布于此。

后街的两侧至妙峰山进香正道之间为村中最主要的居住区。北厂和南厂附近也是居民较为集中居住的地区。琉璃渠村后街一带的居民以李姓为主。李姓又以今日村民委员会为分界线分为南北两片。北片为从山东迁来的李姓的住所，以烧砖瓦为主；南片为原住民李姓人士的住所，主要以务农为主。窑厂周边的居民以山西移民过来的工匠为主，其中以赵氏家族的厂商宅院为代表。

商业区集中分布在前街（西山大道）两侧。琉璃渠村是进入太行山深山区的起点，因而与西山大道重合的琉璃渠村前街自古以来都是商贾繁华之地（图4-1-17）。前街更是琉璃窑向京城运输琉璃原材料和琉璃瓦件的重要通道，琉璃窑厂商宅院就位于前街。前街上分布着大成店、天和永、宋鞍铺、义元泰、永盛肉铺等多家店铺。

琉璃渠村虽三面临山，但其建筑大部分位于平地，总体建筑布局高差变化小，居址高度自东向西沿缓坡起升，多为平房合院。村中建有三官阁过街楼、关帝庙、戏台、白衣观音庵、龙王庙、万缘同善茶棚等公共建筑，也有厂商宅院、邓氏宅院、李氏宅院等精美的住宅大院。

过街楼位于村东口，朝东横跨在西山古道上，为前街的起始点。始建于清乾隆二十一年（1756年）。供奉文昌帝君和天地水三官，因而被称为"三官阁"。每逢正月，城台之上要张灯结彩，故又称"灯阁"。过街楼下部为城台状，由砖石砌成，东匾"带河"，西匾"砺山"，皆由琉璃烧制。城台上有殿堂一间，硬山顶，屋面施明黄琉璃。正脊由黄绿琉璃构件组成，两端有卷龙吻。过街楼上的琉璃饰件皆为本地烧制（图4-1-18）。

关帝庙，又称老爷庙，位于村落的西南角，前街的西端。建筑年代不详，后多次修缮。其坐西朝东，由正殿、厢房、耳房等组成，建筑面积约300平方米。此庙也作为商会会馆，配殿即为会议室，用于商旅商讨事务，也是九龙山庙会的一个聚集点，琉璃渠水茶老会、桌子会都在此集会（图4-1-19）。

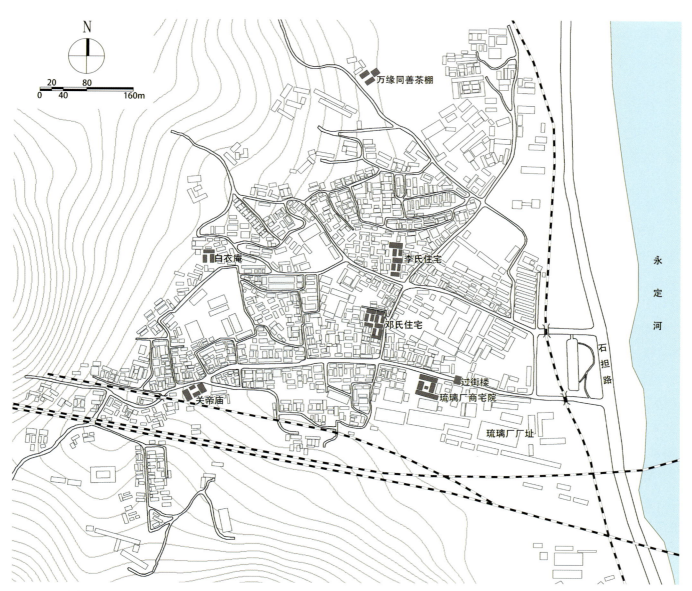

图4-1-14 琉璃渠村总平面图

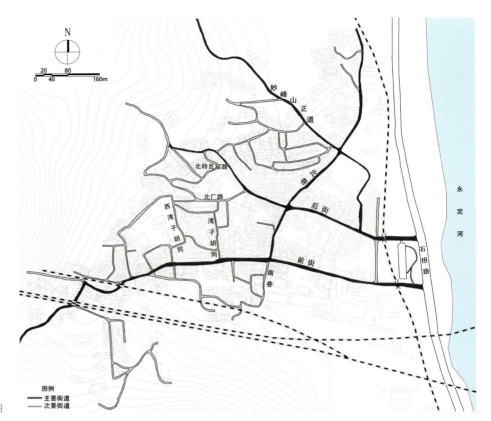

图4-1-15　琉璃渠村道路系统示意图

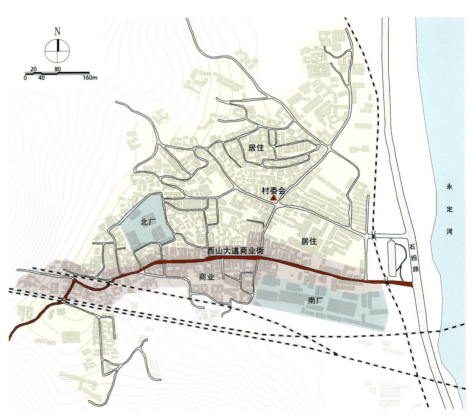

图4-1-16　琉璃渠村功能分区示意图

（a）主要街道

（b）次要街道

（c）民居

（d）院落大门

图4-1-17　琉璃渠村村落景观

（a）东侧

（b）西侧

图4-1-18　三官阁过街楼

（a）正面

（b）侧面

图4-1-19　琉璃渠村关帝庙

万缘同善茶棚位于琉璃渠村北部，妙峰山新南道北侧。始建于清乾隆二年（1737年）。琉璃烧造窑商赵春宜修建妙峰山新南道时将家庙观音院改成茶棚，并添设车马大院。香客和游人从城里到妙峰山进香，将车、马存放此处，换乘轿子朝顶。茶棚为庙宇式院落。正房坐东北朝西南，面阔三间，进深两间，共六间，为勾连搭式，上覆绿琉璃瓦。两厢各五间。院门为柏木乌头门，木栅栏，门外两侧墙面上嵌琉璃大字"万古长青"（图4-1-20）。

琉璃厂商宅院位于过街楼以西约100米，前街南侧。清代乾隆年间，皇家御用琉璃厂迁到琉璃渠村后，工部设在琉璃渠窑的督烧机构建造此院落，是工部琉璃窑场的办公场所。该院为坐北朝南的两进四合院。大门开在东南角。前院倒座房三间，耳房一间，东西厢房各二间。后院东西厢房各三间，前后均有回廊。正房面阔三间，两侧耳房各二间。东厢房的后檐廊曾经直接通往内花园。两进院之间建有垂花门（图4-1-21）。

（a）院门

（b）侧面

图4-1-20　琉璃渠村万缘同善茶棚

（三）房山区南窖乡南窖村

1. 村庄概况

南窖村位于房山区西南50公里处的南窖乡。该村坐落于大石河沟谷的河套沟一个小盆地内，为京西南方向交通要道。南窖村地处大房山区，煤炭资源丰富，煤炭业带动商贸运输等服务业的发展，商业繁荣，成为北京西山地区著名的物资集散地，民间文化活动繁盛，

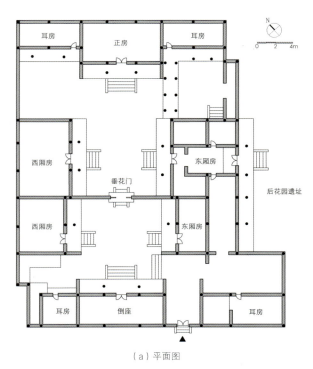

(a) 平面图

(b) 垂花门院落

图4-1-21 琉璃渠村琉璃厂商宅院

有"西山小京城"之称。其与窦店、交道、琉璃河一并称为京西南四大传统村落，今为南窖乡政府所在地（图4-1-22、图4-1-23）。

2. 发展演变

金代，大房山东麓下建金陵，在南郊涧道（今南窖沟）有驻军守卫。元末，各地战乱不断，有百姓为逃避战乱来到此处居住。明代迁都后，有多次大规模山西移民至直隶各地，同时采煤业的逐渐发展使南窖村逐渐繁荣起来。清代大房山山麓煤炭的大规模开采及民国时期对煤炭的开采、运输采取新技术，大幅提升了煤炭的开采量及运力，使南窖村的发展达到鼎盛，人口迅速集聚，运输、服务业发展，商业繁盛。南窖村成为河套沟最富庶的乡村之一。

图4-1-22 南窖村区位示意图

3. 村庄特点

1）煤业开采

大房山煤炭资源丰富，北翼包括南窖、北窖、英水沟、大安山等大石河河套沟一带，为北山矿区。南翼则以长沟峪、周口店为主（图1-1-8）。南窖地区的煤炭是优质的无烟煤，灰分少，热量高。自辽代之时就有掘穴取煤开采浅层煤炭的记载，辽金元直至明初均有小规模开采活动，随着明中期北京成为全国首都后人口的增长带来了煤炭需求量的增长，采煤业日益繁盛。

南窖地区的煤炭资源带动了交通运输业的发展。自大房山地区的煤炭被开采以来至元、明，因矿区周边山路崎岖，且开采点与收购点相距甚远，无论是拉车或驮运，其运输便倚靠驴、马、骡、牛等畜力，以驴为主。清中叶后，骆驼逐渐成为运煤的主要牲畜。围绕大房山南、北、东三面港沟都有驮运商道。随着清末工业的兴起，煤炭越来越供不应求，而落后的运输方式大大限制了房山地区的煤炭业发展。于是，建造京汉铁路支线以保证矿区煤炭外运。一是良坨支路，从良乡至坨里，总长约12公里，主要运输大石河河套沟一带的产煤；二是琉周支路，从琉璃河至周口店，总长约16公里，主要运输周口店、长沟峪一带的产煤。但是，由坨里至煤炭产区的运输仍然是个难题。继而，又开辟了运煤索道，也称"高线"，是中国第一条以机械为动力的空中运输线路。坨清高线于1911年通车，自清港沟到坨里火车站，南窖村设站，并与红煤厂至坨里的坨红高线相交，成为南窖地区运煤的主要线路，大幅度提高了当地煤炭的运力。据文献记载，京西煤每年由铁路运输进京共14万吨，其中由门头沟运送3/10，由房山周口店、坨里运送7/10。抗日战争期间，日军对南窖地区煤炭资源进行掠夺，控制高线的煤炭运输。随后运煤高线几经破坏、拆除和恢复，直至1962年高线被拆卸，退出历史舞台（图4-1-24）。

煤业开采最初受到诸多限制，明初时由官府垄断，后期私营煤窑兴起，大多为合办企业，以利于增加资金投入。明末清初，实行采煤执照制度。开设煤窑之人，俗称"包窑"，但煤窑开设在土地上，就涉及土地拥有权。因此，煤矿的物业权有三：其一为"山主"，即原有之地主，并未投资矿业，仅有收租权利者。其二为"工本"，即经过山主许可而取得矿权，投资资本与劳力，可任意开采与转移者。其三为"私查"，即经由工本许可，而约定开采年限者。一般而言，地主多不参与煤矿的管理，其收入按一定比例分成。煤窑的投资者既有地主，也有王公大臣、官吏差役等其他出资者，又有山西等外地人经营者。大批外资的涌入，使当地占有山权、地权的乡绅地主靠出租、转让土地等方式成了富甲一方的豪绅。他们日进斗金，建豪宅、买土地，南窖村果家大院、杨家大院等就是这时建成的。煤窑本身事务繁杂，窑主多须另雇人协助管理。有界外、界里之分。界外主要是财务（"掌房"）和营销（"掌作"）。界里主要是体力劳动者，包括领班（"大伙计"）、搭建工（"斧子手"）、搬运工（"拉头"）和排水工（"水工"）。煤工的工作危险、条件恶劣。煤工大多不事积蓄，偏好赌博。

2）区域中心

南窖村是大石河河套沟地区煤炭产业的中心区域之一，承担着交通节点、商贸流通和生活服务中心的职能。

南窖是西南方向进京的必经之地，京西古商道上的交通要道，位于距大房山北麓矿区一日可达范围内，是大房山北麓煤炭驮运出山的重要节点。向北，沿南窖河沟，过黄石岩、董家沟、刘家台，抵红煤厂，再沿河谷继续向东；向东北，过北安村、中窖、英水、口儿，进入河北镇，沿大石河谷继续向东，抵房山县城；向南，沿三合村上南大岭，翻山到葫芦棚、泗马沟、黄山店、周口店，抵山县城；向西，过水峪、石堡、霞云岭、宝水、鱼斗泉，进入河北省镇厂；向东，过北安村、车厂村，抵房山县城。其中，沿河沟向北至红煤厂出山这

图4-1-23 南窑村鸟瞰图

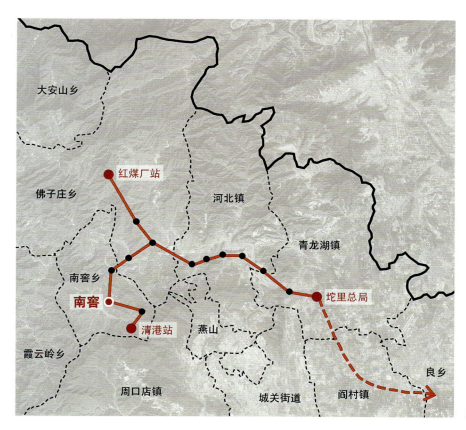

图4-1-24 坨清高线示意图

一线路宽阔平坦，适合驼队通行，驮运商大多选择在南窖落脚歇息一晚再继续赶路（图4-1-25）。

煤业的发展推动了南窖村畜力运输业和商贸服务业的繁荣。编窑筐、背篓、铁匠铺、马掌铺等手工业、骡马店、骆驼店、饭店、旅店等层出不穷。作为区域性中心，商铺类型多样，既有经营转口贸易和期货贸易的商铺，也有为附近区域服务的集市贸易型商铺。商贩多以固定坐商为主，坐商临街设铺，销售农村日用必需品。店铺多、分类细、百杂俱全，综合经营。逢集遇节、庙会时宜，备办货物设摊销售。前店后厂可自营自销，经营时间灵活。商贸流通迅速发展，各地的货物纷纷聚集到此地，酒家、胭脂水粉铺、米铺、油盐酱醋茶铺、布店、当铺等也越来越多，商业繁盛。村中驮煤的商队络绎不绝，老街商铺林立，引来了诸多外乡人来村经商、做工。村庄人口迅速增长，因为煤炭业并非技术型产业，人员构成也颇为复杂。既有朝廷衙役、行业商会、窑主、煤商，也有走私商、军火商，以及土匪、帮派组织等，社会各阶层人士云集于此（图4-1-26）。

3）节事文化

南窖村人口众多，商业繁荣，逢年过节，求雨祈福等活动中，民间文艺团体如狮子会、银音会、灯笼会、吵子会、炮会、灯花会等有丰富多彩的表演，使山村呈现出一派鼓乐升平的繁荣景象，留下了众多非物质文化遗产。其中以灯笼会和银音会最为有名。

灯笼会是南窖最大的民间花会之一。灯笼会由会首、知事、信徒组成。前者通常由村中有威望的长者担任，信徒则是一般老百姓。灯笼会的规模很大，遍及整个南窖地区，尤以南窖村信徒最多。每到年关、正月，灯笼会的会首、知事们游走乡间，收敛布施和接受富户的捐献。然后派人去房山集市上买香烛、灯油、彩纸、

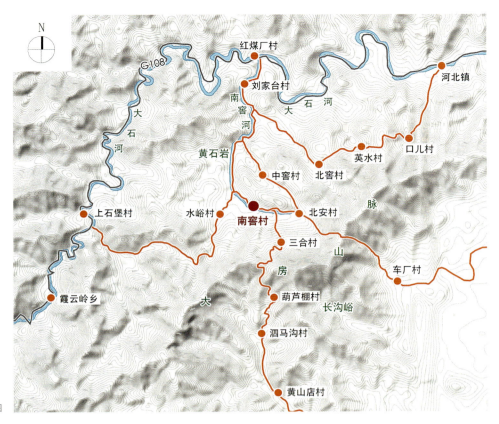

图4-1-25 南窖村区位环境示意图

绸缎等物,组织信众清扫、擦拭、修灯、补彩。刷灯碗、扎灯靶。摆灯阵、扫街道、搭灯架。灯笼会的规模很大,沿老街蜿蜒约1公里。灯笼会的灯笼为方形,灯笼架上雕刻有精美的纹饰,涂上黑漆。灯笼面分四扇,衬上白绸,彩绘出精美的工笔画图案。

银音会是南窖地区成形最早、历史最悠久的民间花会组织,由于使用贵重的银锣而得名。乐器主要有银锣、管子、笛子、笙、大镲、小镲等。银音会一般由15人左右的乐队表演。

4. 空间形态

南窖村北与中窖相邻,东南临新西安,西南临水峪村,南靠猫耳山,向南翻山为长沟峪、车厂等地,可抵周口店平原地带,北距大石河约8公里,位于南窖沟北岸,中窖梁南麓,依山面水。南窖沟内水流发源于大房山主峰南麓房子岭沟,自东向西流经南窖村。过南窖村后水势平缓,向西北汇入大石河。村北山坡俗称中窖梁,山梁平缓。西南方面对一座小山——"馒头山",东南方为猫耳山。南窖村地势西低东高,北高南低。村落呈东西方向,从村西水峪口向东,南北两侧山退谷开,豁然开朗,至村东龙王庙又逐渐缩窄,形成一平坦小盆地。南窖村即坐落于此,因山沟口狭腹阔,形状如窖,故名南窖(图4-1-27)。

村落沿河道呈扇形展开,分为东、中、西三个片区,其中东和西组团由后期发展而来,传统村落集中在中部组团。村落以东西向的红南路为主街,与之平行的南侧街道为古商道,是当时的村中主街。主街与若干南北向道路和支路相连,形成鱼骨状道路结构。商业街长约700米、宽3~9米,平均宽度4米,街道宽高比0.6~1.8不等。大量商铺、商号沿街道两侧密集

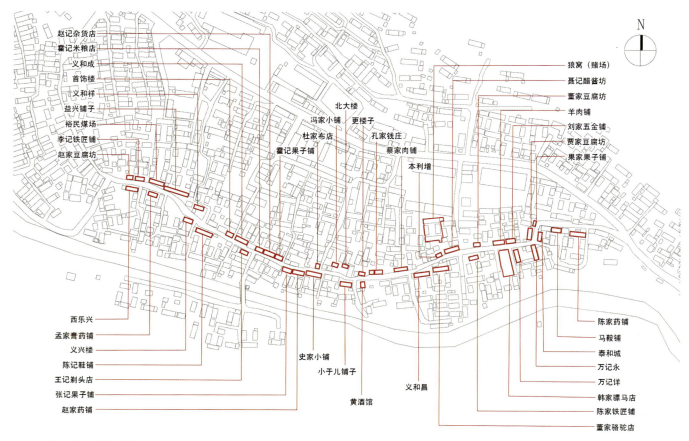

图4-1-26　南窑村古街店铺位置图

图4-1-27　南窑村周边环境示意图

排列，五行八作，大小买卖、商铺200多家，其中仅煤厂就有二三十家。商铺涵盖吃食糕点、布匹衣锦、米粮肉食、铁匠、药铺、理发、私塾等各个方面。临街住户将沿街部分作为对外经营的店铺，将居住功能置于院落内部，形成分区明确、前店后宅的院落空间。街市商贸的繁荣催生茶馆、酒楼、客货栈、赌坊等服务型行业的繁荣发展，为商人、手工业者、来往的行商乃至周边的村民提供了丰富的选择（图4-1-28～图4-1-31）。

东西村口各有过街楼一座，楼台上建有关帝庙。今仅余西面一座。在商道分支上还有一西翁桥。过街楼西侧为仁义局（娘娘庙），南侧不远处为观戏堂，与河沟对岸的戏台遥相呼应。另外，村内还有北极玄帝庙、龙王庙等公共建筑，以及李秀才院、果家大院、谢家大院、范家大院、霍家大院、杨家大院等十多个名宅大院，不少为多进院落。例如，果家大院为三进院落，并带有东跨院。霍家大院为两进院落（图4-1-32）。

北极玄帝庙建于村中东部，商道北侧。坐北朝南，占地面积约670平方米。始建于明朝初年，距今已有600余年。庙分为影壁、山门、前殿、中殿、后殿五部分。今前殿无存，位置不详。据考，前殿供奉三国时期武将刘、关、张及赵云的神像，中殿供奉真武大帝，后殿供奉菩萨。中殿前院西侧有古柏一株。影壁的壁心面南，嵌有砖雕二尺见方"福"字（图4-1-33）。

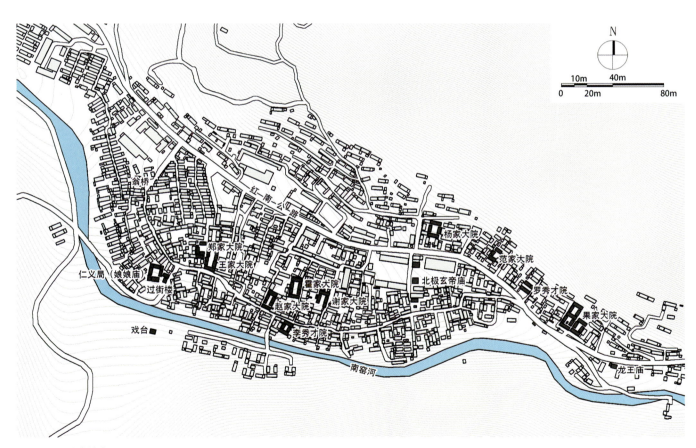

图4-1-28　南窑村总平面图

图4-1-29 南窑村鸟瞰图

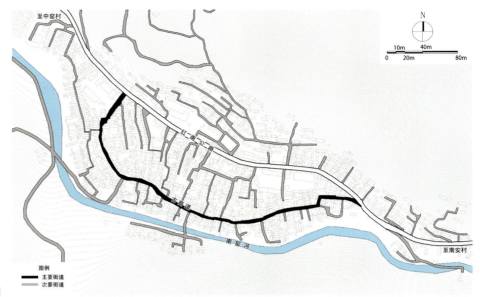

图4-1-30　南窑村道路系统示意图

(a) 商业街鸟瞰　　(b) 商业街一侧　　(c) 街道广场　　(d) 街道转折

图4-1-31　南窑村街巷景观

（a）过街楼

（b）翁峤

（c）古树

（d）47号院

（e）范家大院

（f）果家大院

（g）霍家大院

图4-1-32　南窖村村落景观

图4-1-33 南窖村北极玄帝庙

第二节 堡城型村落

一、堡城型村落特征

（一）职能特征

明初以来，明廷大力修筑长城，并在沿线驻守重兵，建驻军营房，逐渐发展成具有鲜明特征的军事聚落。清军入关后，长城及其周边的堡寨失去了军事价值。按照前朝的屯田经验，大多数堡寨逐渐从军用转向民用，演化为当今的村落。北京地区此类聚落大多分布于门头沟、昌平、延庆、怀柔、密云等地。长城沿线有"五里一墩、十里一堡"的说法，可见数量之多。

明代修筑长城时，通过屯田政策解决驻军的粮饷问题，同时发展沿线生产。因此，长城沿线的堡寨具有"亦守亦居且亦耕"的功能。通过扼守关隘、居险驻塞，形成天然屏障，达到军事防御的核心目的，还要同时考虑具有适宜的耕地与水源等有利于农业发展的环境条件。同时，军事防御要塞大多也是交通要道，有些堡寨还具有交通、商贸功能。受到地理区位、军防体系、自然环境等因素相互交织，不同的军事聚落所呈现出防御、屯兵、交通、商贸功能各有侧重的职能特征。

重要的军事要冲驻扎地，一般来说自古就是重要关塞或交通要道，具有军事职能和交通职能，至明初叠置镇戍后进一步强化了聚落的军事性质和军事职能，其发展具有良好的历史继承性和连续性，如居庸关、南口、沿河口、永宁城、古北口、曹家路、墙子岭等处。其受到历代重视，位于地势相对平坦开阔之处，驻军较多，聚落规模较大。居于交通要冲之处的聚落，兼具商贸交往职能，形成民间贸易中心，有些还设有驿站。

一般性军事驻扎地是明代新出现和新兴起的军事聚落，规模较小，位于长城内侧靠近关寨的河谷阶地，附近拥有良好水源和可供垦的土地，便于驻军及其家眷开垦种植。因此，这些军事聚落在当时已拥有一定的经济职能。

真保镇、昌镇、宣府镇、蓟镇这四个镇的军防系统既有一致之处，关与堡的设置关系又各具特色，也对聚落职能和形态产生影响。

（二）形态特征

以军事功能为核心建立的营城、堡寨，既是指挥作战中枢，又是屯兵囤粮之处，是坚固的战斗堡垒。长城沿线戍边城堡形态特征突出反映其军事防御特点，城墙高筑，防御体系完备，呈现内向型特征。

城池规模与防御等级、驻防将领、城防设施、防卫能力、驻军多寡成正比。等级愈高则城池规模越大，城防设施更完备，防御性能更强，城门楼等建筑规格等级也越高，驻兵也较多。同时，城池规模与形态受山形地貌、河流湖泊等地形因素影响甚大。有时因容量所限，也会在附近另辟蹊径，新建城池，如长峪城。

堡城多为矩形，有些根据地形、河流和防卫的需要，也呈不规则形或一两个边墙呈不规则形，如古北口、沿河城等。堡城周长依军事级别有所不同，参将级城池（路等）通常在3000～4000米，规模相当于内地的县城；守备级城池（卫、所、营城等）周长通常在1000～2000米。守兵级城池（一般堡寨）周长基本上在250～500米之间，是长城沿线数量最多的城堡类型。堡门数量依城池规模大小，开一门、二门、三门或多门不等，主要城门设瓮城，大多数堡寨北侧不设堡门。

堡城能攻能守，能战能居，既有防卫空间，也有生产和生活空间，可同时满足生产、生活、避难、守卫、战斗等诸多要求。其具备完善的生活设施，能储备一定量的生活物资，满足居住的功能要求。地势平坦的堡城，大多采用严整规则的布局方式。道路结构清晰，主次分明。小型堡城，通常由一条主要街道贯穿整个堡寨。大型堡城，多采用"十"字形或"丁"字形主街作为其内部的交往与联系的通道。民居院落采用合院形式，以一进院落为主。

堡城内重视祠庙建设，特别是"关帝庙"等武庙成为聚落不可或缺的建筑组成。庙宇大多建于堡门附近以及主街的尽端等。因卫戍驻防需要，规模等级较大的守备级以上堡城还设有衙署、军械库、校阅场等设施。

二、堡城型村落实例

（一）门头沟区斋堂镇沿河城村

1. 村庄概况

沿河城村位于门头沟斋堂镇，永定河南岸。城池始建于明万历六年（1578年），因位于永定河，故称沿河城。沿河城是京西地区的重要关隘和军事指挥中枢，驻军屯兵重地。位于真保镇与昌镇交接处，隶属真保镇紫荆关路（图4-2-1、图4-2-2）。

2. 发展演变

金时已成村。因为地处几条山沟流水汇入永定河入口处，故称为"三岔（汊）村"。明永乐四年（1406年）朝廷在该村派兵驻屯，设沿河口守御千户所，更名为"沿河口"。明景泰二年（1451年）调配官员，加强防守。明嘉靖二十四年（1545年），建仓储粮。嘉靖三十二年（1553年）建守备公署。明万历六年（1578年）筑城，始称"沿河城"，也称燕河营。清初沿明制仍设守备，清嘉庆朝改设都司。

3. 堡城特点

1）指挥枢纽

军事防务级别较高的重要关隘一般选择在山涧谷地的交通要道，既有利于守卫，也要便于适应较高等级军事职能所需的大范围调度军力。居庸关、黄花镇等地处京西北的交通要道，都发展为重要的路级关城。沿河城地处京西古道若干条支路交汇处，是重要的交通节点。向南，通向斋堂。明万历二十五年（1597年），修建斋堂城，设守备，与沿河城相互呼应，设斋堂仓；东北方

图4-2-1 沿河城区位示意图

图4-2-2 沿河城周围环境鸟瞰图

图4-2-3 沿河城周边防御体系图

向,经向阳口,可至大村;东南方向,过东岭、杨树地,至军响。西北方向,走石羊沟,可至白羊石虎,再向北至横岭(今河北怀来);正西,经沿河口至龙门沟,西至麻黄峪,南达天津关;西南,从经沿河口、刘家峪、东大台、燕家台、双塘涧、天河水,至山南,此为西奚古道。同时,沿河城位于刘家峪沟和永定河交汇处,虽然永定河水流湍急、夏秋季节洪水暴发而不宜通行,但山沟多是季节性河流,河滩较为平坦,且会偶遇干涸,相对来说便于通行,所以在此沟谷相交汇处设置关堡。

沿河城地处真保镇和昌镇交接地带,成为防御体系中的枢纽。真保镇是为加强京师防务而于明嘉靖三十年(1551年)增设的,东与昌镇镇边城相接,以沿河城永定河为界,东岸属昌镇,西岸属真保镇管辖(图4-2-3)。

真保镇下设紫荆关路、倒马关路、龙泉关路、故关四路镇守。龙泉和固关合设一参将,紫荆关、倒马关各一参将,紫荆关增设马水口一参将。沿河城即隶属马水口参将。明嘉靖三十三年时,兵额为1201人,加上募兵,驻军达到2500人。作为真保镇东北部的防御中心,不仅有重兵把守,还设有哨楼、炮台、烽墩、营房、过营岗、望警台等一系列附属设施。

沿河城是明清军事指挥中枢,却允文允武,讲武同时亦颇为重视文教,建有十余座包括魁星阁、文昌庙在内的释、道、儒、俗寺庙,以及店铺林立的商业街。据明天启四年(1624年)所立石碑上的文字记载可知,1623年以前沿河城村即有义学存在。

2)军防格局

门头沟地区由于山势险峻,沟谷又比较窄,不适合大规模行军,只适合小股兵袭扰或出奇兵突袭,因此此段长城并非一线贯穿始终,主要依赖山险,在山口处筑城建敌台,辅以边墙,必要处斩山为城。

沿河口守备公署的防御辖区范围东起沿河城,包括沿河口、石港口、龙门口、洪水峪口,西至东灵山脚下的西小龙门口,共管辖17座关口,长达40公里。敌台分上下两层,高约15米、宽10米以上。底层用石条铺砌,墙身砌砖;上层周围有垛口,上下层之间有梯相通。敌台之间有的虽无城墙连接,但能凭地形居险,彼此呼应,形成一道连续性的防线。每座敌台有50人驻守。敌台按"沿字X号台"编号(图4-2-4)。

图4-2-4 沿河口敌台

4. 空间形态

沿河城村坐落于南面城子陀与北面的永定河之间，依山傍水，整个村落地势较为平坦，南面地势有所升高，山脉与河流为村落提供了天然的屏障。

沿河城城墙呈南高北低的D字形。村落北侧城墙沿永定河布置，东墙、西墙、北墙为直线，南城墙为弧形。东西长约420米，南北长约300米，周长约1182米，占地面积9.97公顷。东西设城门，南北设有券形水门，供排洪用。后因水灾，仅留北侧水门，可容一人通过。北侧城墙设有角台，以及三处马面。城门以花岗岩条石为基座，其上垒以青砖。东门，曰"万安门"，近年重建；西门，曰"永胜门"，保存较好。城墙以条石和鹅卵石砌筑，外包紫红色火成岩。现村落向城堡北侧永定河畔和西侧发展（图4-2-5～图4-2-7）。

沿河城东西门之间为主要街道，曾形成商业街。与之平行的南侧后街为次要街道，还有若干南北走向的巷道与主次干道相连，街巷格局呈鱼骨形排列（图4-2-8、图4-2-9）。

沿河城庙宇众多，还建有衙署、都察院、校场等管理设施。城墙上建有马王庙、真武庙、火神庙。东门内有圣人庙、小校场、三官庙、城隍庙、上衙门。西门内有瑞云寺（老君堂）、大戏台、五道庙。西门外为下衙门、关帝庙、龙王庙、牛王庙、黑龙庙、黄龙庙、大校场、演武厅、柏山寺、娘娘庙等。但今大多已改为他用或已损毁，保存较为完整的是瑞云寺戏台。

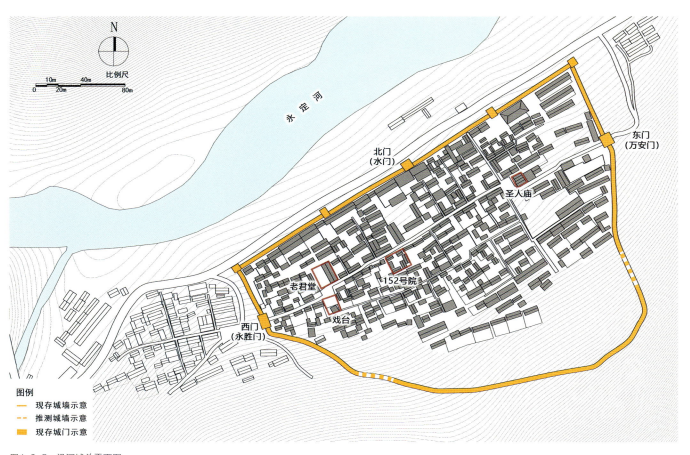

图4-2-5　沿河城总平面图

图4-2-6 沿河城村鸟瞰

(a) 西门　　　　　　　　　　　(b) 水门　　　　　　　　　　　(c) 马面

图4-2-7　沿河城城墙

图4-2-8　沿河城街道结构示意图

图4-2-9 沿河城街道景观　　　　　　（a）前街　　　　　　　　　　　　　　　　（b）巷道

戏台位于西门向东约百米处，瑞云寺（老君堂）对面。始建于清代，近年修缮。戏台坐南朝北，面阔三间，进深两间，包括台面和后台两部分，为悬山卷棚顶（图4-2-10）。

传统民居以三合院和四合院为主，大多为一进院或两进院。主街沿街原为高台阶的店铺门面，现已失去原有功能。村内保存较好的传统民居为152号、145号、142号院等。152号院原为上衙门，后为财主重建，俗称"花大门"。门楼精美，有墙腿石、抱鼓石、砖雕、木雕、彩绘等（图4-2-11）。

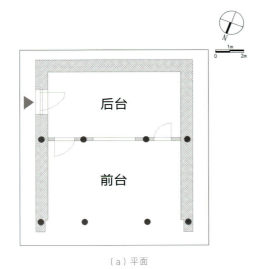

（a）平面　　　　　　　　　　　　　　　　　　　　　　（b）外观

图4-2-10 沿河城戏台

（a）152号院院门　　（b）152号院砖雕　　（c）民居

图4-2-11　沿河城村落景观

（二）昌平区流村镇长峪城村

1. 村庄概况

长峪城村位于昌平区流村镇西北部深山区，西邻门头沟区和河北省怀来县，北临延庆，地处两地四县的交界处。分为旧城（北城）和新城（南城）两部分。长峪城村处于明代居庸关防区中的居庸关沟西南侧，原属蓟镇，后隶属昌镇横岭路（图4-2-12）。

2. 发展演变

长峪城，在史料文献中也出现过上常峪、常峪城等名称，有些是建城之前的关口地名。

明正德十五年（1520年），始建旧城。明正德十六年（1521年）建成，设守御千户所，但设立时间很短暂，遂改设把总，明嘉靖四十五年（1566年）改设提调。明万历元年（1573年），建新城，称长峪新城，位于旧城之南。明万历和天启年间，旧城损毁不断，期间历经多次修整。明末崇祯年间，军防级别有所上升，设守备。清代，军事防御功能弱化，演变为村落，并陆续向城堡外扩张，形成南大园、东窑等片区

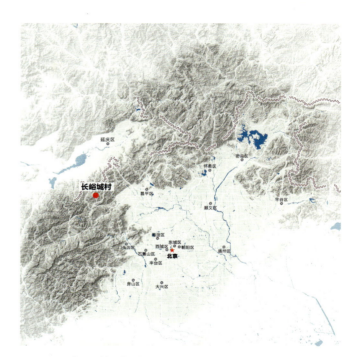

图4-2-12　长峪城村区位示意图

（图4-2-13）。

抗日战争时期，长峪城村是1937年南口战役的重要节点。现村北立有抗日英雄纪念碑。

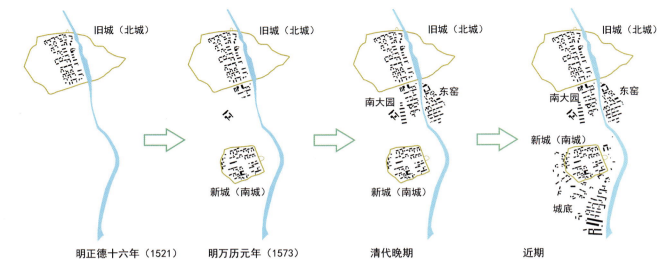

图4-2-13 长峪城村演变示意图

3. 堡城特点

1）防御体系

太行山北段的西山和燕山山脉西段的军都山在关沟形成两山脉夹峙的整体态势（图4-2-14）。

明代以居庸关关沟为轴心，向东西两侧分布了多处军事设施，形成了京西北军事防御体系。由东北至西南方向分别布置永宁城、黄花城、岔道城、八达岭城、上关城、居庸关城、南口城、白羊城、长峪城、横岭城（今河北怀来）、镇边城（今河北怀来）、沿河城共12城，其中大部分位于居庸关防区（图4-1-15）。

明景泰元年（1450年），白羊口重新修筑城堡，并设置守御千户所，但因白羊口设守的位置靠内，外口空

图4-2-14 京西北地势及关沟形势示意图

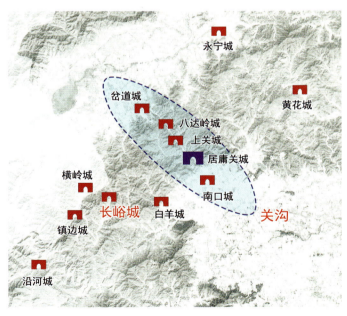

图4-2-15 京西北军事防御体系

旷无守，外敌屡次侵犯，防御缺口凸显。成化、弘治年间在横岭口中间筑城堡，增设横岭城、镇边城防御千户所。明正德八年（1513年）填修南城，南北两城并称横岭城，形成白羊城守内，横岭城扼外的格局。明正德初年，横岭一带屡次失事。明正德十四年（1519年），决定在灰岭口和上常峪添设城堡，控制险要关口，随后在横岭东25里处筑长峪城，南去20里筑镇边城，辅助扼外的横岭城拦截敌寇。至明正德十六年（1521年），形成白羊城在内、横岭城扼外、长峪城和镇边城分守两侧的拱卫之势，"横岭路四城"成为京西防御体系中关沟以西的重要军事防卫之地。横岭路四城皆有长城相连，东段过黄楼洼长城，进入居庸关（昌镇）段，西段过大营盘（宣府镇）段，与河北、山西段的长城相连。

关沟以西区域，山多沟深。长峪城东北至居庸关50公里，地处西山黄崖尖东麓的沟谷中，背靠与昌平第一高峰高楼岭相连的青灰岭（图4-2-16）。两侧的山被称为东山和西山，也被俗称为龙山和凤山。沟谷南北贯穿整个长峪城村域，是老峪沟的支流之一，后汇入湫河，最终汇入永定河。由此，形成"两山夹一城"的关口态势。

2）军防格局

长峪城的军防级别多有变动，但是一直不高。横岭四城中，除长峪城只在明崇祯年间短暂提升至守备级别外，白羊城、横岭城和镇边城都曾提升到守备或参将级别，尤其是在嘉靖年间。明嘉靖四年（1525年），恢复白羊城守备。明嘉靖二十六年（1549年），横岭城改把总为守备。明嘉靖三十二年（1553年）增设横岭路参将驻镇边城，明嘉靖四十五年（1566年），分守参将转驻横岭城，横岭守备驻镇边城，后镇边路参将又复移驻镇边城，横岭城为守备。皆因镇边城及横岭城"坦途相通，万一有警，策应亦速"[1]，因此都曾作为参将驻

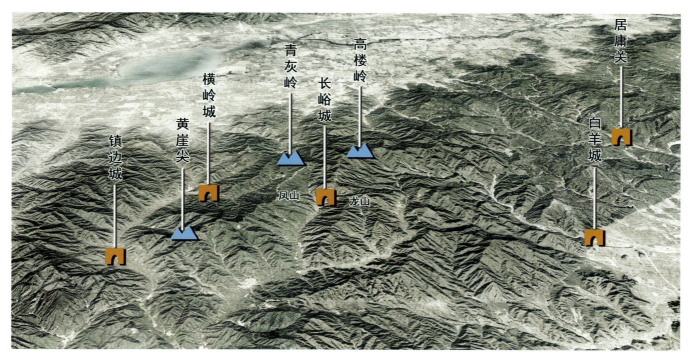

图4-2-16 长峪城周边环境示意图

---

[1]（明）王世翘. 西关志·居庸关（卷六）[M]. 北京：北京古籍出版社，1990：183.

地。而长峪城地处深山，沟壑纵横，陡峻的自然地形使此地防守较为容易，但也阻绝了与其他城堡的军事应援关系。较高等级的军事职能要求在更大范围内调度军力，因此长峪城的驻官等级一直相对保守。

新旧城堡互为倚仗。明正德年间所建旧城的主要功能为军事防御。而明万历年间所建新城的主要功能为屯兵，以作扩容，规模较小。因为经过明嘉靖时期和隆庆时期的大规模修建，长城防御作用得到加强，因此长城内侧的堡城所担负的阻敌作用削弱很多，新城不再采用两山夹一冲的形式扼控山口，而是依山而建，坐拥一侧。

长峪城军防部署。《四镇三关志》记载，长峪城下，隘口7个，边城15里，附墙台1座，空心敌台23座。长峪城驻军445人，设有官厩、社学、仓场、草场、校场等，今多已不存。东山和西山仍然存有敌台遗迹，东山敌台保存较为完好。

3）节事文化

长峪城村社戏和传统灯会等民俗活动流传至今。

长峪城社戏已有400多年的历史。戏曲形式属于"梆子"腔的类型，唱腔既有山西梆子的高亢激昂，又有河北梆子的曲味，曲调独特，自成一体，也被称为"老戏"。长峪城戏班是昌平区保留至今唯一的传统社戏戏班。除了农历正月里演出，农历二月二、六月六、九月九，都是社戏开场的日子。

长峪城传统灯会为"九曲黄河灯"，又称"九曲黄河阵"，是一种古老的流行于北方黄河流域的民俗文化活动，因灯阵曲折如黄河流向而得名。北京地区的昌平及延庆山区等地有流传。在农历正月十五前后举办，会期多则五天，少则三天。村旁山坡上扎成近千平方米的灯场，由364根灯杆组成迷宫灯阵，挂象征一年365天的365盏灯笼，彩旗环绕。通过转灯阵，祈祷来年风调雨顺，平安幸福。

农历正月十五前后，白天唱戏，晚上转九曲。方圆几十里的邻村老乡赴会观赏，成为昌平、门头沟、河北怀来三区交界处的重要活动。

4. 空间形态

长峪城村坐落在南北一线的山谷中部，受到山水地形等条件的制约，村落沿南北流向的河流线性展开，呈南北狭长状。从南向北由北放宽，再从宽收窄，如同船形嵌入山脉之中，与周围山体自然融合，交错有序（图4-2-17、图4-2-18）。

图4-2-17 长峪城村总平面图

图4-2-18　长峪城村鸟瞰图

长峪城城堡分为旧城（北城）和新城（南城）两部分（图4-2-19）。旧城建于山沟的沟口，整座城横跨东西两山，将山口封堵，卡守两山之冲。此山沟名长峪沟，沟口下宽122米，中间有季节河道穿过。长峪城采取连接两山，在两山最高点设置控制点，以这两点向下分叉在沟内与南北城门对接，并与高处的敌台相连，围合形成城堡。城池呈不规则的元宝形，周长约1100米，占地约5.6公顷。城墙高5～6米，下部厚约5～6米，上部厚约4～5米，墙体顶部有垛墙。城池随山就势，南北城墙各有一个城门。城北部东侧还有一段南北向的内城墙，将东山脚下的季节河道分离形成水道，在城门建有水门，用以疏通山水通过。北城门为北向，门外筑有瓮城，瓮城内有一座规模很小的祯王庙。坐北朝南，面阔一间。城门为单孔，地面道路用山石铺砌。北门向南约50米处有一关帝庙，坐北朝南，面阔三间（图4-2-20）。

新城位于旧城以南，与旧城相距约238米。坐落于西山山坡上，居高临下，平面近似方形，长约136米，宽约120～126米，面积约1.6公顷。城墙高3米左右，为山石垒砌。城内地势因依山而建，东低西高。新城仅设一东门，亦为单孔圈门，建有瓮城，南向有门。瓮城构筑在台地之上，出瓮城门即是一个坡道下行。西北高坡上建有一菩萨庙，坐南朝北，面阔三间（图4-2-21）。

新旧两城之间建有永兴寺，以及后期逐渐形成的南大园、东窑等村庄居住组团。新旧两城中的街巷格局有所不同。旧城中，南北城门间形成南北向主街，关帝庙处略有转折，全长约240米，两侧街巷以主街为骨架展开，形成鱼骨状街巷格局。新城中，正对东门有一东西向主街，长约50米，因西侧地势高启，并未贯穿整个新城，其余街巷也因地势高差而灵活布置。主街宽度均约8米。黄长路是村庄主要过境交通道路，南北贯穿村域，新、旧城主街以及其他居住组团街巷均与黄长路相连。街道两侧的民居多为一进式院落（图4-2-22、图4-2-23）。

永兴寺，原称"娘娘庙"，俗称"大庙"，始建于明代。寺庙位于新城与旧城之间的村庄西部高地，是村内最大的一座寺院，也是邻近地区规模最大且建制最全的一座寺庙。永兴寺坐西北朝东南，居高临下，前后两进院落，中轴对称，布局规整。过山门为第一进院落，前殿面阔三间，供奉十八罗汉；东西配殿各二间。东西侧建有钟鼓楼两楼，面阔进深一间，钟楼内悬挂铁钟一口。从前殿两侧便门进入第二进院落，东西配殿各三间，西配殿为戏楼，长峪城社戏即在此表演。正房为后殿娘娘庙，面阔三间，两侧各有耳房两间。山门前西侧有古榆树一株，树径可二人合围，枝干粗硕，树冠浓密（图4-2-24）。

（三）延庆区八达岭镇岔道村

1. 村庄概况

岔道村位于延庆区八达岭镇东部，延庆盆地西南缘，为京北军事要冲和交通要塞，是居庸关关沟的重要关隘。虽处居庸关防区，但隶属宣府镇南山路（图4-2-25、图4-2-26）。

2. 发展演变

岔道，因地处八达岭向北和向西的岔口而得名，旧称三岔口、永安甸、永安镇。元代时，岔道城是从大都到上都的必经之路，在此设驿站。明永乐二十一年（1423年），改称"岔道"。明弘治十八年（1505年），居民自筑土墙。明嘉靖三十年（1551年）开始筑城，黄土夯筑，设守备、把总各一员驻防。明隆庆五年（1571年），包砖加固，工程持续到明万历三年（1575年）完成。明万历六年（1578年）岔道城由属宣府东路改属南山路。

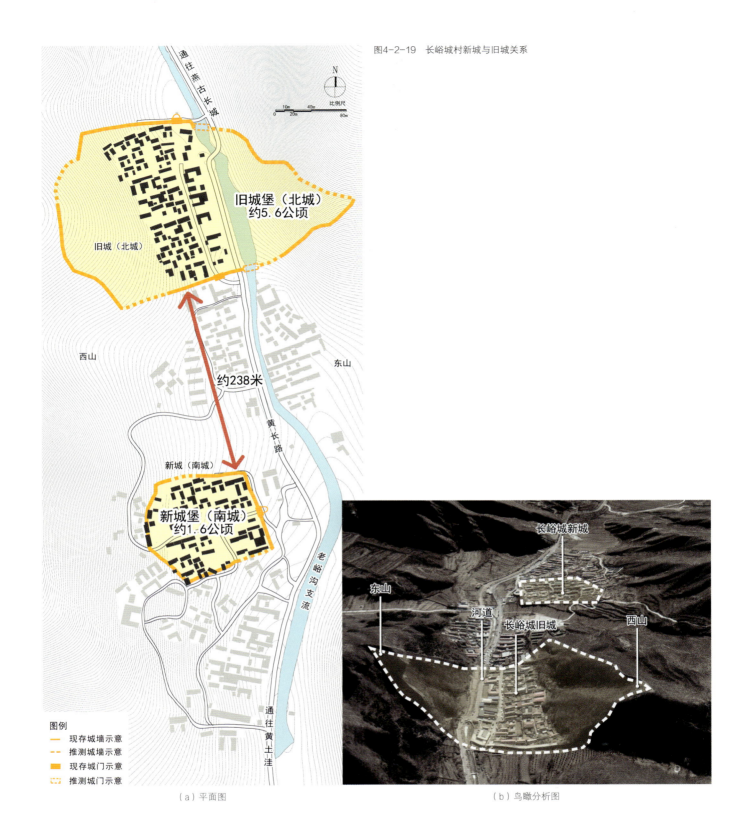

(a) 平面图　　　　　　　　　　　　　　　　　　　　(b) 鸟瞰分析图

图4-2-19　长峪城村新城与旧城关系

(a) 鸟瞰图

(b) 复原示意图

(c) 北门

图4-2-20 长峪城旧城

（a）鸟瞰图

（b）复原示意图

（c）东门瓮城

图4-2-21 长峪城新城

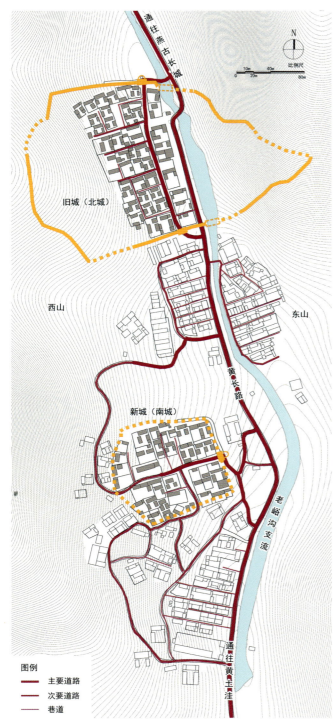

图4-2-22 长峪城村街巷格局示意图

清以后不再设防，逐渐演变成村落，分别向东西两侧发展出东关和西关两部分居住组团。

3. 堡城特点

1）防御体系

岔道城地处蓟镇（后改为昌镇）和宣府镇的交界处。扼关沟之北口，北与通往四海冶的外长城相连。宣府镇东路所辖地域相当于今延庆、怀来二县。明宣德年间，明王朝先后弃兴和（今张北）、开平（正蓝旗），防线后撤300余里，使宣府镇成为直接护卫皇陵、京师的要冲。

南山内拱京陵，为藩篱重地，原系宣府镇东路参将守护。明嘉靖二十九年（1550年）蒙古鞑靼兵自潮河川进入，明军溃败于镇边城，遂加强本处防务。明嘉靖三十五年（1556年）议修连墩，抽怀来、永宁、蔚州、延庆的预备役余丁守戍。明嘉靖四十五年（1566年）设协同参将驻柳沟城，遂独立成为一路，以加强守卫皇陵。南山路辖区窄小，且在山区，防区东起火焰山，西抵合河口，在岔道城设守备1员，在柳沟城和榆林堡设操守2员。

岔道城位于关沟最前线，是居庸关沟第一道防线，为居庸关的门户，战略位置重要。东南距八达岭约1.5公里，至居庸关约15公里，与居庸关唇亡齿寒。岔道城外临外边墙，四十里关沟共筑有五道边墙，加上八达岭、上关城、居庸关城、南口城四座关城，形成沿关沟一线由北向南纵深布置的5道防线，层层设防、分道把守，共同护卫京师西北及陵区的安全（图4-2-27）。

2）军防格局

明代岔道设守备1员，把总1员，驻军339人。清代仍然在岔道设守备、把总等官职，驻军增加到788名。管辖的范围从怀来县的羊儿岭村一直到延庆的帮水峪一带。由于八达岭地形狭小，当时守备指挥衙门、粮草武器仓库等均设在岔道城内。

(a)主街

(b)院落组团

图4-2-23 长峪城村村落景观

(c)街巷与民居

(d)民居院落

(e)菩萨庙

(f)祯王庙

图4-2-23 长峪城村村落景观(续)

(a)平面图

(b)鸟瞰图

图4-2-24 长峪城村永兴寺

（c）外观　　　　　　　　　　　　　　　　　　　　　（d）戏台

图4-2-24　长峪城村永兴寺（续）

图4-2-25　岔道村区位示意图

图4-2-26 岔道村鸟瞰图

城堡的西北方向为长城土边墙，东北两侧山顶各筑一座堡垒，周围山峰筑有望敌情的多座烽火台，与城堡共同构成防御体系（图4-2-28）。

3）交通要道

岔道城自古就是交通要塞，《读史方舆纪要·延庆州》记载岔道口："自八达岭而北，地稍平，五里至岔道，有二路：一至怀来卫，历榆林、土木、鸡鸣三驿至宣府为西路。一至延庆州、永宁卫、四海冶为北路。"即往西通至榆林、怀来、宣化，往北通至延庆、永宁、四海。这样，岔道城的设置，不仅增强关沟的防御能力，同时也成为居庸关内外交通要冲上的一个重要驿站。

岔道城内长期居民逾千户、商贩云集、街市繁华，是塞上和关内货物的集散地，对促进京师与西北的经济、文化交流与发展，起到积极作用。

此外，岔道城还是天子巡边途径之地，明清两代就有永乐、宣德、康熙、光绪、慈禧太后等在岔道城驻跸。岔道城四周山峦迭起，绿意葱茏，每值秋令，

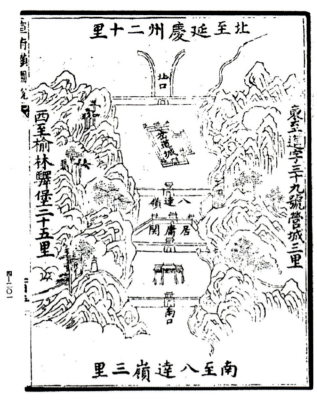

图4-2-27 《宣大山西三镇图说》中的岔道城与关沟关系图

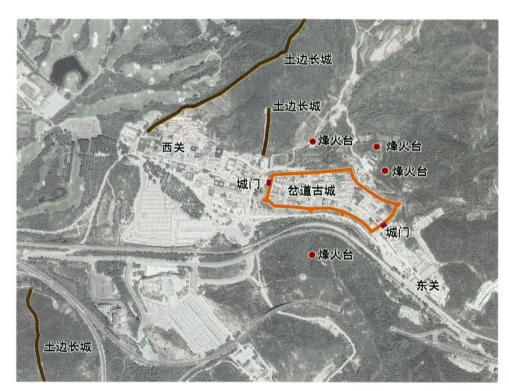

图4-2-28 岔道城烽火台示意图

满山红叶斑斓，此景称"岔道秋风"，为明代妫川八景之一。

4. 空间形态

目前岔道城村分为东关、岔道古城和西关三部分。岔道古城即原岔道城所在。古城选址于两山坡峡之间，依山势而建，南侧临河。堡寨呈不规则船形，沿沟谷东西延伸，中间略鼓，东西两端均向内收缩。北部城墙建在半山之上，南部建于山脚之下。城堡周长约1370米，占地面积约8.3公顷。东西长约450米、南北宽约185米，高约8.5米、厚约6米，由石条城砖、石灰、泥土筑成。其四角现保留有城台，南墙中还有两处马面。城上设有马道，外侧宇墙设垛口、瞭望孔、射口。古城辟有东、西、南三门。东城门匾额上刻有"岔东雄关"，西城门匾额上刻有"岔西雄关"。东门外有护城河，跨沟两孔石平桥。今西门尚存，东门在原有基础上复建（图4-2-29、图4-2-30）。

东西两城门之间为主街，构成了岔道古城"一"字形的道路和空间格局。主街宽阔，建筑沿主要街道两侧依次排布，多为合院布局。

岔道城中主街两侧设有商铺、旅馆等，建有城隍庙、关帝庙、清真寺、三官庙等寺庙，守备衙门、公馆、戏楼等，西门外有练兵校场，还有粮秣、武器弹药仓库等。今已不存，多为复建，现存有一眼古井及三株古槐（图4-2-31）。

城隍庙位于岔道古城西门约20米处。坐北朝南，有正殿和山门，正殿面阔三间，山门面阔三间，石圈门。关帝庙位于城隍庙东侧，与城隍庙共用山门。两院落有门相通（图4-2-32）。

图4-2-29 岔道城总平面图

（a）西门

（b）东门

（c）护城河和城墙

（d）城墙顶部

图4-2-30　岔道城城墙

（a）主街

（b）主街鸟瞰

图4-2-31　岔道城村落景观

（c）街道和院落

（d）民居

（e）清真寺

图4-2-31 岔道城村落景观（续）

(a)城隍庙山门

(b)鸟瞰图

图4-2-32 岔道城城隍庙和关帝庙

（四）延庆区康庄镇榆林堡村

1. 村庄概况

榆林堡村位于延庆区西南康庄镇，地处平原地带，是古代进京的西大门。它与土木堡（今河北怀来）和鸡鸣驿（今河北怀来）组成京北三大驿堡。原隶宣府隆庆卫，后改隶宣府镇南山路（图4-2-33、图4-2-34）。

2. 发展演变

榆林堡，亦称榆林屯、榆林驿、榆林屯堡。其名起于西汉，据传因当地一片榆树林而得，兴盛于元、明、清三代。元至明间有过几次位置变动，明景泰时确定今址。

元中统三年（1262年），设榆林驿，是大都至上都十二站中的重要驿站，元朝皇帝往返大都和上都车驾扈从的必

图4-2-33 榆林堡村区位示意图

图4-2-34 榆林堡鸟瞰图

经之地。榆林驿址在今址西边的西旧榆林（今河北省怀来县西榆林村）。元末战乱荒废，明洪武年间（1368~1398年）改置东旧榆林（今河北省怀来县东榆林村）。

明正统十四年（1449年）土木之变，包括榆林堡在内的居庸关至大同、宣府二镇的驿站遭到破坏。同年，榆林堡另择新址重建，即今址（旧时属于怀来县），明景泰五年（1454年）建成。明正德十三年（1518年）扩建南城，并于城门嵌"新榆林堡"石匾。明隆庆三年（1569年）扩建北城并包砖加固，榆林堡格局大致确定。明万历四十五年（1617年）重修。

清代定都北京后，基本上沿袭了明代的驿站制度。榆林驿属宣化府怀来县管辖。清代康熙、乾隆年间，增设榆林驿军站。

自大清邮政正式开办后，驿站日益衰落。1913年，北洋政府宣布裁撤全部驿站，"裁驿置邮"，榆林驿的历史遂告结束。

3. 堡城特点

1）交通要道

榆林堡历来是京北交通线上的重要节点之一。早在春秋战国时期，由蓟城（今北京）经关沟居庸关、八达岭、榆林堡通往沮阳（今河北省怀来县大古城，当时为上谷郡治所）。这条要道上车马不断，到秦汉两朝，此路不断拓修，延伸至内蒙古的这条蓟城西北的干线成了帝王巡边和长城内外经济交流及民族来往的通道。

榆林堡位于居庸关北60里，西到怀来驿25里、土木驿55里，东到岔道城25里，北到延庆州30里。其坐落于岔道、怀来间，联系延庆、永宁之境，南通昌镇白羊口堡，居交通要道（图4-2-35）。榆林堡因此成为京北交通线上的重要驿站之一，不仅承担递送公文、军事情报功能，还因其所具备的交通集散特点，成为明清边塞的商品交易城镇。清康熙四十二年（1703年），榆林驿每月一、三、五、七、九日在人和街开设永兴集，形成固定集市。每逢集日商客云集，工、农、副、渔各类商品样样俱全，人山人海热闹非凡，成为周边的区域中心。

此地靠近康西草原，风光充满浓厚的边塞特色，夕阳余晖下的榆林古堡益显苍茫，此景称"榆林夕照"，为明代妫川八景之一。

2）驿传体系

九边重镇的驿路多沿袭原有通衢大道。驿站作为交通要道上的重要枢纽，多选址于交通便利之处，一些重要关隘也多设置驿站，同时还需考虑屯田牧马的地理条件和服务范围。驿路主干上各驿相距约为五十里。主干的节点处还有分支，联系宣府镇内的各个主要卫所军堡。驿站包含驿和站，还设有递运站、急递铺、小马

图4-2-35 《宣大山西三镇图说》中的榆林堡地理位置示意图

站、暖铺等作为补充。驿站亦有接待职责。京师有会同馆，部分驿站有公馆，可以为过往使客提供迎送和接待服务（图4-2-36）。

驿传设置多与卫所同城，由卫所管理，或由卫所派出，独立设堡。驿传除递送使客，飞报军情，转运军需外，还承担如屯田、养马、驻守、巡逻等职能。

明代宣府镇初设五路防守，后分八路防守。榆林驿原属东路，后改隶南山路，驻操守一员，额兵74人，马17匹。清康熙三十二年（1693年）设榆林驿驿丞管理。清光绪八年（1882年），榆林驿仍有额马90匹，马夫、杠轿夫等97名。

4. 空间形态

榆林堡城呈"凸"字形。分为北城和南城两部分。北城略呈方形，周长约974米，占地约6公顷。南城为长方形，东西长约423米，南北宽约245米，周长约1336米，占地约10公顷。南北城全周长约2064米，南、北城共占地约16公顷。城墙高约10米。

北为砖城，南为土城。北城设东、南二门，南门名曰"镇安门"。城墙有马面。城内有衙署、驿馆和马场等。南城设东、西二门。城内有会馆、店铺和民居。古驿道穿过南城，城内东西大街称"人和街"。原有的六座城楼早被拆除，今南北二城的"凸"字形轮廓依稀可辨，城墙共残存约200米（图4-2-37、图4-2-38）。

南城东西两门之间形成主要街道——人和街，与次要道路形成"七"字形结构。北城以正对东门的街道为主街，正对南门的街道略有转折后贯穿南城。还有若干条次干道与主干道相连。街巷宽度从五六米至十几米不等。人和街两侧旅店、商铺林立，热闹繁华，清初逐渐形成了固定集市（图4-2-39）。

榆林堡内还建有若干寺庙，如城隍庙、马神庙、藏经庙、龙王庙、文昌阁和武昌阁等大小庙宇十余座。今除城隍庙外，其余旧址皆不可考。另外，南城内还有刘家公馆，为慈禧和光绪避难西行时停留过的宅院（图4-2-40）。

城隍庙位于北城西部，坐北朝南，一进院落。现正殿、东西配殿、钟楼、倒座保存完好。倒座三间，南北开门过厅，正殿三间，东西厢房两间，单坡顶。单坡顶在山西传统民居中较为常见，在北京地区比较罕见。厢房南侧有东西偏殿廊庑，五开间，单坡顶。廊庑南侧有钟楼鼓楼对称而立，两层高，歇山顶（图4-2-41）。

（五）密云区古北口镇古北口村

1. 村落概况

古北口村位于密云区东北部古北口镇，北邻河北省承德市，是著名的军事关隘和交通要塞，素有"京师锁钥"之称，历来为兵家必争之地，与张家口、喜峰口并称为"长城三口"，位居密云石匣城、密云城、古北口三镇城之首。关城始建于明洪武十一年（1378年），隶属蓟镇西协古北口路，今为镇政府所在地（图4-2-42、图4-2-43）。

图4-2-36 明代宣镇北部驿路分布示意图（来源：改绘自《明长城宣府镇军事聚落体系研究》）

图例
— 现存城墙示意
-- 推测城墙示意
⌐⌐ 推测城门示意

图4-2-37 榆林堡村总平面图

(a) 鸟瞰

(b) 外侧

图4-2-38 榆林堡城墙

图4-2-39　榆林堡村街巷结构图

(a) 街道　　　　　　　　　　　(b) 民居-1　　　　　　　　　　　(c) 民居-2

图4-2-40　榆林堡村村落景观

(a) 平面图

(b) 鸟瞰

(c) 大门

(d) 内院

图4-2-41 榆林堡城隍庙

图4-2-42 古北口村区位示意图

168

2. 发展演变

燕及秦汉都曾在大约距今古北口以北数百里之处筑长城。西汉元朔二年（公元前127年），在古北口以西建㟏奚城（今古北口镇河西村）。北齐天保六年（公元555年），筑长城以防御突厥、奚和契丹族，经过古北口，此地始有长城。北齐长城后被隋唐修缮利用。唐代，在此设守捉^①，屯兵驻守，古北口因地处唐幽州（今北京）之北而得名"北口"。幽州长城之外为奚族聚居区，所以古北口又称"奚关"。五代时，因地处卧虎山麓，又称"虎北口"。后依"虎"字谐音，改称"古北口"。

辽代，设驿站，始建杨令公祠。金代、元代，均在此设关防和驿站。

明洪武元年（1368年），整修古北口关隘。明洪武十一年（1378年），筑城。明永乐初年设守备。明嘉靖二十九年（1550年）俺答进犯京师时，出入皆从古北口。明嘉靖三十年（1551年）增设参将。

清代，仍在古北口有驻军。古北口成为北京通往承德和木兰围场的必经之路，形成御道。清康熙十九年至二十一年（1680~1682年）修建万寿行宫。清康熙三十二年（1693年），在潮河西修建柳林营（今古北口河西村），驻总兵、都司。清雍正元年（1723年），裁总兵，置直隶提督。

民国初期，古北口与密云、石匣并称为北平地区密、石、古三重镇。民国12年至民国13年（1923~1924年），原清御道被改建为简易的现代汽车公路。日本侵略者占领时期，铺设承古（承德至古北口）、通古铁路（通县至古北口）。古北口在抗日战争和解放战争中成为敌我双方争夺的战略要地，发生了1933年古北口长城抗战和1946年古北口保卫战，建有古北口战役阵亡将士墓、古北口保卫战纪念碑和阵亡烈士墓。

潮河北来，山谷洞开，冲积而形成的河谷平地为居民提供了居住、耕作的土地。但也因其潮河众山相夹，河床低、河道窄，遇到暴雨即成灾害，历史上古北口多次发生水灾。清乾隆三十五年（1770年）、清光绪十六年（1890年）和1976年均发生过特大山洪，受灾严重，民房村舍俱毁，城池设施和诸多官署建筑尽数被毁。

古北口村，因位于潮河以东，也称河东村，潮河以西为河西村（图4-2-44）。

3. 堡城特点

1）防御体系

古北口地处燕山山脉层峦叠嶂之中，东依蟠龙山，西倚卧虎山，两山对峙，潮河之水穿境而过，沿山谷奔腾南流，两岸悬崖峭壁，地势险要，使其自古便成为战略要冲，历代兵家必争之地。

明初时修建古北口段长城，设古北口关，与居庸关东西对峙，成为长城防线上一处关键的隘口。古北口属蓟镇古北路。古北路东与曹家路衔接，西与石塘路衔接。与墙子路一起，四路皆归蓟镇西路协守。古北路下辖有一系列关口和营堡。关堡共有17处，营城堡5处。《四镇三关志》记载"（古北路）东自灵家安寨，西抵蚕房谷寨，延袤九十五里，南至密云县。潮河川属下各隘口一百里，古北口属下各隘口一百里。北即口外（参见图3-4-16）。"

古北口段长城东有司马台、龙峪口，西有古北口、蟠（盘）龙山。其既与东西两侧长城相呼应，又由关口、镇城、上营城形成自身的防御格局，共同构成进能攻，退能守的防御体系。

---

① 守捉，唐制，是唐朝在边地的驻军机构，其主要分布在陇右道与西域，大致于今天甘肃、内蒙古阿拉善右旗及新疆。唐代边兵守戍者，大者称军，小者称守捉、城、镇，各机构皆有使。

图4-2-43 古北口村鸟瞰图

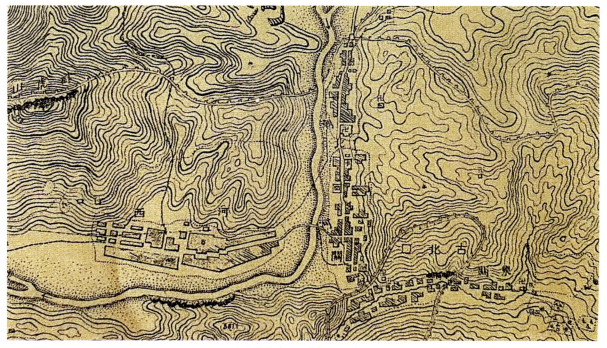

(a) 民国6年军用北京地图局部

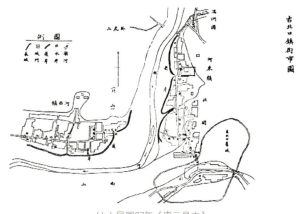

(b) 民国27年《密云县志》

图4-2-44 古北口镇河东村、河西村关系图

设有正关——铁门关，建有三角形瓮城，开两门，周长约238.2米，也称铁门关瓮城。正关之西潮河上设有水门关，潮河河水从其下的3道水门通过。水门以西悬崖壁立，悬崖脚下有一条紧密相连的敌楼，人称姊妹楼，长城自姊妹楼盘旋直上。正关南5里有古北口营城，即古北口镇城（今俗称关城），明洪武十一年（1378年）建，设守御千户所，明洪武三十年（1397年）升为密云后卫，下辖左、右、中、前、后5个千户所。司、镇抚司、左右中前后所、武学，以及古北口仓都在古北口镇城。明嘉靖三十年（1551年）增设参将，亦驻此城，领重兵驻守（图4-2-45）。

古北口正关南于洪武年间（1368~1398年）建有上营城堡，驻兵守卫关口，指挥官为提调。古北口西南潮河川口还设有潮河关，筑有营堡，亦设提调。古北口

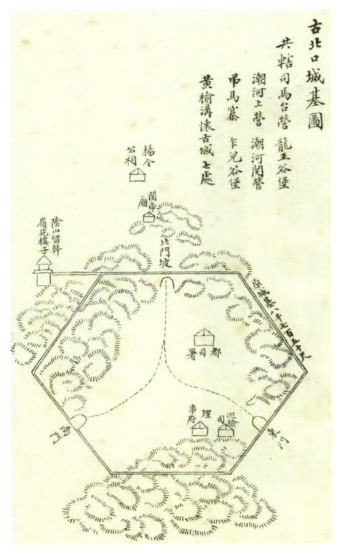

图4-2-45　民国3年（1914年）《密云县志》中的古北路城基图

关外潮河东西两岸还筑有两道"龙须"状夹墙，墙上各造3座敌楼，其外还有独立的烽燧，形成古北口关和潮河口外的一道钳形防线。古北口正是由这重重防线、道道关口共同构成了一个坚固的防御体系，易守难攻（图4-2-46、图4-2-47）。

2）交通要道

（1）驿站

古北口是南北文化交流的天然通道。作为北京的东北门户，古北口驿建立较早，辽金元时期即为北方民族南下中原的前哨与南北交往的驿站。辽代，自1004年宋辽订立"澶渊之盟"停战和好以后，双方经常互派使节。辽在其南京、中京（今内蒙古宁城县）和上京（今内蒙古巴林左旗）之间设有驿道，古北口驿路成为宋使由辽南京北上中京、上京最常走的路，古北口关外设有驿站。金沿用辽代驿路，在古北口设有驿站。

元代，古北口路是元大都和上都之间往来道路之一。元中统三年（1262年）立古北口驿。明洪武二十七年（1394年），置古北口驿，设有驿丞衙署。清康熙二十九年（1690年）裁废，清康熙三十二年（1693年）复置，设驿站同知公署，马70匹，马夫45人。后设驿传道，驿传道署在镇城以北的上营城堡南门外，占地约10亩。驿传道署设有大堂（即问事堂）及东西侧科房共十间，后院六间为内宅，东院有马号十间，院内设有马王庙。

（2）御道和行宫

清代，古北口成为北京至承德的重要交通要道。清朝的对蒙政策是笼络蒙古王公首领，加以武威震慑，使之臣服。康熙、乾隆、嘉庆几代皇帝常于夏秋之季率领数以万计的人马兵丁到木兰围场行围打猎，会晤蒙古各部首领。木兰秋狝活动前后持续达140年。清帝多是自京师经密云、罗家桥、石匣城、遥亭、南天门，出古北口，北赴木兰围场。御道沿途兴建有多处行宫，其中清康熙四十二年（1703年）开始修建的避暑山庄是规模最大的一处。古北口成为皇帝北巡塞外去木兰围场和承德避暑山庄的必经之地。清康熙十九年至二十一年（1680~1682年）在河西村建有万寿行宫。清康熙四十三年（1704年），在古北口西南建有南天门御书房行宫，1933年毁于日军炮火。御道穿古北口关城而过，经上营城西，出古北口关，御道沿路分布着戏楼、药王庙、杨令公祠、三眼井、古石桥等一系列古迹古物。

（3）商业贸易

由于地处交通要道，古北口成为沟通关内关外、南

图4-2-46 古北口长城分布示意图（来源：改绘自《北京历史地图集·人文社会卷》）

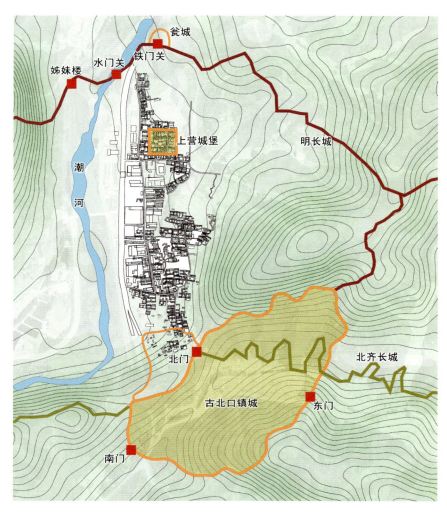

图4-2-47 古北口关与营城关系图（来源：改绘自古北口镇保护规划）

北文化与贸易的枢纽、南北物资的集散中心。清朝以后，古北口的军事职能降低，转而成为区域中心和商业集镇。南方的丝绸、布匹、茶叶、瓷器等运到这里销售，北方的牲畜、皮毛等畜产品、药材等也在此集散。古北口北关外潮河冲积出的宽敞的河滩上，边关南北的商人在此交易，久而久之，沿路建造商铺、房舍，逐渐形成古北口最早的商业街。至今仍然延续着商业集市。随着人口的增多，村镇沿大路向北和向东缓坡不断发展。

因清代驻军多为满蒙兵丁，且商业贸易交流广泛，古北口村成为一个多民族聚集的地方，除汉族外还居住着满、蒙、回等少数民族。河西村更是有135个姓氏，并建有清真寺。

4. 空间形态

古北口村北部为上营城堡，村南部为镇城南部。镇城因水灾冲毁，民居大多外迁。居住区在东门外和北门外。北门外地势较为开阔平坦，逐渐形成商业集镇。以城墙北口为界，分为北村和南村两部分，南村也称东关村。

北村由一条南北向主街为主要骨架，串联多条自由生长的东西向街道，形成鱼骨式街巷格局。道路宽窄不一，其中商业街部分街道宽阔。整体空间格局随地势布局，较为松散自由，形成多个组团。镇城北部庙宇分布众多，包括药王庙建筑群（包括药王殿、关帝殿、龙王殿、戏楼等），还有杨令公祠、财神庙等。中部有古石桥、三眼井等古迹。民居为合院式住宅，代表性的有白家大院、道口大院，以及河西村的段家大院等（图4-2-48~图4-2-50）。

南村位于原古北口镇城内，村内主街沿古河道东西向布置，西端为古御道入口，建有二郎庙。今南村大多数民宅均已改造成民宿。

图4-2-48 古北口村总平面图

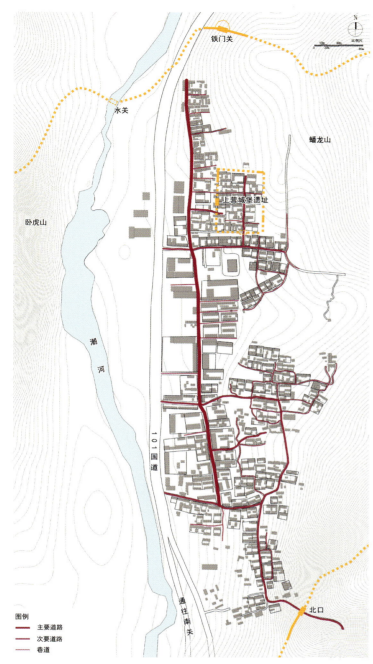

图4-2-49 古北口村街巷结构图

1）古北口镇城

城墙跨山而建，依势起伏，呈不规则形，周长约3245米，墙高约10米，濒临潮河，设东、南、北三门。墙体用条石、毛石、城砖垒砌，中间为毛石夯土填芯。古北口镇城依山凭险，易守难攻，现仅存水关一座和修复后的北门，以及部分城墙（图4-2-51）。

2）上营城堡

上营城堡四面环山，平面为矩形。西、南城墙各设一门。墙体内侧为毛石砌筑，外侧为城砖垒砌。城堡内北墙处建有一座面阔三间的玉皇庙。现南墙无存，东、西、北三面遗存部分墙体（图4-2-52）。

3）庙宇

药王庙建筑群位于古城北门外，包括药王庙、关帝庙、观音庙和龙王庙。创建于明初，初建药王殿，后增建戏楼、关帝殿与龙王殿等，后屡有重修。建筑群依山势坐落于两层台地上，坐北朝南，两进院落，占地面积约500平方米。西侧地势低，建有药王庙和关帝庙，关帝庙山门二层为戏台；东侧地势高，位于高坎上，建有观音庙和龙王庙，与西侧通过台阶联系。山门和戏台建于明崇祯八年（1635年），面阔三间。一层为关帝殿山门，二层为朝向院内的戏台。山门前设琉璃影壁。药王殿坐北朝南，面阔三间。庙内正中供奉神农氏像，东侧为扁鹊、张仲景像，西侧为华佗、孙思邈像。旧时每年农历四月十五至五月初二，药王爷寿诞期间均举行庙会，为药王唱戏七天，热闹非凡（图4-2-53）。

财神庙位于药王庙建筑群西侧。始建于清嘉庆年间，后有重修。坐北朝南，原为两进院落，有前殿、后殿、东西配殿等十余间，现仅

(a) 局部鸟瞰图

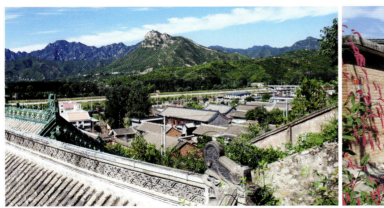

(b) 院落组团

(c) 街道

(d) 街道与院落

(e) 民居

图4-2-50 古北口村落景观

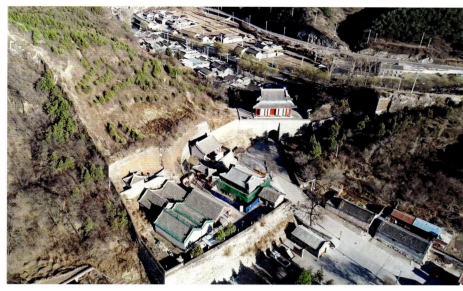

图4-2-51 古北口镇城

(a) 鸟瞰图　　　　　　　　　　　　(b) 北门

图4-2-52 古北口上营城堡

(a) 鸟瞰图　　　　　　　　　　　　(b) 玉皇庙

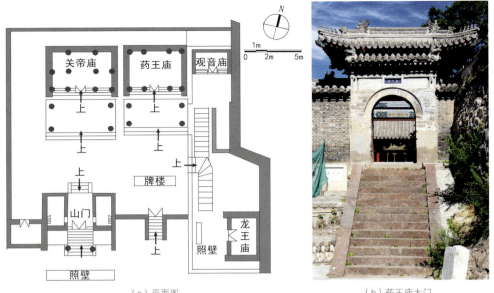

(a) 平面图　　(b) 药王庙大门

图4-2-53　古北口村药王庙建筑群　　(c) 药王庙牌楼　　(d) 药王殿

存后殿（财神殿）。2002年修复时增建山门及院墙（图4-2-54）。

杨令公庙又名杨令公祠、杨无敌庙，位于药王庙以北，始建于辽代，为纪念宋代抗辽名将杨业而建，后代屡有重修。明成化十七年（1481年），宪宗赐名"威灵庙"。杨令公，即杨业，五代时期后汉及北宋军事家，善于骑射，得名"无敌"，因其与家族精忠卫国、镇守边关的事迹而千古流芳。全国现仅存两座杨家祠堂，其一在山西省代县，另一座即此。该祠坐北朝南，两进院落，建筑面积约1000平方米，现存山门、正殿、东西配殿及后殿。正殿为庑殿顶建筑，供奉杨令公与其八个儿子的塑像。后殿为硬山双坡顶建筑，供奉着佘太君等杨门女将。山门东西两侧墙上书有"威镇边关，气壮山河"8个遒劲的大字（图4-2-55）。

(a)财神庙及药王庙建筑群鸟瞰图　　　　　　　　　　(b)山门

图4-2-54　古北口村财神庙

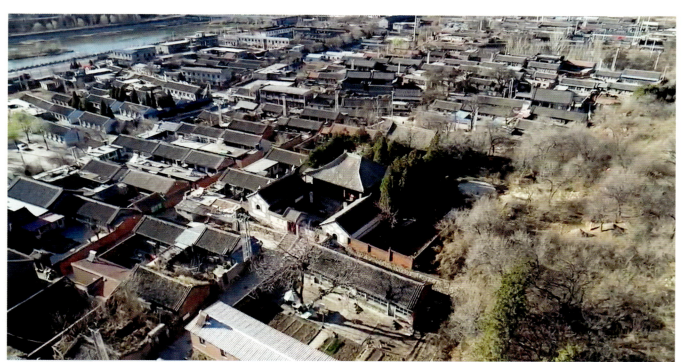

(a)周边环境鸟瞰图

(b)山门

图4-2-55　古北口村杨令公祠

180

(六)密云区古北口镇潮关村

1. 村落概况

潮关村位于密云区东北部古北口镇,潮河大回转处。地处南北要冲,自北齐起即为关防要地。与北面的古北口镇城等共同构成古北口防御体系,隶属蓟镇西协古北口路(图4-2-56、图4-2-57)。

2. 发展演变

潮关,或称潮河关,潮河川关,也称小城。

北齐长城经过潮河关。潮关城堡,据传始建于北齐年间,距今已有1400多年的历史,是古北口较早的几处关塞之一,称"提携城",隋唐时称为"提奚城"。

图4-2-56 潮关村区位示意图

图4-2-57 潮关村鸟瞰图

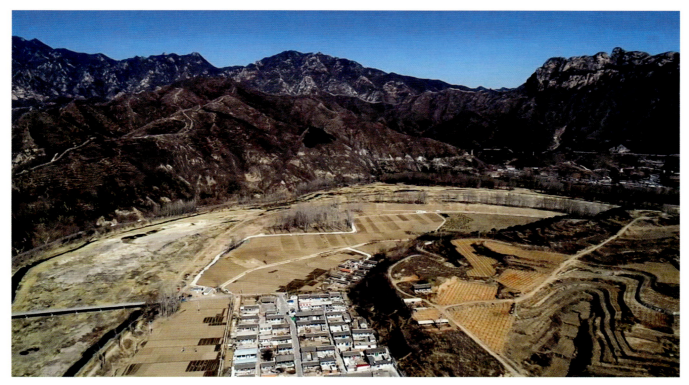

图4-2-58 潮关村周边环境

元代，设潮河关。元中统二年（1261年），忽必烈亲自将诸万户汉军及武卫军由檀州移驻潮河川。

明代洪武年间（1368~1398年）重建，又称潮河关堡、潮河所。同时期营建的有古北口营城堡、潮河川旧营城堡。明弘治十八年（1505年），建潮河川新营城堡。文献中记载的潮河川营城堡有新、旧两座，今已无从考。

1933年长城抗战古北口战役期间，日军曾两次血洗潮关村。村西北山坳处立有潮河关惨案纪念碑。

随着人口增多，村落沿山脚向东侧发展。

3. 堡城特点

潮关城堡北距古北口镇城约6公里，与之一起构成古北口防御体系。先后设守御千户所和守备、提调，属明代蓟镇古北口路。《四镇三关志》记载"潮河川属下各隘口一百里"。

潮关村地处潮河半岛。潮河沿山谷在此处大回环，城堡处在半月形的潮河中，形成了三面环水、东面靠山的天堑地形。周边北齐古长城和明代古长城环绕。山行起伏，地势险要，长城逶迤（图4-2-58）。

4. 空间形态

城堡基本呈正方形，边长155米左右。地势东南高、西北低，东墙建在山坡上。墙体为山石加灰垒砌，城门处和墙上垛口用条石和青砖砌筑。现南墙基本无存，西、北、东三面尚有残存。城堡设一座南门，现已无存。村落坐北朝南，略偏西，格局规整，一条南北向主街贯穿村落，宽度4~7米。村北侧建有瘟神庙和戏台，今保存完好（图4-2-59、图4-2-60）。

瘟神庙和戏台院落位于潮河城堡内西北。潮河关堡三面环水。过去潮河水时常泛滥，瘟疫流行。瘟神庙相传是驱除潮河水患带来的瘟疫而建，清末曾重修，

图4-2-59 潮河关堡总平面图

（a）街巷

（b）民居

图4-2-60 潮关村村落景观

是目前所知北京市仅有的一座。瘟神庙位于院落大门北侧，坐北朝南，现存正殿、东耳房和西配殿。正殿面阔三间，进深二间，硬山顶。室内梁架绘有彩画，殿内东、西、北三面墙上有明代壁画，绘有四目神、牛头、马面等形象生动的神仙，色彩饱满。西配殿规模较小。戏台始建于明代，坐南朝北，位于院落大门南侧，瘟神庙正南。戏台建于1.5米的台座之上，面阔三间，勾连搭式屋顶，前为悬山卷棚顶，后为硬山顶。墙壁上还留有清光绪年间多个戏班的题墨。潮关戏台每逢节事活动要唱戏三天，其时人来人往，热闹繁华。院内还曾有四棵大槐树，一棵古松树，今已不存（图4-2-61）。

（七）密云区新城子镇吉家营村

1. 村落概况

吉家营村位于密云区东北部新城子镇，地处丘陵地带，群山环抱。为屯兵堡寨聚落，隶属蓟镇西协曹家路（图4-2-62、图4-2-63）。

2. 发展演变

吉家营村元代就已经聚落成村，原名吉家庄。明代洪武年间（1368～1398年）建吉家营城堡，亦称吉家庄营城堡，明万历四十八年（1620年）重修，清代驻把总。军事功能减弱后，演化为村落，逐渐向东、西两侧发展。

3. 堡城特点

吉家营属蓟镇曹家路防区中的营城堡。蓟镇的长城边墙与城池大多并非一处，即关与堡分置。军事聚落按照所在地的战略位置、地形地貌等分为屯兵营城堡、关隘、堡寨等不同类型。建城池重于修边墙。每当要控制或防御一个地区，就先设立兵营堡寨，屯田屯兵，然后

（a）鸟瞰图

（b）院落及入口

（c）瘟神庙

（d）戏台

图4-2-61 潮关村瘟神庙与戏台

图4-2-62 吉家营村区位示意图

再修筑边墙墩台。蓟镇前沿设关口堡寨，关口之南设营援关。关营士兵来自卫所。营军操练，随时应援关口。营设指军或千户统领，若干营设提调或把总。一营有对口应援的几个关口，责任明确。

曹家路是蓟镇十二路之一，负责密云境内东北角部长城的防御。《四镇三关志》记载"（曹家路）东自小台儿寨，西至将军台寨，延袤一百三十五里，西南至密云县，灵家寨属下隘口一百八十里。北即口外。"曹家路关堡共有22处，营城堡2处。分别为曹家寨营城堡、吉家庄营城堡。吉家营曾驻提调、守备，是防御体系中的应援营，以支援前线防守（图4-2-64）。

4. 空间形态

吉家营城堡为屯驻官兵而建，位于丘陵地带地势较为开敞的山间开阔地带。地处燕山山脉主峰雾灵峰的西

图4-2-63 吉家营村周边环境鸟瞰图

图4-2-64 蓟镇曹家路附近长城及沿线聚落分布示意图（来源：底图改绘自《北京历史地图集·人文社会卷》）

北麓，东、西、南三面环山，北邻安达木河的支流小清（水）河，地势南高北低。

城堡随山势而建，平面呈长方形。东西长约240米，南北宽约165米，周长约1000米，面积约3.7公顷。城墙高约7米、宽约6.5米，墙体内侧为本地大块毛石所砌，外侧为城砖包砌，墙体内填碎石白灰灌浆。城堡设东、西两座城门，城门下部为条石，上部为城砖砌筑，拱券门洞，东门有"镇远门"石额，西门有"吉家营城"石额。今城门和两侧城墙保存，其余大部分已不存（图4-2-65）。

两城门并不相对，由曲尺形的东西街道转折相连，形成主要街道。其中大街正对东城门，前街正对西城门。街道宽约5~7米，巷道约2~3米。民居为合院住宅，多为一进院落（图4-2-66）。

图4-2-65 吉家营村总平面图

图4-2-66 吉家营城堡街巷结构示意图

东城门外有演武厅、点兵台、教练场等军事设施。城堡及周围建有药王庙、老爷庙、真武庙、娘娘庙、城隍庙、火神庙、关帝庙等寺庙。目前只部分留存了药王庙，其余均不存。村内还保留有古树、古井、碾盘等（图4-2-67）。

（八）密云区新城子镇遥桥峪村

1. 村庄概况

遥桥峪村位于密云新城子镇。地处丘陵地带，群山环抱。为屯兵堡寨聚落，隶属蓟镇西协曹家路（图4-2-68、图4-2-69）。

2. 发展演变

据传，因为村前的桥不稳，摇摇晃晃，故得名"摇桥"，村名遂以谐音"遥桥"称之，也称"河家营""遥桥谷"。

遥桥峪城堡，也称遥桥谷寨，始建于明洪武年间（1368~1398年）。戚继光1567~1583年镇守蓟州时曾多次视察檀州至曹家路一带关隘，对完善长城防御作出指示，推动了遥桥峪的堡寨完善。明万历二十六年（1598年）重修，竣工于明万历二十七年（1599年）。

清代以后，丧失军事功能，发展为村落，并逐渐向城堡西侧发展。

3. 堡城特点

遥桥峪西北距小口堡寨（将军台）约5公里，西南距吉家营约10公里，东北距曹家路约7公里。作为建营屯兵的驻扎地，设把总驻防，与曹家路下辖新城子、吉家营、小口（将军台）、曹家路、黑峪关等周边关隘、堡寨共同构成局部综合防御体系。当长城遭遇敌情时，执勤哨兵点起狼烟，把预警信号传到堡寨，城内立即集合部队迅速增援，达到关口和堡寨协同防御的目的。

（a）东门及大街　　　　　　（b）西门及前街　　　　　　（c）院落

（d）民居-1　　　　　　（e）民居-2　　　　　　（f）民居-3

图4-2-67　吉家营村村落景观

4. 村落形态

村落坐北朝南，背靠雾灵山，其支脉向左右两侧延伸呈环抱之势，把村落包围在中央，南侧临安达木河（图4-2-70）。

城堡平面呈长方形。南北长约102米，东西宽约123米，周长约450米，占地面积约1.25公顷。墙平均高6米，顶宽4米左右。墙体均用大块毛石加灰垒砌，上小下大，密实垒筑。四角设角楼。城堡只设一南门，城门底部四条条石基座，上部为城砖砌筑。城门内西侧有登马道。城上垛口用砖石砌筑。堡墙外檐砌有用于瞭望和射击的垛口，内檐筑有宇墙。此外，墙面上还设有排水沟和吐水嘴。墙体保存基本完整。原北堡墙中间顶部建有真武庙，后被毁（图4-2-71）。

遥桥峪堡内有一条南北向主街道，与南堡门相通。其他次要巷道多用"丁"字形巷道。街巷空间尺度较小，街巷宽度约3～4米。村落布局较方正、规矩（图4-2-72）。

图4-2-68　遥桥峪村区位示意图

图4-2-69 遥桥峪村鸟瞰图

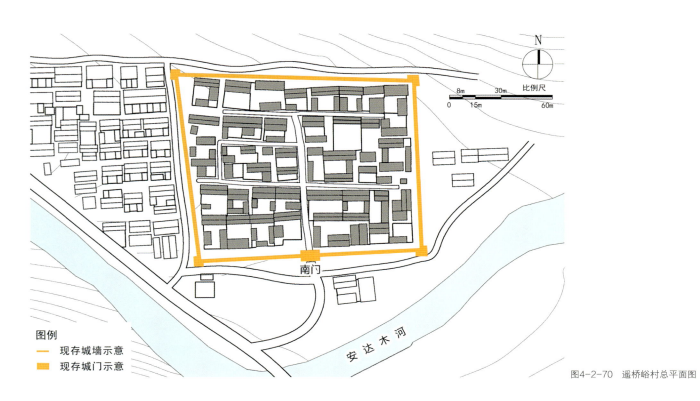

图例
现存城墙示意
现存城门示意

图4-2-70 遥桥峪村总平面图

(a) 南城门　　　　　　　　(b) 马道　　　　　　　　(c) 城墙-1　　　　　　　　(d) 城墙-2

图4-2-71　遥桥峪城堡

(a) 街道　　　　　　　　　　　　　　　　　(b) 院落

图4-2-72　遥桥峪村落景观

第三节 陵邑型村落

一、陵邑型村落特征

（一）职能特征

陵邑指为守护帝王陵寝所置的邑地，多位于山丘之中，陵寝周围多有城邑。帝皇陵寝体系中，除了陵寝自身之外，还有各类服务机构及护卫机构，如陵令、陵监、寝庙令、饲官、陵园、门吏、陵户等，里面驻扎太监、卫兵等。随着人口的繁衍和延续，后世逐渐演变为聚落，即为陵邑村落。

明十三陵始建于明朝永乐年间，位于昌平区北部天寿山山麓，是明朝13位皇帝的陵寝所在地，总称明十三陵。

神宫监是明朝时设立的官职，负责维护与管理明陵的日常运转，属于天寿山守备的管辖范围。在整个陵寝制度体制内，分为两个部分，内臣为神宫监（掌印太监一名，金书、管理、司香若干），外臣为祠祭署（奉祀、祀丞各一名，陵户若干）与陵卫官。神宫监的职责包括掌管陵园口、维护香火，以及管理各陵的皇庄、果园、榛厂、晾果厂、神马厂等。这些厂用于补充各陵神宫监的资用并为皇宫输送御用果品，祠祭署负责陵园祭祀与相关物品管理，陵卫官负责巡逻守卫。

此外，神宫监也是当时供神宫监居住办公的建筑的名称，即陵监。朝廷在陵墓不远处建造有陵监，用于解决神宫监等官员的日常起居，方便其工作活动。除了明末皇帝朱由检的思陵以外，每座陵墓都有与之配套的附属建筑群。

（二）形态特征

为了便于神宫监的守护与日常管理，陵监均位于皇陵附近。各陵监与陵墓的相对位置各有不同，与陵墓的距离在400~1200米不等。每个陵监的监门朝向并非正南或正北，而是面向所属皇陵的方向修建，因此整体没有统一的方向。陵监村的监门对着神道，其中轴线与陵墓中轴线大多相互垂直。除了定陵外，陵墓位于长陵以北的所属陵监修建于陵墓的西北侧，位于长陵以南（包括长陵）的修建于陵墓的东南侧（图4-3-1）。

陵监村具有特殊的空间形制。平面呈正方形或矩形。除永陵村与德陵村为矩形外，其余为正方形。设有回字形内外监墙。建筑规模相近，布局规整。外监墙边长约120~180米，周长约500~700米，面积约1.5~3公顷。

陵监是为了守备太监的工作生活而建造，因此在建筑功能上具备居住与办公两大职能。布局规整，为合院式格局。据《明英宗实录》记载，裕陵的神宫监建筑形制如下："神宫监前堂五间，穿堂三间，后堂五间，左右厢房四座二十间，周围歇房并厨房八十六，门楼一，门房一，大小墙门二十五，小房八，井一。"内监墙内为办公机构所在，内外监墙之间为居住和服务建筑。

外监墙高于内监墙。外监墙高约4米，内监墙高约3米。由块石或城砖砌筑。对外只开一门。监门位于外监墙的中部，形体高大，用城砖砌筑而成，高4.5~5.5米。内监墙正面的中部设有二门，与监门相对处建有影壁。另外，陵监内外多有古树。

二、陵邑型村落实例

（一）昌平区十三陵镇康陵村

康陵村位于明十三陵陵区的西北部，泰陵西南约1公里，金岭东麓。康陵是明朝第十位皇帝武宗朱厚照和皇后夏氏的合葬陵寝（图4-3-2）。

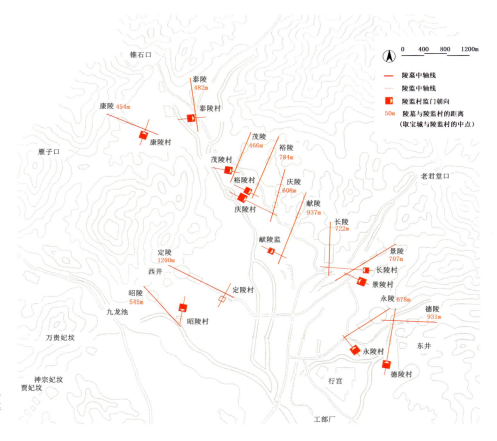

图4-3-1 陵监与皇陵空间关系示意图（资料来源：底图根据《中国古建文化丛书·陵墓篇》改绘）

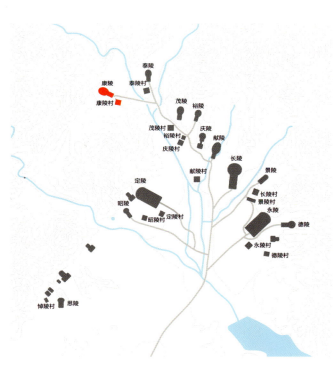

图4-3-2 康陵村区位示意图

康陵的地理位置与其他陵寝相比条件不佳，位于陵墓区最西侧，处于众山环抱之中。康陵建于明正德十六年（1521年），次年完工。清顺治元年（1644年）设司香官和陵户，后发展成村，称康陵监，民国后演变为今称（图4-3-3）。

陵监距西北方向的康陵陵寝约454米。陵监成正方形，边长约163米，周长约650米，占地面积2.6公顷。外监墙高4米，毛石砌筑。至今保存良好。未见内监墙，监门已不存。村中有千年银杏一株，村口有百年国槐两株（图4-3-4、图4-3-5）。

（二）昌平区十三陵镇茂陵村

茂陵村位于明十三陵陵区的西部，东侧毗邻裕陵和庆陵，北邻泰陵。茂陵是明朝第八位皇帝明宪宗朱见深和王氏、纪氏、邵氏三位皇后的合葬陵寝（图4-3-6）。

图4-3-3 康陵村鸟瞰图

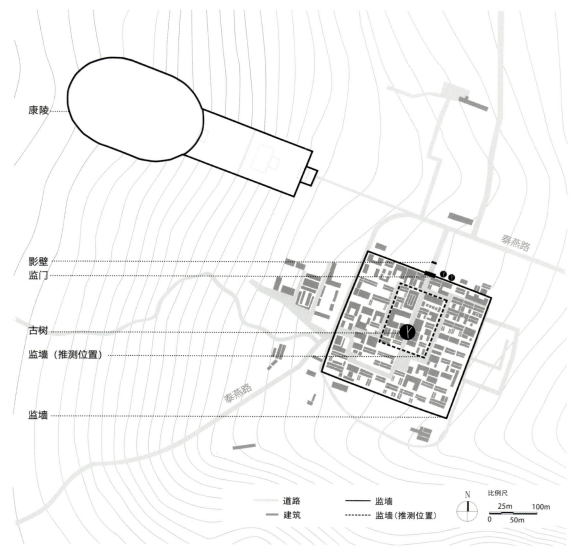

图4-3-4 康陵村总平面图

(a)监墙　　　　　　　　　(b)古树　　　　(c)民居

图4-3-5 康陵村村落景观

茂陵建于明成化二十三年（1487年），次年完工。清代设司香官和陵户，后发展成村，称茂陵监，民国后演变为今称（图4-3-7）。

陵监距东北方向的茂陵陵寝约466米。陵监成正方形，边长约173米，周长约693米，面积约3公顷。外监墙高约4米，毛石砌筑。至今保存良好。监门已不存，村口有古树一株（图4-3-8、图4-3-9）。

（三）昌平区十三陵镇德陵村

德陵村位于明十三陵陵区的东部，西邻永陵，东靠蟒山。德陵是明朝第十五代皇帝熹宗朱由校和皇后张氏的合葬陵寝（图4-3-10、图4-3-11）。

德陵建于明天启七年（1627年），明崇祯五年（1632年）完工。清代设司香官和陵户，后发展成村，称德陵监，民国后演变为今称（图4-3-12）。

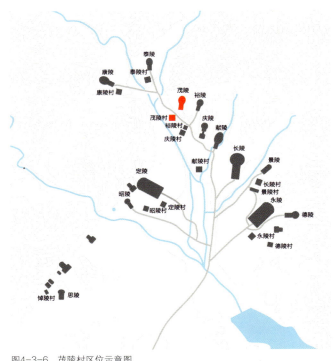

图4-3-6　茂陵村区位示意图

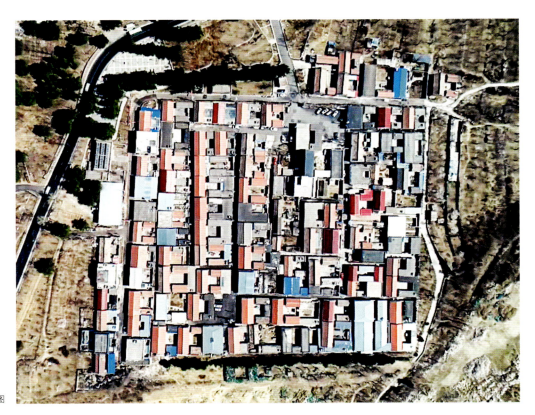

图4-3-7　茂陵村鸟瞰图

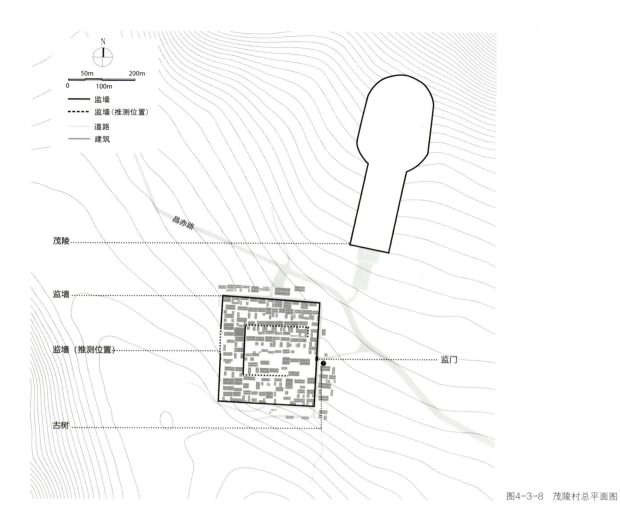

图4-3-8 茂陵村总平面图

(a) 外监墙　　　　　　　　　　(b) 内监墙　　　　　　　　　(c) 古树

图4-3-9 茂陵村村落景观

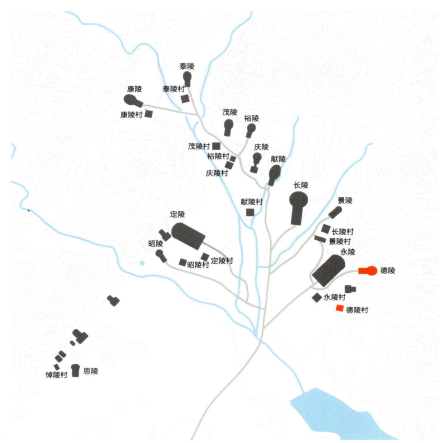

图4-3-10 德陵村区位示意图

图4-3-11 德陵村鸟瞰图

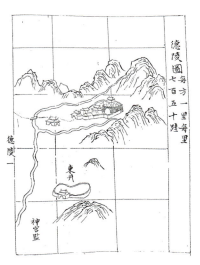

图4-3-12 清《帝陵图说》中的德陵及神宫监位置关系图

陵监距东北方向的德陵陵寝约931米。平面为矩形，外监墙南北长约160米，东西宽约144米，周长约608米，占地面积约2.3公顷。内监墙南北长约93米，东西宽约49米。外监墙高约4米，砖石砌筑。监门宽约6.2米，高约5.5米，今保存良好。内监墙高约3米，砖石砌筑，有毁坏。村口有古树国槐一株（图4-3-13、图4-3-14）。

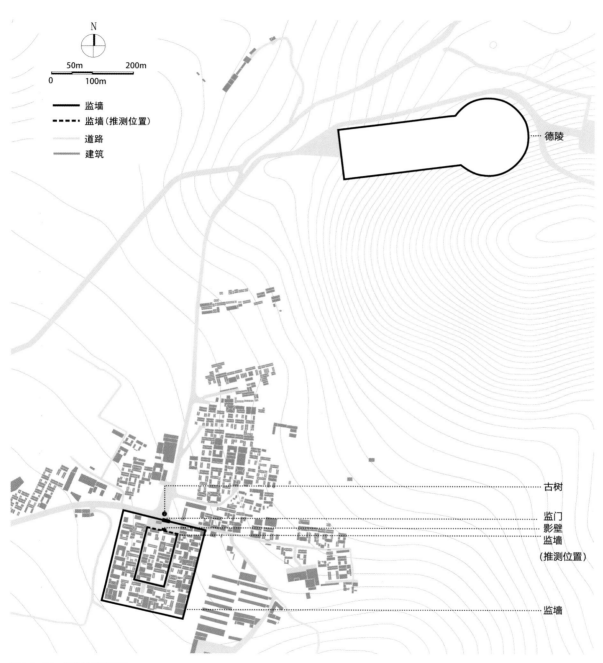

图4-3-13　德陵村总平面图

(a) 外监墙

(b) 内监墙

(c) 大门

(d) 古树

图4-3-14 德陵村村落景观

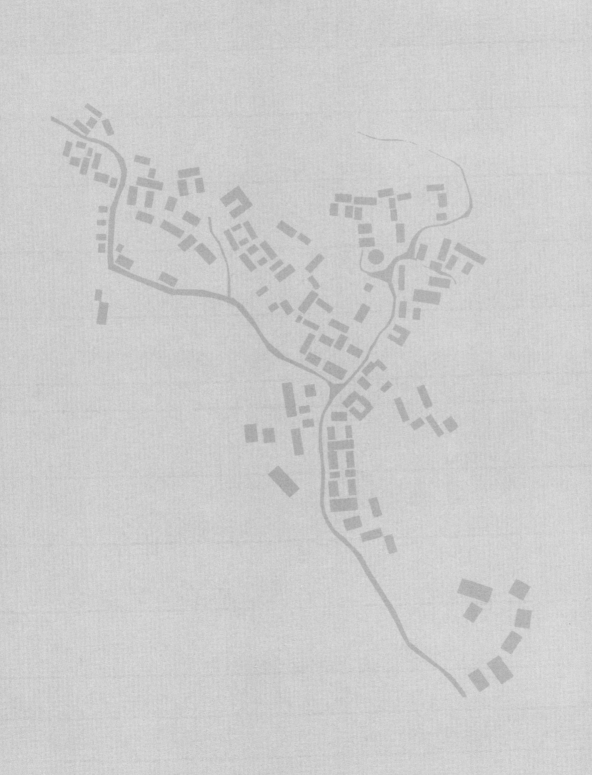

第一节 村落选址与格局

一、选址与分布

（一）村落选址

村落的选址，受到自然地理、社会经济和地域文化多重因素的影响。一方面，以合理利用自然的态度择宜居之地。多选址于土地肥沃、阳光充足、水源丰富、环境秀美之地建村。注重环境和资源容量，保持适度的聚居规模；节约土地资源；结合生产生活条件、气候和地形地质条件、安全和水利因素等，以充分利用自然环境，营造适宜的聚居环境。另一方面，村落的选址，也受到交通、经济、安全、移民等外部因素影响，例如京西古道沿线、煤炭开采区、军事防卫区、皇帝陵区、皇家园林区、屯田等特殊功能区。择邻近地段居住建村，以利于村落生产、生活与发展。

地形和气候因素对村落的选址影响最为直接。农民自古以农耕为生存手段，因此适宜农业生产的地区是村落选址的首选。村落建村首选平原、河谷和丘陵，其次是山地。北侧高大连绵山脉、东西山体，以及南侧小山丘围合形成的中心区域成为理想的村落营建之处（图5-1-1）。

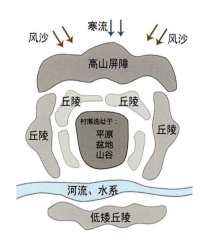

图5-1-1 理想的村落选址之处示意图

水源的便利性在村落选址之初便成为必要的依存条件。北京地区早期聚落就多分布在河流两岸的台地或者河流交汇处地势较高的平坦之地。这与利用河流灌溉农业和依靠天然水源以利生活的要求密切相关，也为后世开辟了临水建村的经验。河流、湖泊、井、泉、溪谷等水系对村落选址有着重要的影响。平原地区村落多选址于地势较高，即使河水高涨也不至被河水淹没且同时可就近开发的地区；山地地区村落主要集聚在山谷台地和山麓边缘。

（二）村落分布

从北京的地理环境特征看，京城西部、西北和东北地区环绕着太行山、军都山和燕山，南面和东南地区与辽阔平坦的华北平原相连，中部为潮白河、永定河、温榆河，三河冲击而成的北京平原，因此村落多分布于平原、浅山区河谷和丘陵，其次是山区。从历代村落产生的演变历程也可以看出这种特征。明清时期因人口增加、军事防御、能源开采和移民圈地等因素，对山区进行大规模开发，使得山区村落分布逐渐增多（图2-2-1、图2-2-7、图2-3-3、图2-3-5、图2-3-6）。地形地貌一定程度上限定了村落的发展方式，形成疏密差异的村落分布格局。

平原地区农耕条件优良，村落分布于易于耕种、地势平坦的交通便利之处。耕种面积、土壤肥力等决定着承载人口的数量，也决定着自然村落的规模和密度。资源多则村落分布密集、面积大；反之则分布稀疏、面积小。同时，也与当地交通干道有着密切的关系（图5-1-2）。河流两岸也会分布大大小小的村落，例如大兴区凤河两岸。明永乐初设上林苑监蕃育署于采育，负责繁育鹅、鸭、鸡等。在此地安置了大量山西、山东

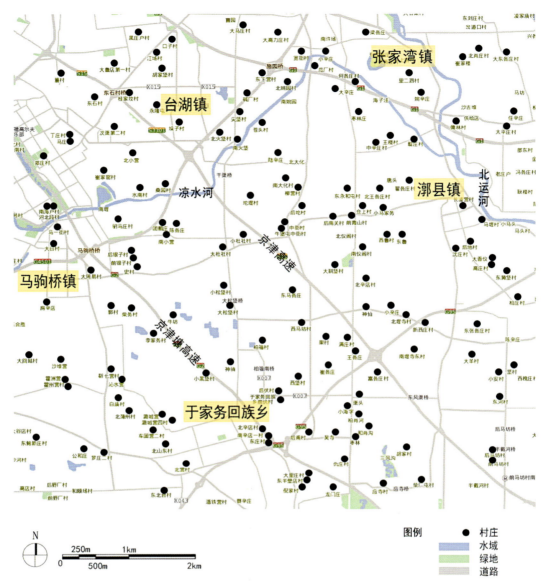

图5-1-2 通州、大兴区平原地区村落分布示意图

移民,设立五十八营,涌现大批新村落。居住地靠近凤河,一方面凤河两岸地势高燥,有利于居住;另一方面,近河而居,有利于放养鸡鸭鹅群。

另外,河湖水道的历史变迁也会对村落分布产生影响,尤以东南平原更为明显。通州区南部地处古永定河冲积扇的前缘,为全市最低平的地区,曾出现北京历史上最大的湖泊——延芳淀。延芳淀方圆数百里,其出现、演变和消失,影响着通州南部村落的发展与分布。湖泊水域内没有村落,随着延芳淀的淤浅、缩小和离析为栲栳垡飞放泊、柳林海子等小湖泊,水退成田或变为沼泽,再经人工开辟为田地,新村落才会产生。也就是说,在延芳淀水域之外,农业开发连续不断,历史悠久,村落较大较密;而在水域地区,农业开发迟缓,村落较小较稀。再如,大兴南苑地区,地处永定河洪泛区的上部，古河道和湖沼众多，为皇家狩猎区，明代修建围垣，封闭管理，直到清末才准屯垦。因此，南苑内外村落大小与分布稀疏也有着明显的差别。

北京地区的山地多为低山或中山类型，山形走势相对平缓。山地地区村落分布多分布于山麓和山谷。例如怀柔北部山区，汤河口、碾子、郑栅子、四窝铺、宝山寺、对石等明代所建的村落，分布于深山区中较为开阔的白河和汤河或支流的河谷地带。一方面距离水源点近，便于饮用灌溉；另一方面，河流出山之处因河流冲刷形成旧河道之间的条状台地，成为免遭水患的安全居住区和农耕区。日积月累，沿河道两岸逐渐形成大量呈串珠状分布的村落（图5-1-3）。

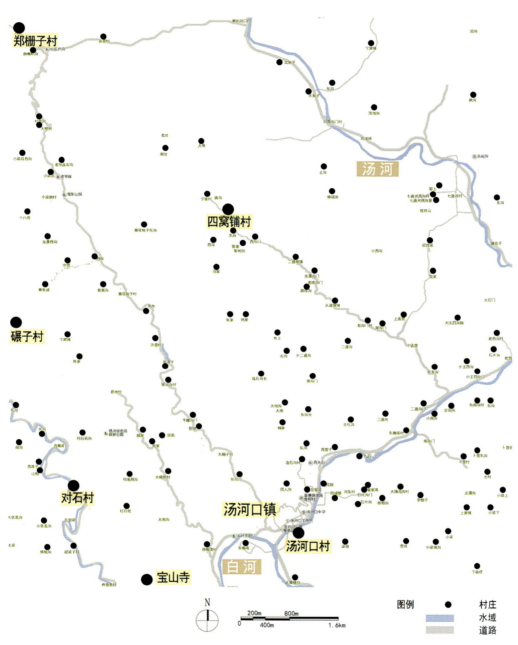

图5-1-3 怀柔区北部沿沟谷河流村落分布示意图

(a) 鸟瞰图

图5-1-4 东石古岩村散列状结构示意图

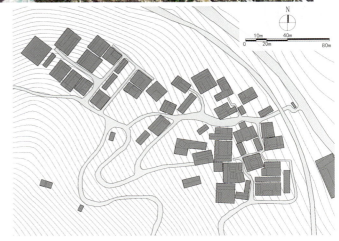

(b) 图底关系

二、空间形态

（一）村落形态类型

村落形态既指村落整体的形状格局，也指村落街道、广场与建筑布局。村落空间形态是其所在地的地理环境以及社会经济文化的反映。北京郊区村落从整体形态上可分为三种类型：散列状村落、条带状村落和团块状村落。

1. 散列状村落

散列状村落在丘陵地和山区分布较多。山区地势崎岖，且水土资源贫瘠。围绕农田或山丘形成若干分散式组团，用地范围不规则，规模不大。布局松散，形式自由，道路街巷随形就势曲折婉转，系统性不明显，中心不明确。院落房屋因地制宜建造，不拘定向，如门头沟区王平镇东石古岩村、平谷区大华山镇西牛角峪村等（图5-1-4、图5-1-5）。

2. 条带状村落

条带状村落在河流、沟谷、山麓地带分布较多。大多是因为地形的限制，可供建设用地少，采取沿水系、山谷及干线道路等以线性方向展开，顺水顺路或依等高线呈台阶式而建，形成条带状村落。山体和水系成为村落形态的限制边界，规模不大。村落布局以直线或曲线的主路作为空间构成的主轴贯通整个村落。主路与次路相连交织，形成鱼骨形的村落肌理。例如平谷区山东庄镇鱼子山村，沿河流和山地形成条带状格局，居民区沿与河岸平行的主街而发展出若干组团（图5-1-6）。

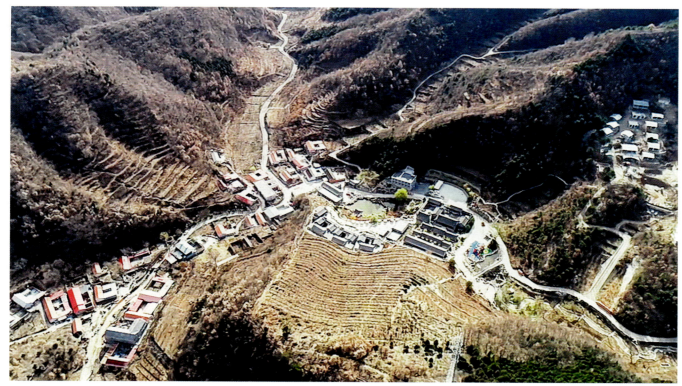

（a）鸟瞰图

图5-1-5 西牛角峪村散列状结构示意图

3. 团块状村落

团块状村落大多分布在平原和山间盆地区域，是大型传统村落的典型格局。农耕条件优良，地势平缓开阔，用地比较宽松。村落一般规模较大，用地规整，呈方形、长方形、扇形、多边形等团块状布局。以纵横道路或环型道路为骨架，主次干道纵横交织，形成团块状的村落格局，例如平谷区王辛庄镇许家务村、门头沟区斋堂镇西胡林村等（图5-1-7、图5-1-8）。

（二）村落街巷形态

1. 街巷结构

作为交通空间，街巷分布于整个村落。街巷网络由主要街道、街、巷等逐级构成。街巷空间发生交汇、转折、分岔、宽度变化等转化之处形成街巷节点，较大的

（b）图底关系

(a）鸟瞰图

图5-1-6 鱼子山村条带状结构示意图

(b）图底关系

街巷节点则会形成广场。街巷宽度不同，分工明确。街是村落的交通通道和村民进行购物、交往、集会等活动的热闹场所。巷则是村民入户的安静通道。街巷结构主要可分为网状结构和树状结构。

网状结构是村落街巷布局的理想模式。网状街巷通常由几条主要街道为骨架，与纵横巷道交织形成网状的道路系统。巷道有些彼此连通，成为次要道路，有些则为尽端式，成为入户巷道。由于北京地处温带，冬凉夏暖，盛行东南季风，为争取日照和通风条件，一般以南北大街为主要街道，巷道多为东西向，以保证临巷各宅院皆有朝南的好朝向。规模较大的平原地区村落街巷格局多为网状结构。例如顺义区龙湾屯镇焦庄户村、通州区漷县镇张庄村等（图5-1-9、图5-1-10）。

树状结构街巷大多是由于受地形及周边环境条件的影响和制约。山地和沿水村落街巷空间的平面形式呈现

图5-1-7 许家务村团块状结构示意图　　　　　　　　　　（a）鸟瞰图　（b）图底关系

图5-1-8 西胡林村团块状结构示意图　　　　　　　　　　（a）鸟瞰图　（b）图底关系

(a)鸟瞰图

(b)街巷格局

图5-1-9 焦庄户村网状道路示意图

(a)鸟瞰图

(b)街巷格局

图5-1-10 张庄村网状道路示意图

210

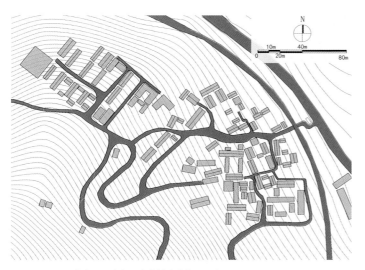

图5-1-11 门头沟王平镇东石古岩村街巷格局示意图

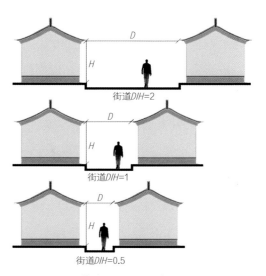

图5-1-12 不同等级街道的空间尺度示意图

出相对自由、灵活多变的特征。多沿一条主要街道发展，其他次要巷道垂直于主街呈树枝状发展。规模较大的村落，除呈树枝状的主街之外，有些还有一条或多条与主街平行的次要街巷，也有次要街巷会形成环状格局，例如，门头沟区王平镇东石古岩村（图5-1-11）。

2. 街巷尺度

因地形环境制约以及街巷的不同功能要求，街巷空间尺度也不尽相同。在大型村镇中，街巷系统可分为三级：主要街道，宽约4～6米；次要街道，宽约3～5米；巷道，宽约1.5～2米。商贸型村落的主要街道更宽些，有些可达到12～15米。街巷两侧建筑高度H通常在3～5米之间，因此，道路宽度D与两侧的建筑高度H的比例D/H值，主要街道为1～2，商业性街道可以达到3，次要街道为1左右，巷道一般为0.5左右。尺度亲切宜人（图5-1-12）。

3. 街巷空间

受地形等因素影响，村落街巷多半不是平直的，在水平层面上曲折迂回，在高程方面起伏变化。巷道两侧平实的墙面有节奏地被院落的入口空间分割成段落呈现简单与复杂的转换，形成有序与无序的重叠并置；因高差变化设置不同形式的台阶，形成台地与平底交叉出现的韵律；沿溪流走向的街巷与水岸相依，形成小桥时常跃然水面的节奏变化。过街楼或翁桥也会起到划分和界定街道的标志作用，丰富了村落的街巷空间形态，创造了空间划分的仪式感。加之，街巷底界面的铺地材质，呈现出丰富的空间形态（图5-1-13）。

（三）村落公共空间

乡村地区由于长期处于以自给自足为特点的小农经济支配之下，加之封建礼教约束，总体来说，公共活动并不受到重视。但是，人们总会有宗教崇拜、易货交易、节日庆典、观戏赏灯、聚会聊天等公共活动的需求，人心的凝聚也需要一定的公共活动，因此带动了公共场所与公共建筑的产生和发展。

节日看戏、酬神、举办集市等多种公共活动，并不是彼此分离的，它们在功能上互相重叠。公共活动的地点，在一定程度上也是重叠的。敬神的活动，常常伴随着戏团的戏剧表演和集市贸易。戏团在庙宇内部或者旁边的戏台上表演。公共活动存在着流动、重叠和有机的关系，并散布在整个村落空间中。有些有固定场所和空

（a）街巷水平转折——碣石村　　（b）街巷垂直起伏——黄岭西村　　（c）过街楼——桑峪村

图5-1-13　村落街巷景观

间，有些则没有，具有流动性。因此，公共场所也具有鲜明的多功能性、分时段性和非正式性。

作为公共活动场所的广场多是自发被动形成的，是因地制宜，利用剩余空间的结果。或是主要街道与建筑的围合空间，或是街巷局部的扩张空间，或是街巷交叉处的汇集空间。面积大小不一，平面不规则，边界模糊不清。规模不大的村落，只有一两处广场，平时作为成人交往、老人休息、儿童游戏的地方。节日里这里承担着宗教集会、商业贸易等功能，可以分为庙宇和戏台前广场、集市广场、街道节点广场和古树、井台、石碾旁广场等。

庙宇和戏台前广场是承载节日欢聚功能的集会场所，通过与道路空间的融合而存在，成为村落中居民活动的中心场所。逢年过节人们就会在此举办庙会、唱戏等活动，平日也会成为村民茶余饭后的小聚之所（图5-1-14）。

集市广场是定期或不定期集市贸易的场所。在商品经济不发达的封建社会，在区域中心型的较大村落中设有定期的集市贸易。商贸型村落与商业街相结合，街道节点处扩展成集市广场。坐商店铺较少的一般村落则与庙宇、桥头等空间紧密结合。

街巷节点广场是街道、巷弄、石桥等互相交错和联系的空间。当几条街巷汇集于一处时，便不期而然地形成广场，具有道路连接和人流汇集的特点，可供行人驻足休息。

村落常以古树、井台、磨盘等为中心，形成非正式的村落公共空间。村民常聚在树下，成为村落独具人气的活动空间。它们都是家家户户离不开的公共设施和村民所需的场所，也是村中最具吸引力的人际交往空间。村民相聚在此打水、磨面、谈天说地，交流邻里感情，成为村中最具亲和友善的空间环境。

古树作为村落风水格局的重要构成元素，往往在村落空间格局中具有点睛之意。古树多位于村口、广场、寺庙等村落重要的公共节点，对空间起到很好的标识作用。古树主要以槐树、柏树、银杏树为主，少数村落也有核桃树、榆树等。村民出于对"古树神灵"的敬畏，大部分古树都被保存下来。夏天古树繁茂的枝叶能够为人群遮阳，冬天树叶落尽，又能够树下晒暖，因此，树下也就成为村民茶余饭后聊天、休息的场所。树下空间为村民提供了一个交流、议事场所。村民以古树为中心，大人议事交谈，小孩嬉戏打闹，老人乘凉休憩，内容丰富（图5-1-15）。

图5-1-14 戏台前广场——灵水村

图5-1-15 石碾旁广场——马栏村

（四）民居院落与建筑

1. 院落构成与功能

民居院落由单体建筑组合而成。建筑的计量单位是基于以抬梁式结构为主的建筑木构架，即以横向、纵向的柱子组成的柱网为基础。采用"间"与"架"。"间"是指开间，表示柱与柱之间的水平尺寸。单体建筑以"间"为单位，按横向（即面阔方向）布置的格局，采取数间组合的方式。"架"指屋架，即房屋结构的举架，表示建筑的进深长度，表示屋架的跨度尺寸。抬梁式结构为柱顶上抬着梁，梁上置梁，之间以短柱相连，上梁依步架而逐层缩短，最上一层梁中部位立脊瓜柱而形成三角形屋架承托屋面，屋面的重量最终通过梁柱传递给地基。梁架的形式随建筑规模的改变而改变，建筑规模越大，梁架层数越多。

开间的大小与进深的长短，两者决定使用空间的大小规模。村落民居梁架形式多为五檩四步架且无前后廊，进深方向仅有两排柱子（图5-1-16）。

北京郊区村落中大部分院落是单纯用来供居家生活使用的合院。有些则集居住、生产与商业于一体，成为商居。通过前店后宅或前店后厂等方式，满足生活居住和对外营业活动、作坊加工等使用要求。商居院在商贸型村落中较多。

2. 院落组成与组合

1）合院形式

四合院是村落宅院中最主要的平面形式。以院落为中心，四周由正房、耳房、厢房以及倒座房和门楼组成。正房为主房，居中布置，多为三间，最多为五间，建筑高度最高，可加设东西耳房。院落正房前东、西两侧对称布置厢房，多为二间或三间，规模小的设一间，

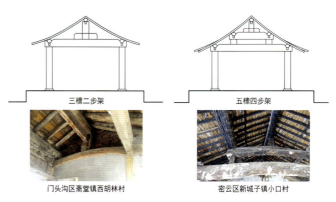

图5-1-16 民居"间""架"示意图

建筑高度次于正房。倒座房位于宅院大门的两侧，临街而建，多为三间或五间，与开在东南角的大门结合。与生产劳作相结合，宅院内还会设有小菜园、搭建马厩、猪圈、鸡舍、茅厕、杂物库及柴棚等。

三合院是四合院中的倒座房改为院墙围合，即由正房、左右厢房和院墙围合而成。院门一般为随墙门。村落中的三合院数量也相对较多。

二合院由正房和一侧厢房组成，或仅由两侧厢房组成。村落中较为少见。

独院由单栋建筑和院墙组合而成（图5-1-17、图5-1-18）。

图5-1-17 合院形式平面示意图

（a）独院

（b）二合院

（c）三合院

（d）四合院

图5-1-18 合院类型

2）院落组合

院落组合是以院落为基本单元，根据宅院的规格、规模、宅主身份、家庭结构和基地条件等灵活组合，并以"进"为单位表示民居院落组合的规模大小。常分为"一进院""二进院""多进院"等，也有数个多进院并列组合而成的大型住宅。院落组合是一般常用沿纵轴线布局形成"纵向组合"的多进四合院，或以横向多轴并列布局，形成"横向组合"的多路四合院，或以"纵横双向组合"形成多进、多路组合的四合院等形式。

北京村落院落纵向组合多为"一进院""二进院"，也有"三进院"，高规格的大型豪宅可达到"四进院"之多。如水峪村的杨家大院为四进院落（图5-1-19）。

横向组合的形式多用于地形受限的大型宅院。其组合方式有一进多路组合及多进多路组合两种形式。因宅基地进深有限，村民在建造房屋时为了充分地利用基地，便把院落在纵横向两个方向铺展开来，采取将多个纵轴合院组群，按横向并列的形式加以再组合，形成纵、横结合的群组空间。此种组合方式以一轴组合的纵深院为基本单位，称"一路"。多轴平行并列组合的合院，称多进多路组合院，也称跨院。一般用于贵族、兄弟聚居或商居分置等大型宅院，具有多功能一体的优势，也便于有分有合的空间布局。例如门头沟区龙泉镇三家店村天利煤厂及厂主殷家大院，由三组院落组成，分别承担居住、商务和辅助功能。

3）院落特征

民居院落与建筑是传统村落中的基本单元。四合院是北京地区传统的合院形式。因北京的气候因素，传统四合院大多坐北朝南，中轴对称。院门开设在东南角。北京村落也多为合院式院落，但因受地形限制、村落格局等基地条件的制约，并不追求严格的朝向和轴线对称，而是依平原、山地、河流等地形因素不同和村落道路系统的走向灵活布局，采取措施加以调整，以争取良好的日照与通风。多种因素相互叠加，形成与自然山水相融合、与农业生产相适应、与居者家庭结构、经济条件相适应的村落宅院，布局灵活、组合多样。

村落宅院大多为中小型四合院或三合院，单体建筑简单、规模小巧、组合灵活多变。单栋建筑的开间数、开间尺寸、进深的长度、合院的规模等都偏小。各区也呈现一定的差异性。例如，门头沟区的村落院落规模较小，以四合院或三合院居多；密云区的村落院落一般较

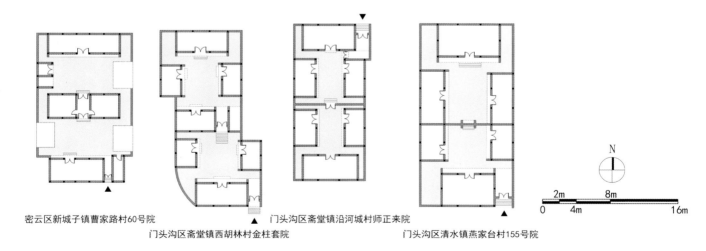

密云区新城子镇曹家路村60号院　　门头沟区斋堂镇沿河城村师正来院　　门头沟区清水镇燕家台村155号院
门头沟区斋堂镇西胡林村金柱套院

图5-1-19　纵向组合型合院示意图（来源：改绘自《北京传统村落》）

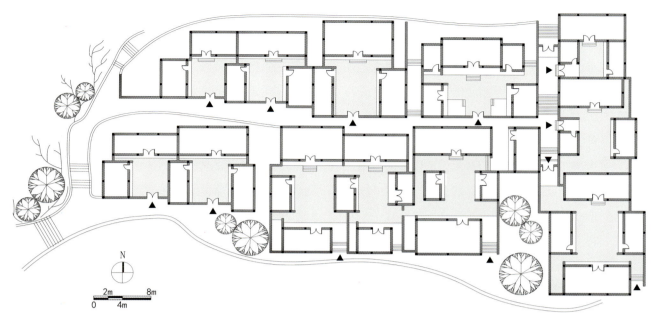

图5-1-20　灵活布局宅院示意图（来源：改绘自《北京民居》）

大，较为开阔，以独院、二合院或三合院居多。

院落纵向组合以一进院、二进院类型为多。财主大院、商居院等组合型大型院落较少。院落组合中灵活多变，特别是山地合院多结合地形分台布局，进行平行等高线的横向组合、垂直等高线的横向组合，以及垂直等高线的纵向组合与纵横双向组合等方式（图5-1-20）。

3. 院落入口与大门

村落中院落入口因受地形和街巷等因素影响，较为灵活，朝向也不拘于东南方向。有些院门向东开，布置在东厢房与倒座房连接处，也有些开设在厢房一侧。与道路的连接方式，一种是院落入口直接开向街巷，另一种是院落入口间接开向街巷，用影壁或墙体限定出一块缓冲空间。山地型院落可以利用这一缓冲空间完成高差的过渡（图5-1-21、图5-1-22）。

图5-1-21　影壁与院落入口——苇子水村

图5-1-22 院落入口示意图
（来源：改绘自《北京民居》）

(a) 灵水村　　(b) 张家庄村　　(c) 黑龙关村

图5-1-23 院落影壁　　(d) 爨底下村　　(e) 西胡林村

影壁也称照壁。影壁可位于大门内，也可位于大门外。因京郊地区多山，居民宅基地面积有限，所以外影壁较少，多为大门内的随墙影壁。多小巧简洁，装饰朴实精致，装饰的重点是影壁心和清水脊（图5-1-23）。

村落中的院落大门是院落的门面，同时也是宅主身份和地位的象征，也是展现村落风貌的重要部分。北京四合院根据住宅等级，采用广亮大门、金柱大门、如意门、蛮子门和随墙门等不同形式。村落中富人大院的门多引用城区四合院宅门的形式。有广亮大门、如意门、蛮子门等规格不一的宅门，但是做法没有城区宅门那样严格，更为自由。二合院或三合院等小型宅院多采用随墙门（图5-1-24）。

宅门是院落营建的重点。门楼尺度小巧、造型轻盈、装饰简洁，形式多样。宅门的装饰多体现在墀头戗檐板、吊顶、门罩、门楣、门簪、廊心墙、佛龛、泰山石、门扇、角柱石、抱鼓石等（图5-1-25~图5-1-28）。

以多进院落组合而成的四合院民居，院内常设沟通内外院空间的门，称二门，有垂花门和屏门两种。在村落中，大多采用屏门。门墙相结合，尺度小巧，样式简洁朴素（图5-1-29）。

（a）灵水村

（b）张家庄村

（c）西胡林村

（d）爨底下村

（e）碣石村

（f）燕家台村

（g）榆林堡村

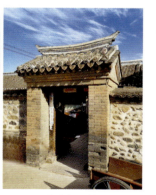
（h）河西村

图5-1-24　院落宅门

图5-1-25 墀头戗檐板　　　　（a）爨底下村　　　　（b）西胡林村

（a）马栏村　　　　（b）东门营村　　　　（c）燕家台村

（d）三家店村　　　　（e）河西村　　　　（f）水峪村

图5-1-26 吊顶、门罩、门楣、门簪

（a）三家店村　　　　　　　（b）东门营村　　　　　　　（c）碣石村　　　图5-1-27　门扇、廊心墙

（a）黄岭西村　　（b）碣石村　　　（c）三家店村　　　　　　（d）燕家台村

图5-1-28　角柱石、抱鼓石

图5-1-29　院落内屏门——南窨村

4. 民居风貌

民居院落的屋顶和墙体在建筑外围护构件中占比的面积大，对村落风貌有着重要的影响。

1）屋面和屋脊

村落民居屋面取材丰富，色调素雅。因筒瓦屋面主要用在官式建筑中，民居中的应用多限于影壁和小型门楼中，所以村落民居中可根据使用材料将屋面分为瓦屋面、石板屋面和瓦石混合屋面三种类型。

瓦屋面又可分为仰合瓦屋面和仰瓦灰梗屋面。前者是北京民居中使用最普遍的屋面形式。仰合瓦屋面使用板瓦

(a)马栏村　　　　　　　　　　(b)灵水村　　　　　　　　　　(c)张家庄村

图5-1-30　仰合瓦屋面

(a)密云区黄裕口村　　　　　　(b)怀柔区撞道口村　　　　　　(c)密云区令公村

图5-1-31　仰瓦屋面

(a)房山区宝水村　　　　　　　(b)房山区柳林水村　　　　　　(c)房山区南窖村

图5-1-32　石板屋面

作为底瓦和盖瓦，相邻瓦垄以一反一正的形式叠加排列，屋面的瓦垄深（图5-1-30）。仰瓦灰梗屋面只铺底瓦，仅在屋面两端铺设几行盖瓦，在底瓦瓦陇接缝处用麻刀石灰浇筑连接以防漏雨。在密云和怀柔使用较多（图5-1-31）。

石板屋面采用天然石板薄片作为屋面面层材料，以从屋脊到屋檐层层叠压的方式有序的铺开，较多见于易于开采获得石材的山区。在开间梁架上方或仅在屋面两端砌筑一条或两条瓦垄，起到固定和保护石板的作用，例如门头沟、房山等山区使用较多（图5-1-32）。

瓦石屋面采用天然石材作屋面面层，并与瓦垄相结合。开间梁架上方的条垄从屋脊砌筑到屋檐，其余部分的条垄则只砌筑一段距离，条垄的间距和条数不固定，起到固定和保护石板的作用。这种屋面也叫棋盘心屋面，在门头沟、房山等山区分布较广（图5-1-33）。

（a）门头沟区碣石村

（b）房山区宝水村

（c）门头沟区爨底下村

图5-1-33　瓦石屋面

北京村落中最为常见的屋脊形式为清水脊。清水脊最大的特点是其正脊两端高高翘起的"蝎子尾"，并有不同的形式和装饰加以处理，格外多彩。两房之间屋脊连接处还会放置大块的砖雕脊花（图5-1-34）。

2）墙体和门窗

村落民居的围护结构包括建筑两端的山墙、后身的后檐墙、前檐窗下的槛墙等。

墙体有砖砌、砖石混合以及石砌三种不同的砌筑方法。不少村落分布于山区，石材取用方便，民居便以石材为主要材料砌筑墙体，独具特色。墙体由形状不规则的石块垒砌。上下层石块间尽量错缝摆放，石块间用灰塞满，外侧塞小石块，以土灰泥抹面或墙面抹青灰，勾缝。有的则直接将墙体裸露，做成"清水石墙"。尤其是石砌槛墙，选石考究，石材打磨成不规则圆弧形，用泥灰勾缝。石块外表光滑，色彩斑斓，砌筑整齐，灰缝勾勒精致，蜿蜒曲折，形状优雅（图5-1-35）。

山墙是位于建筑两侧的围护墙体。北京村落民居中的山墙亦结合地方材料等特色，形式多样，有些还有几何形图案装饰（图5-1-36）。

后檐墙大多以实墙砌筑。根据需要，墙面高处开较小的窗洞或完全不设窗。有些沿街商业型院落也会设门（图5-1-37）。

门窗隔扇做法各地大同小异，采用方直棱、步步锦、灯笼锦、满天星等工艺手法（图5-1-38）。

图5-1-34　清水脊

（a）爨底下村

（b）柳沟村

（c）吉家营村

（d）张家庄村

（a）苇子水村　　　　　　　　（b）令公村　　　　　　　　（c）小口村

图5-1-35　槛墙

（a）东门营村　　　　　　　　（b）焦庄户村　　　　　　　　（c）燕家台村

（d）令公村　　　　　　　　（e）吉家营村　　　　　　　　（f）南窖村

图5-1-36　山墙

图5-1-37 后檐墙

(a) 东门营村　　　　　　　　　(b) 黑龙关村-1

(c) 黑龙关村-2　　　　　　　　(d) 吉家营村

图5-1-38 门窗隔扇

 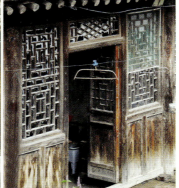

(a) 苇子水村　　　　　　　　　(b) 燕家台村

(c) 张家庄村　　　　　　　　　(d) 柳林水村

（五）村落形态特征

1. 空间形态要素

村落空间形态没有固定的模式，多是自然生长起来的，总体格局较为自由、随机，由院落、街巷、广场、公共建筑等要素构成。合院式院落是村落空间形态的基本组成单元。院落在场地上扩充组合成院落组团。由不同层次的街巷组成的道路网络将院落群组织起来，并串联起公共建筑及广场等公共空间，形成若干中心节点。与地形地貌及水系相结合，形成丰富多变的村落空间结构。

2. 形态影响因素

不同地域、不同环境和不同时期的村落形态有着明显的差别。空间形态受到自然因素和社会因素的诸多影响。自然因素包括地形地貌、当地气候和水文条件等。社会因素包括社会结构、生产生活方式、宗族信仰、文化传统以及经济技术等。自然因素决定了村落的基本形态，社会因素则影响了形态和功能的组合关系。二者的共同作用构成了村落空间形态。结合地形、节约用地，考虑气候条件、节约能源，注重环境生态及景观塑造，运用当地材料及地方化的营建方式，形成因地制宜，特色各异，灵活多样的村落形态。

3. 形态演变

空间形态并非一朝而成，是在地形地貌环境条件以及长期的社会经济文化沉积和演变的基础上逐步形成和发展的。

在地形限制和规模限制因素不强的情况下，村落的最初形态多是分散的散列状住宅，散列状单元慢慢以河流或道路为骨架聚集，成为条带状聚落，条带状聚落发展到一定程度则会垂直长向道路在短向开辟新的道路，形成十字街道，进而发展为"井"字形或"日"字形道路骨架，进一步发展为团块状村镇（图5-1-39）。

随着经济社会的发展，村落的空间形态也会发生变化。商贸型村落会因交通和产业资源因素引发兴衰变迁。例如京杭大运河曾带动一大批沿河的村镇的发展，但是自铁路建设后，沿河村镇则呈败落之势。堡寨类村落因防御屯田而设立，后期逐渐演变为农耕型村落。农耕型村落亦会因为资源、交通、人口、文化等因素逐渐成长为区域中心，承担商贸职能和文化职能，向商贸型或耕读型村落转化。人口规模、职能的变化与自然因素的叠加，导致空间结构的演化。或是居住组团和街道系统的扩展，或是庙宇等公共场所的增加，或是主要街道性质的改变。村落的主导职能与之相对应的空间形态均是动态发展的（图5-1-40）。

村落的生成与演变反映了营建者结合所处环境、利

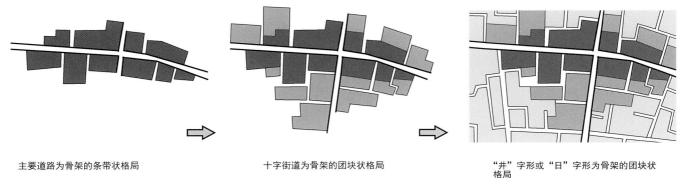

主要道路为骨架的条带状格局　　十字街道为骨架的团块状格局　　"井"字形或"日"字形为骨架的团块状格局

图5-1-39　村落形态演化示意图

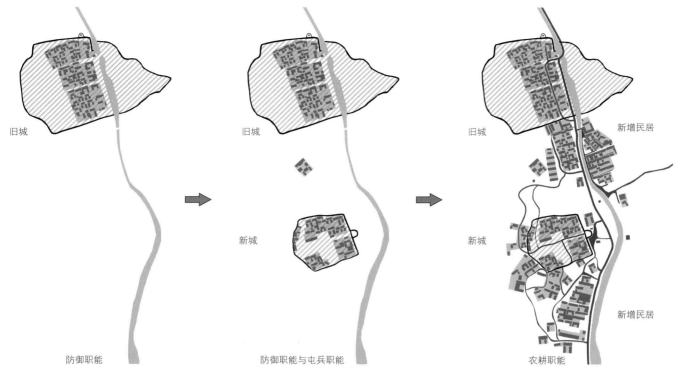

图5-1-40　长峪城村形态演化示意图

用特定的环境构筑人居环境的过程。乡村社会生活中的血缘和地缘关系使村落具有内向型的特点，再加上住宅的形制早有先例，院落营建大多是由各家各户间的相互模仿实现的。村民对民居营造上的共同选择，使村落呈现出同质性。但是，不同个体家庭的民居营建又并非一成不变地复制，而是不断结合地形地貌、交通条件、家庭生活、审美偏好等因素进行调适，又赋予村落以异质性。通过这样的营建过程，村落整体与基地环境协调契合，院落组团呈现出潜在的结构性和秩序感，而院落建筑则个性鲜明，丰富多彩。整个村落展现出一种自在的和谐与秩序（图5-1-41）。

4. 风貌特色

村落置于不同特色的山水环境中，建筑布局顺应自然，灵活多变，景观丰富，步移景异。建筑依山就势，随坡起伏，分台而筑，层层叠叠，鳞次栉比。随山势筑起的宅院，有如自然生长的山屋，与山融为一体。建筑形式多样，就地取材，蛮石建房，山石铺路，青瓦坡顶，石板屋盖。屋顶组合而成的天际轮廓线，民居院落组合而成的团组结构，以依山或傍水的街、巷、路、桥为骨架构成的街巷结构，通过路的转折、收放、小桥、古树、石碾、井台等形成亲切自在的节点空间，构建了疏密有致、开合有度的村落风貌，体现出自然的结构形态（图5-1-42）。

(a) 灵水村

(b) 令公村

图5-1-41 村落的同质性与异质性

(a) 宝水村

(b) 黄岭西村

图5-1-42 村落风貌

第二节 台地型村落

一、台地型村落特征

（一）选址布局

台地型村落地处深山，四面环山，沿地理等高线建于山腰或山脚。山脚缓坡和盆地面积较小，用地较为局促，为争取更多的日照，采用沿山体呈台地布局的形式，呈分层的团块状或散列状，例如爨底下村、柳林水村、金鸡台村。有些村落则为团块状与散列状相结合，例如千军台村。也有少量村落坡度较大，达到15°左右，呈散列状布局。村落为争取南北向，位于南坡或东南坡台地上，坐北朝南（图5-2-1、图5-2-2）。

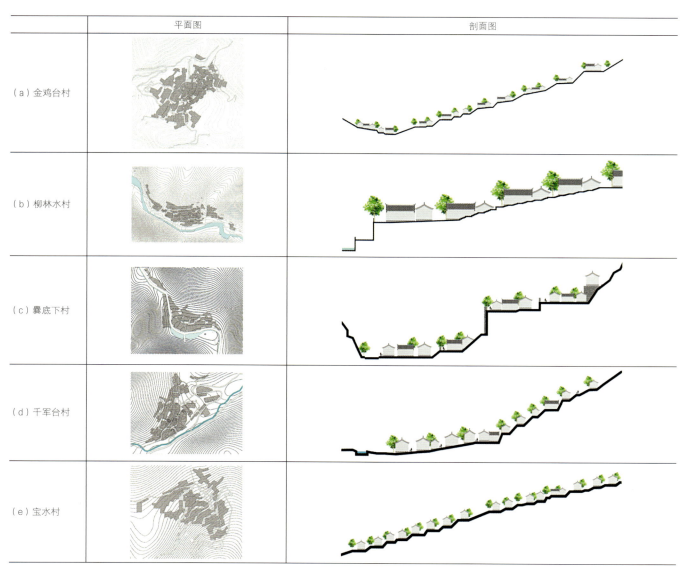

图5-2-1 台地型村落选址布局示意图

图5-2-2 房山区史家营乡金鸡台村

(a) 鸟瞰图

(b) 村落与山体

(c) 村落形态

（二）空间形态

台地型村落布局灵活，形态各异。因受地形所限，村内道路布置随地形走向而设，采取以平行等高线的横向街道为骨架，以随山势布局的垂直或弯曲变化的爬山式巷道为支路，两者相结合，构建融于山坡的道路系统。街巷宽窄和断面因山地而富有变化，两侧围合界面不同，地面起伏不定，增加了空间的趣味性。入户巷道也依地形限制而做法多样，采用坡道或台阶，径直入户与转折入户等（图5-2-3、图5-2-4）。

村内建筑依山而建，分层而筑，构成高低错落的村落形态。山地合院建筑的规模较小，顺应等高线布局。受到坡度的地形限制，空间组合及平面布局灵活多变。为获得平整建造条件，结合地形分台布局。在垂直于山体等高线的方向上通过填、挖将基地平整为不同标高的平台，在上面布置院落和建筑。建筑的组合与布局不过分追求坐北朝南和沿中轴线对称布局的严谨，更强调随地形变化依山就势，因地制宜。路直则正，崖偏则斜，随曲就直，院落不求方正，强调随地形高低和山体坡向灵活组织，形成一些不规整院落，以及合院的衍生形式。院落组合时，有的随山坡走向，垂直等高线纵向布置，成退台式的分层合院，有的利用平缓地横向布置，形成水平布置的合院建筑。因地处山区，就地取材，石墙石瓦构筑，道路用石板石子铺砌，简洁朴实又美观实用，形成独具特色的村落景观（图5-2-5）。

二、台地型村落实例

（一）门头沟区斋堂镇爨底下村

1. 村落概况

爨底下村位于门头沟区斋堂镇西北部柏峪沟中段，为山西移民军屯形成的村落。因在明代"爨里安口"（当地人称爨头）下方得名（图5-2-6、图5-2-7）。

	实景	剖面
（a）平层主街		
（b）一侧房屋，一侧挡土墙		
（c）两侧房屋，高差相差一层		

图5-2-3 台地型村落街道示意图

（a）上升直入　　　　　　　　　　　（b）上升侧入　　　　　　　　　　　（c）分层进入

图5-2-4　台地型村落入户巷道

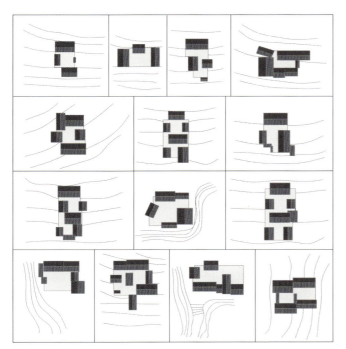

图5-2-5　山地合院平面布置示意图（来源：改绘自《北京民居》）

图5-2-6　爨底下村区位示意图

图5-2-7　爨底下村鸟瞰图

此地地势险要，自古就是一处军事要地。明洪武三年（1370年）在沿河口筑隘设兵，明永乐四年（1406年）在沿河口设守御千户所。沿河口守备公署下辖17座关口。明景泰二年（1452年）在此设"爨里安口"，为其中关口之一。"里安"是山西安邑、夏县一带表示方位的地方口语，如"安""里安""外安""上安""下安"等。其他周围关口中有"上安口""下安口""夹耳安口"等。对有深度较封闭的地形，居高临下俯视时，"下安"亦可称作"里安"。先祖韩仕宁为明弘治年间驻守沿河口的百户。明正德十年（1515年），爨底下村一世祖韩甫金、韩甫银、韩甫仓三兄弟奉命自沿河城到爨里口守关，逐渐繁衍发展，形成了韩氏聚族而居的爨底下村。

清康熙、乾隆时期，村落性质由军屯逐渐向农商转变，日益繁盛。爨底下村位于京西古道从斋堂分支的天津关古道上。出斋堂，走青龙涧，过双石头、爨底下，上岭经柏峪台，再向北，过天津关，上黄草梁，向西北出麻黄峪，到怀来盆地，通往宣化、张家口和蔚州等地，成为京西的重要出塞道路，是北京与怀来、张家口之间的重要陆路联系通道，来往商旅不断。明正德十四年（1519年）和明崇祯十五年（1642年）曾修建和维修此官道。爨底下所处的斋堂川大量出产煤炭，且与京西其他地区多产无烟煤不同，这里出产烟煤，起火快、易燃、火力旺，独具特点。煤炭、粮食、山货运输的骆驼队、马队穿行于此。村里有八家买卖铺子，三四家马车店。加之斋堂川地区交通四通八达，重视教育，文化底蕴丰富，爨底下村对外社会、经济往来频繁，带动了文化交流，文化素养高。另外，村中曾经出现的一些知名人物，如军队官员、替僧（替康熙帝出家为僧）等，也提升了爨底下村的声望。

"爨"字三十画，兴字头、林字腰、大字下面加火烧。从字意解释，一为家，永不分爨，即永不分家。二为灶，烧火煮饭。三为姓。此字难写难认，故而用谐音"川"字代之，村落亦名"川底下"。

2. 选址布局

斋堂地区村庄大多散布在清水河谷、永定河畔的沟谷中及台地上。爨底下村位于群山中南北两座大山相夹的沟谷北侧，背靠龙头山，面向小片开阔地，沿南侧山坡随山势阶梯状呈扇形铺开。西南侧有小北沟河环抱，自北向南流经村落。小北沟属清水河支流，源于黄草梁，经柏峪、爨底下、双石头、青龙涧，至西斋堂入清水河，近年河水已断流（图5-2-8～图5-2-10）。

村落海拔631～650米，高差近20米，坡度约9.4°。选址于山地有限条件中最好的采光通风地段，高低错落，阳光充足。群山环抱，背山面水，水流环抱，有"威虎镇山""神龟啸天""蝙蝠献福""金蟾望月""神笔育人""门插山岭"等景观，具有典型的风水格局。

爨底下村在垂直方向上受坡地地形限制，建筑大致分为上下两层。龙头山山脚靠近古道的位置坡度和缓，沿古道北侧布置服务于交通商贸的商业院落。上层台地为居住宅院。水平方向上，因山势和河道形势，以龙头山为核心，呈扇形向外放射状东西展开。河沟南北山上分别建有娘娘庙与关帝庙，二者地处村口，遥相呼应，形成锁钥之势，起到限定村落边界的作用。

村落坐落于向阳山坡，院落结合山势呈阶梯状依山而建，层层升高。规格最高的韩氏家族老宅广亮院和财主院，主人是村里辈分最高、最有威望的长者。建在村落最高点，阳光最为充足，反映出血缘家族聚落建设的形态特征。

3. 空间形态

村落上下两个台地由200米左右长的弧形挡墙分开。根据地势，石墙的高度也不等，最高处有20余米。民居院落分布在数层台地上错落有致，整体为坐北朝南。街巷组织形式顺应台地地形，下层以沿河沟的古道为主要街道，串联沿街商业院落，地势平坦，道路较为宽阔。上层一条东西走向的道路随山势高低前后蜿蜒延伸，并通过垂直等高线的竖向道路与下层主干道形成

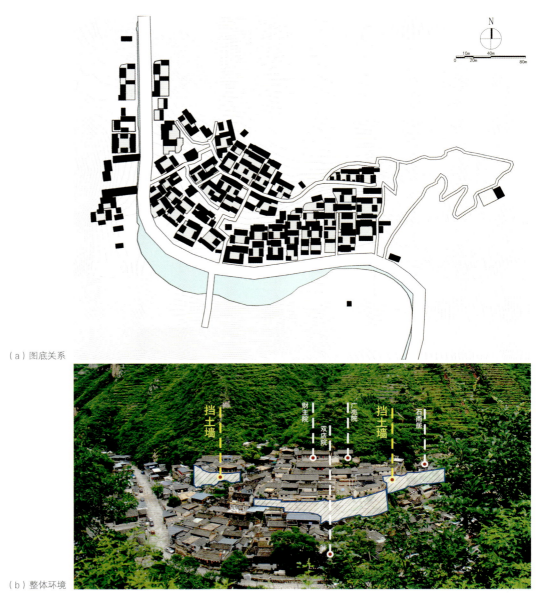

(a）图底关系

(b）整体环境

图5-2-8 爨底下村地形环境示意图

环路，部分路段呈"之"字形，道路较窄。另有若干小巷与环状道路相通，联系各组院落。特别是下层巷道向北延伸较长，以满足北侧院落的入户需求。巷道内均设有适应地势的台阶（图5-2-11、图5-2-12）。

整个村落保留了70多个院落，大部分为清代后期所建。以四合院为主、三合院为辅，也有二合院。由于地理条件的制约，在尽可能保持传统合院布局形制基础上，随山就势，因地制宜，形式多样。村落中既有布局规整的四合院，也有依托地形呈不规则形的小型宅院。大型宅院则采取多种组合形式。垂直等高线的多进院组合，合院沿轴线纵向分台布置，以适应地形高低变化，形成纵向组合的合院组群，例如磨盘院（图5-2-13）。平行等高线的多跨院组合，因受地形水平方向限制，以"多路"水平方向的组合加以扩展，例如石甬居。

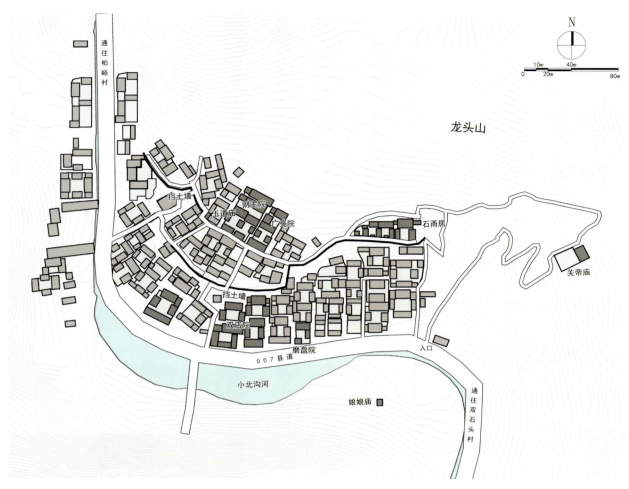

图5-2-9 爨底下村总平面图

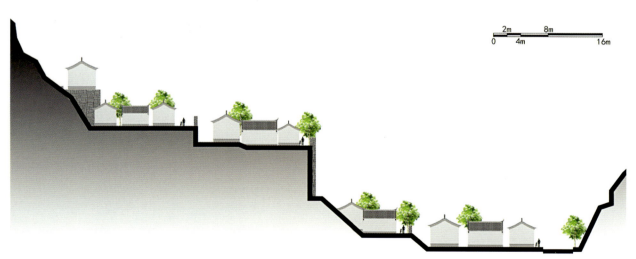

图5-2-10 爨底下村布局剖面图

图5-2-11 爨底下村街巷结构示意图

(a) 古道　　　　　　　　　　　　　(b) 上层环状干道

图5-2-12 爨底下村街巷景观

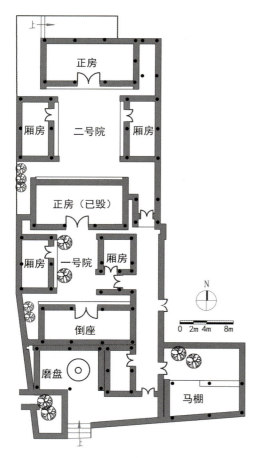

图5-2-13 爨底下村磨盘院平面布局图（来源：改绘自《北京民居》）

图5-2-14 爨底下村院落入口台阶

纵横组合型，则为适应地形垂直和水平方向变化，"进""路"组合，层次丰富，例如广亮院。

地形高差主要通过巷道台阶，入口台阶等方式灵活处理，空间多变。二进院或三进院则通过院落之间的台阶和夹道（图5-2-14）。

院落布局规整，建筑精良，门楼精致，砖雕影壁独具匠心，壁画楹联比比皆是。石砌墙面和铺地、紫石英台阶等体现出就地取材的营建理念。随着山地走向和地形高低的变化，院落组合相连相依，既疏密有致，又自然贴切。呈现出顺应山地高程层层跌落、丰富而舒展的空间景观（图5-2-15）。

爨底下村关帝庙，位于村东山坡上，始建于清康熙五十四年（1715年）。后期多次修整。俗称"大庙"，原为龙王庙，亦称龙王伏魔庙。因历史上雨水很多，常有山洪奔泻而下，故建龙王庙以镇洪水。因村落位于商道旁，庙内增设财神关帝。院落坐北朝南，门楼一座。正殿坐北朝南，面阔三间，进深一间，明间塑关帝像。由于山顶面积有限，仅西侧设厢房，面阔三间。厢房北侧有耳房一间（图5-2-16）。

4. 典型宅院

1）石甬居

石甬居位于村落上层台地的东北部，是一组由东向西平行于等高线的组合院落。因门前彩色山石铺砌的甬道而得名。曾是韩家子弟的私塾，所以也被称为"私塾院"。院落南侧是人工砌筑的高墙，墙内外高差20余

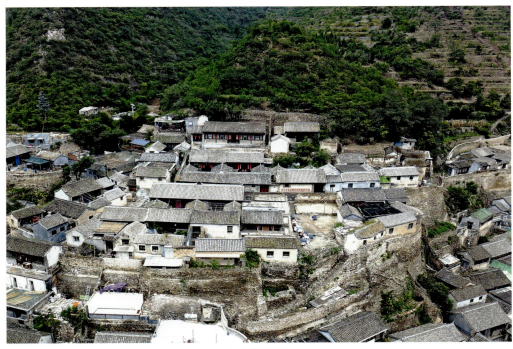
（a）院落组团

（b）挡墙

（c）高台与民居

（d）高台上下院落

（e）古槐

图5-2-15 爨底下村村落景观

米。石甬居由三跨坐北朝南的三合院横向组合而成。北房台明高大，两到三开间，东西两厢房比较低矮，均为两开间。每个院落都有精致的随墙门楼，精巧别致。另外，三跨院落的西侧原来建有一座门楼，并设有大门，将三跨小院整合为严谨的整体院落（图5-2-17）。

2）双店院

双店院位于村落下层中部的古道北侧，地势平坦，为纵横向多进多路组合式院落。集住宿、商业、货物仓储及马棚于一体。各院功能不同，分区明确，互不干扰。

东路前院将三间倒座用作临街商业铺面，经营村民和商旅所需的日常用品，其明间前后各开四扇大门，

图5-2-16 爨底下村关帝庙

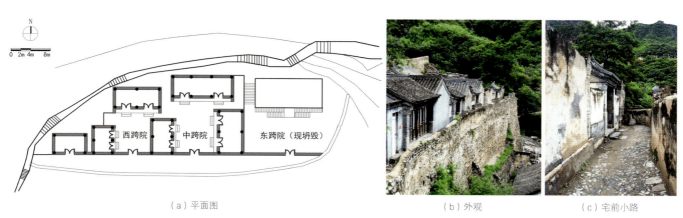

（a）平面图　　　　　　　　　　　　　　　　　　　（b）外观　　　　　　（c）宅前小路

图5-2-17 爨底下村石甬居（来源：平面改绘自《北京民居》）

（a）平面图　　　　　　　　　　　　　　　　　　　　　　　　（b）鸟瞰图

图5-2-18 爨底下村双店院（来源：平面图改绘自《北京民居》）

便于交易。大门可拆卸，所以双店院又称板大门。西路院为骡马店，前院为马棚，后院为客栈。各路院的前院均设有仓储空间。店主的居住院设于二进院，既保证居住安静和私密性，也方便前院的经营管理（图5-2-18）。

3）财主院和广亮院

财主院和广亮院，位于村落上层台地居中轴线，地势最高的地方，是韩氏三兄弟三世同堂的院落群。随山地高差变化组成纵横向多进多路院落。坐北朝南，南北二进、东西三路，共45间。长辈住房位居顶层高敞之处，为全村唯一的五间正房和一间耳房的建筑。长兄住东院，二弟、三弟住中院和西院。院与院之间内部设有夹道相通相连。各院均有向外的门与主街道相连。门楼均设在各跨院的东南角。院落顺应地势北高南低高差约5m，形成了村落的核心，统领着整个聚落的景观形象（图5-2-19）。

（二）门头沟区大台街道千军台村

1. 村落概况

千军台村位于门头沟区大台街道西部，建于清水涧沟北岸台地之上，西邻大寒岭，东邻庄户村。地处军事

图5-2-19 爨底下村财主院和广亮院（来源：平面图改绘自《北京传统村落》）

图5-2-20 千军台村区位示意图

图5-2-21 千军台村鸟瞰图

要地，古时或为驻军之所，或为军户成村。京西古道的主干线西山大道穿村而过，煤炭资源较为丰富，村落也是国家级非物质文化遗产"京西古幡会"的传承之地（图5-2-20、图5-2-21）。

大寒岭，曾叫大汉岭，古时既是必经翻越的交通要道，更是历代兵家必争之地。汉代便是匈奴与汉的交界处，唐卢龙节度使刘仁恭常在此选将练兵，过岭击之。辽时文献便已有此村记载。明时称"千人台"，村民大多由山西移民屯垦戍边而来。清代改叫"千军台"。现今，村中有李、刘、莫、杨四大姓氏（图5-2-22）。

村落位于西山大道上，自古是商旅往来的必经之路。清朝，这里成为斋堂地区连接怀来盆地的商旅要道。古道向东，过庄户、东板桥、玉皇庙、大台、王平、石古岩、琉璃渠到三家店，通往京城，并在东板桥以东分出一支向东南方向，过王平口接玉河大道，经圈门、麻峪、到磨石口，通过京城。古道自千军台向西，翻大寒岭，到煤窝，至军响向西，过斋堂，通向河北、内蒙古等地。村中古道两旁曾有大西店、小西店、南铺、北铺、郭铺、炉房、李家店、大北店等商铺，可见当年之繁华。

千军台村地处大台地区河谷地带，煤炭资源丰富。清代时，千军台村煤炭产业较为兴盛。清乾隆二十七年（1762年），工部大学士史贻直巡查京西煤业后，在给皇帝的奏折中写道："宛平县属门头沟、天浮桥、峰口庵、王平口、千军台等处，旧有煤窑四百五十余座，现开一百一十七座。由大岭以东门头等村仅有二十九座，其余八十余座俱在岭头峰口庵西北一带"。清中叶开始，村内人口有较大的增长。中华人民共和国成立后京煤集团木城涧煤矿在千军台还设有坑井，近年逐渐关停。

抗日战争期间，在村北发生了增援南口的髽髻山战

图5-2-22 千军台村周边环境示意图

役，日军曾多次炮击村里。后来，又遭日寇和"还乡团"多次焚烧，以致村内建筑毁坏殆尽。现有房屋大多是中华人民共和国成立后所建，就地取材，采用传统营造技艺，保持了传统风貌。

2. 选址布局

千军台村位于大寒岭南坡脚下，清水涧沟西端北侧一块面积较大的台地上，整体处于山腰偏下处，呈较为松散的团块状分布。四周群山环绕，南侧有轿顶山（又称"南大尖"），北侧为清水尖、抓髻山，东侧东大尖，西侧大寒岭。源于大寒岭从村南自西向东流过的清水涧沟，古称"清水河"，与村北的曹家铺八里沟在村东汇合后，向东至落坡岭汇入永定河。村落坐北朝南，背后靠山，村前环水，山水形胜及自然环境俱佳。西高东低，海拔460～517米，高差约57米，坡度约6.8°。村内建筑顺应山体，由南向北逐渐抬高。这里山体岩石易于加工成片，村北和村西曾开有石板堂，为建造房屋提供石材（图5-2-23、图5-2-24）。

3. 空间形态

村落在中间台地处有一条主街，沿等高线东西贯穿村落中部，并分别通过长缓坡和"之"字形道路在西侧和东侧与下层主干道相连。次要道路和巷道以斜坡或台阶形式联系上层和下层台地，少数道路垂直于等高线（图5-2-25）。

街巷两侧基面不同，高度差各异，依山就势的结构营造出多样的街巷空间。主街宽敞平坦，空间格局舒展。次要道路多伴有高差，有些街巷的两侧基面相夹，形成内聚的空间格局；有些街巷一侧高筑堡坎，另一侧视野空旷，形成外向的空间格局；还有些街巷，一侧为

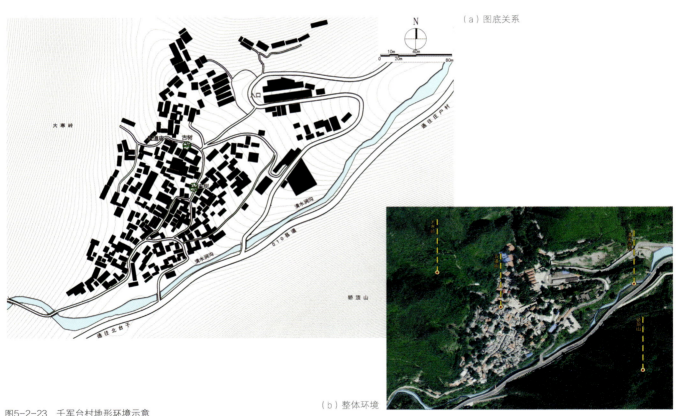

图5-2-23 千军台村地形环境示意
（a）图底关系
（b）整体环境

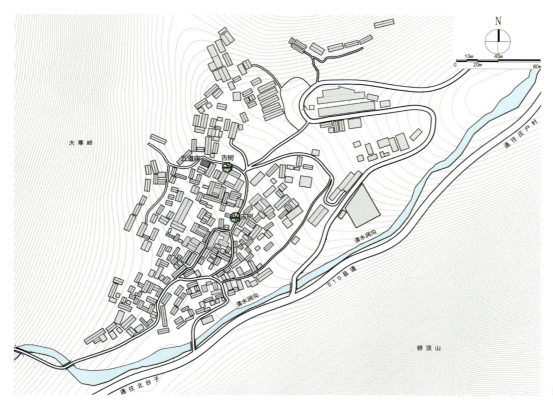

图5-2-24 千军台村总平面图

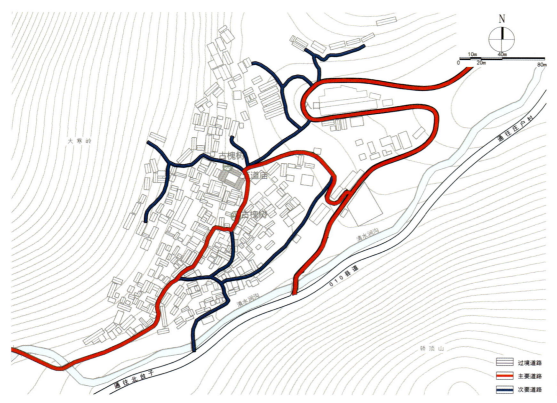

图5-2-25 千家台村街巷结构示意图

244

挡墙，高达5米左右，一侧为错落的石板瓦屋面，屋顶与道路景观相互交织。坡道与台阶组合形成立体交通系统。加之街巷水平方向的弯折迂回，多种连接形式使得空间充满趣味性（图5-2-26）。

石片是千军台村整体风貌的突出特征。石砌墙壁，石板屋面，青石村巷。村中随处可见石砌的房子，石砌的储藏窖，甚至石砌的过梁。屋顶大多采用石板屋面，并铺设数垄长短不一的板瓦。地面铺装也多采用石板石条，与依山势起伏的大片重重叠叠的石片坡屋面和错落有致的石墙相呼应，极富地域特色，独具韵味（图5-2-27）。

村东建有五道庙，规模很小。主街中段有一棵古槐，树干中空，枝繁叶茂。村东有古桥一座。从潘涧子到千军台这一段10余里长的古道上，有8座过沟跨涧的单孔石砌石桥，有"十里八桥"之称。此桥就是最西头的一座，人称"老桥"。

4. 节事文化

大台地区自古交通及煤业相对发达，逐步形成了地域特色突出、内容形式丰富的民俗文化。其中，千军台庄户幡会最具代表性。幡会始于明、兴于清，于每年农

（a）主要街道

（b）巷道-1

（c）巷道-2

图5-2-26　千家台村街巷景观

（a）院落组团

（b）院落-1

（c）院落-2

（d）屋顶-1

（e）屋顶-2

（f）挡墙

（g）古树

（h）古桥

图5-2-27　千军台村村落景观

历正月十五、十六举行，传承至今，有着数百年的历史。

千军台庄户幡会以颂神、祭神为主要内容，相传在清代，受到过皇帝的"御览"，被御封为"天人吉祥圣会"，并御赐"铜锤铁锏"，成为"镇会之宝"。

在每年正月十五和十六这两天里，幡会以村落为单位去对方村落中参加活动，而且在两天时间里分别以各村的庙宇为仪式中心进行走会。在两村走会期间，两村各有的幡旗以及表演团队组合在一起，形成一个队列，在主方村落庙宇进行祭神仪式活动并进行表演。两天的走会有一定的程序和特定的走会路线，幡旗等会档统一调度安排，队伍可长达一华里多，场面十分壮观。幡旗之队列，乐曲之演奏最为繁盛。一是幡、二是乐，既有旌旗招展，又有乐曲相伴，花会舞蹈穿插其中，数十个会档，数百名"演员"，数不清的观众，场面古朴奔放、五彩缤纷，场面宏大、气势磅礴。

图5-2-28　柳林水村区位示意图

（三）房山区史家营乡柳林水村

1. 村落概况

柳林水村位于房山区史家营乡东部圣莲山山麓，大堰台沟北侧台地上。东南邻鸳鸯水村、西南邻杨林水村，西北邻金鸡台村，东北接大安山乡。现位于108国道与涞宝路交会处（图5-2-28~图5-2-30）。

明代成村。柳林水村最初村中有三条水流，原名三流水。后来三条水流干涸，因村南大堰台沟中多柳树，故而得名柳林水村。

圣莲山原称莲花山，也称"圣米石塘"，海拔约930米。为大石河上游、百花山向斜南翼的小型岩溶盆地。天然溶洞圣水洞中的泉水，常年滴水犹如琴瑟之韵，据传乾隆皇帝曾派人取水养生。山上建有南庙北庙。南庙区多建于明清时期。莲子峰为兀立在岩溶盆地上的孤立石峰。"圣米石塘"是莲子峰下的脚洞。石塘就是石堂，建于明代。"圣米"，是山洞石壁上的石英结晶体，形似白米粒。洞中原有佛像和石碑。胜泉寺，俗称南庙，始建于明永乐年间，为佛教寺庙。民国时期，圣莲山易僧为道，兴盛起来。北庙区建于民国时期，以蟠桃宫为主，始建于1924年，为一座道教名观。因莲花山圣水能调理百病而称誉京华。曾建有三宫三院，三宫即王母宫、斗母宫、圣母宫，三院即曹锟别墅、吴佩孚别墅和杨小楼别墅。圣莲山环境清幽，峰峦壁立，植被丰富，历史上不乏名士游踪至此，建佛庙道观，成为宗教文化名胜。清光绪时期白云观第二十代方丈高仁峒是近代道教史上的一个重要人物，曾于清光绪二年（1876年）居于此地。柳林水村随圣莲山的逐渐发展而兴盛起来。

2. 选址布局

柳林水村地处房山区北部石灰岩岩溶峡谷区域，沟谷陡立，道路崎岖。村落位于圣莲山南麓山脚下，背靠后岭头，南侧为大堰台沟自西向东流过，在佛子庄乡

图5-2-30 柳林水村周边环境示意图

北石匣附近汇入拒马河水系的大石河。村落呈团块状阶梯格局，坐北朝南，背后靠山，村前环水，枕山面水，四周群山环绕，峰峦叠嶂，景色优美，环境极佳（图5-2-31、图5-2-32）。

村落地势北高南低，海拔361～395米，高差约34米，坡度约9.4°。两山夹一沟。南北长约500米，东西宽约1000米。整体呈东西向"S"形"鱼"状格局，"鱼腹"位置为村落主体部分。东侧"鱼尾"部分为另一高耸台地，称"东台"，与西侧村落主体之间由一条与大堰台沟垂直的南北向分枝沟谷相隔。整个村庄层层叠起，从南到北呈台阶式展开。

3. 空间形态

村落整体格局较为紧凑。通过两条平行于等高线的东西向主要街道与沿大堰台沟的贾金路相连。北侧一条联系上层台地，南侧一条联系下层台地，并通过"之"字形长坡道联系涧沟两侧的村庄主体部分和东台。其他次要街巷多以东西向为主，分布于不同标高的台地，另有些街巷为垂直于等高线的台阶，用于南北向联系。村庄主路道路宽度约4～6米，村庄次要道路宽度约2～3米。村落中部有一条全长约300米的东西向古街，在东西端部各有券门一座，底座成拱形，券门上边是瞭望台，墙体为浆砌块石，石灰黄土混合而成，今券门已不存在（图5-2-33）。

村中最早的庙宇是长星观，位于村落中部，始建于明朝。村中有一句谚语"先有长星观，后有圣莲山"，据传为圣莲山胜泉寺的下院。房屋院落年久失修，仅存石碑一块。长星观北侧为戏台，中间形成一阶梯状广场，用于做法事和观戏等活动，设有条石铺砌成阶梯状台阶，最早的时候有32级台阶。柳林水的山梆子戏远近闻名，当年十里八乡的人，都会到柳林水村来听戏。现戏台为近年重建。最北端涧沟旁建有一座龙王庙，始建于明代，2007年重建。

村落以四合院、三合院为主，现仍有20余处风貌较完整的传统院落。因地处山区，就地取材，石材利用富有特色。门楼较为精美，入口台阶踏步宽大，步数较多，条石铺砌。槛墙为石块砌筑，泥灰勾缝，绘有植物纹样，古朴美观。屋顶以石板为主，也有板瓦屋面。部分民居为民国风格的券形窗洞。村中还有当地"青子广"石材的古碾若干（图5-2-34）。

（四）房山区蒲洼乡宝水村

1. 村落概况

宝水村位于房山区蒲洼乡的东北端，地处太行山北段深山区。东邻霞云岭乡，北邻河北省，西邻堆金台、东泥洼村，南邻黄土岭村（图5-2-35～图5-2-37）。

宝水村得名有两种说法。一是因村落处在被称为豹儿水沟的山谷内（此山谷或因有豹子出没而得名），沟内的河流源出自小寒岭之东南麓，东南流经豹儿水村，向南流经蒲洼、红姑娘口，经马鞍村汇入拒马河，该河称豹儿水，现名马鞍沟水，系拒马河水系的支流，因村子地处豹儿水源头，得名豹儿水。20世纪六七十年代

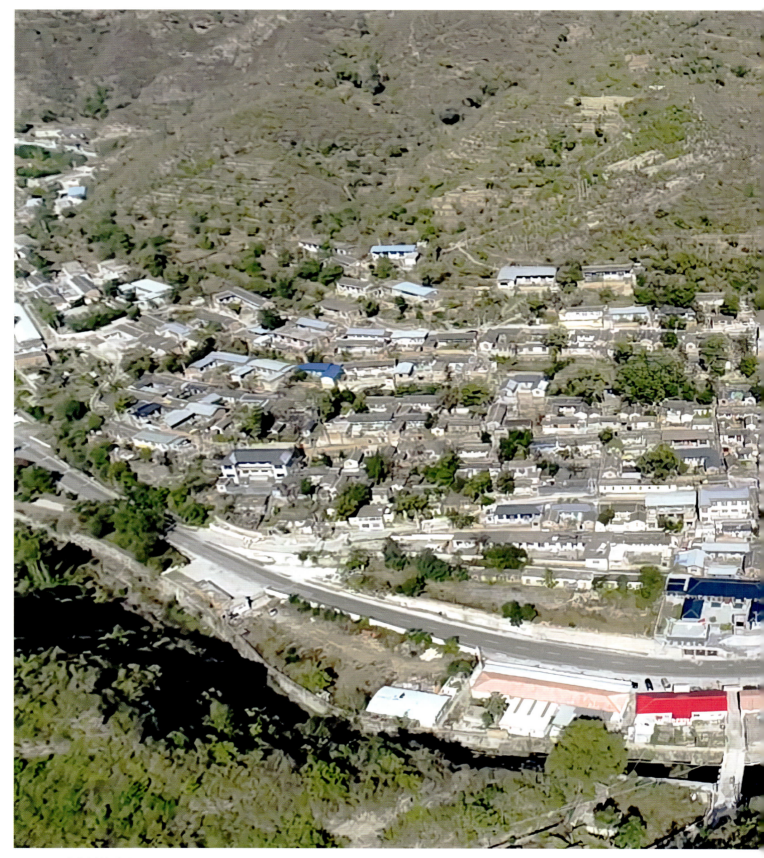

图5-2-29 柳林水村鸟瞰图

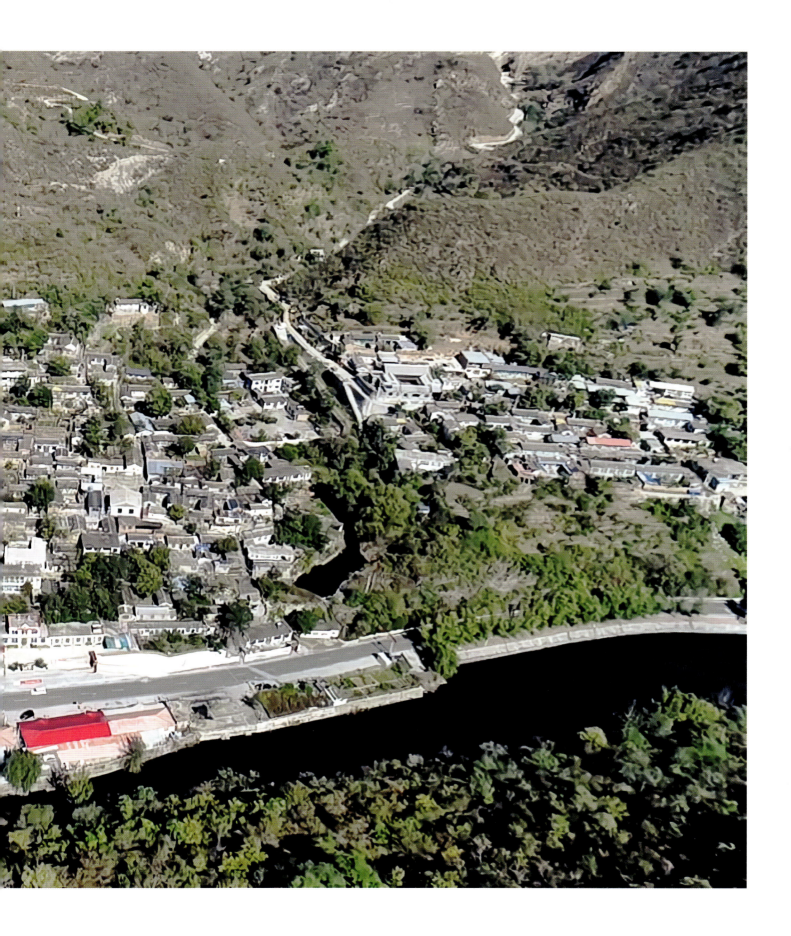

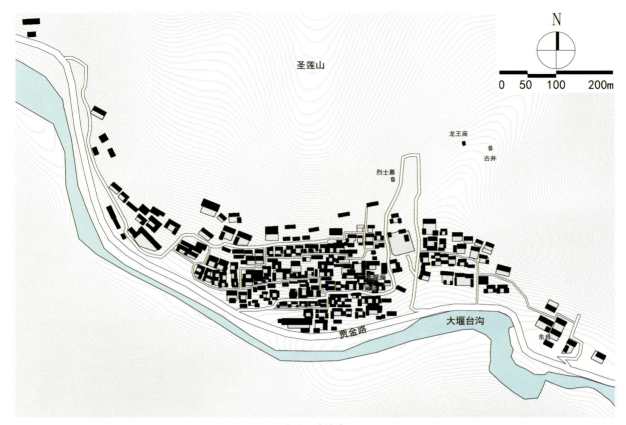

(a) 图底关系

(b) 整体环境

图5-2-31 柳林水村地形环境示意

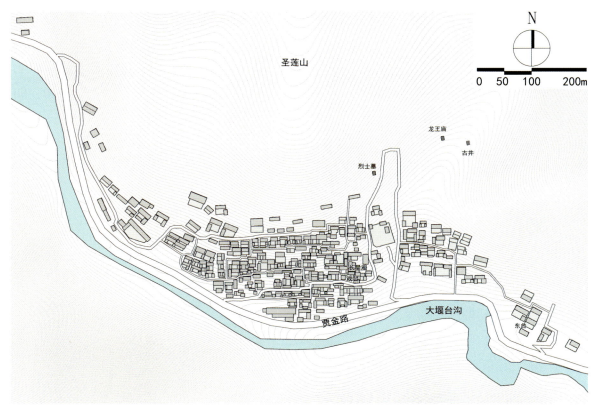

图5-2-32 柳林水村总平面图

之前,还有"鲍尔水"或"抱儿水"的叫法,如今蒲洼当地年长者仍使用去声的叫法。另一说法是,清代梁姓兄弟从史家营乡秋林铺逃荒到此,发现石缝中有清泉涌出,遂在此垦荒定居,张姓、杨姓人家也相继到此定居,随着人口的繁衍逐渐形成村落,后来在泉眼之上建成龙王庙,庙下雕石为龙头,泉水由龙口喷出,为体现水的宝贵,村庄得名宝水。

宝水村曾有煤炭开采,处在房山煤炭资源分布带上,即百花山向斜南翼,东起史家营青土涧,经霞云岭乡司马台,西至蒲洼芦子水村一带。

抗日战争时期,此地是平西抗日根据地的重要组成部分。

宝水村较为知名的民俗文化为传统刺绣、山梆子戏和传统饮食等。其中山梆子戏产生于清中期道光年间,在方圆200里之内广为流传。

2. 选址布局

村落所处的房山区蒲洼乡位于北京市西南部,素有北京"小西藏"之美誉。新中国成立前,此地森林蔽天,野兽出没,交通闭塞,人烟稀少。如今也是北京市林木覆盖率和植被覆盖率最高的地区之一,山高林茂,气候凉爽。

宝水村坐落于群山环绕的半山腰台地上,为马鞍沟水流发源地。马鞍沟为拒马河一级支流,发源于宝水村,自北向南流经蒲洼、卧龙、马鞍等村,于十渡镇十渡村汇入拒马河,主沟长度约27.4公里。村落周围有林云山、驼虎岭、扦插岭等多座山岭,包括大黑林(刺天峰,海拔约1870米)、麻子崖、观景坨等千米以上的山峰。

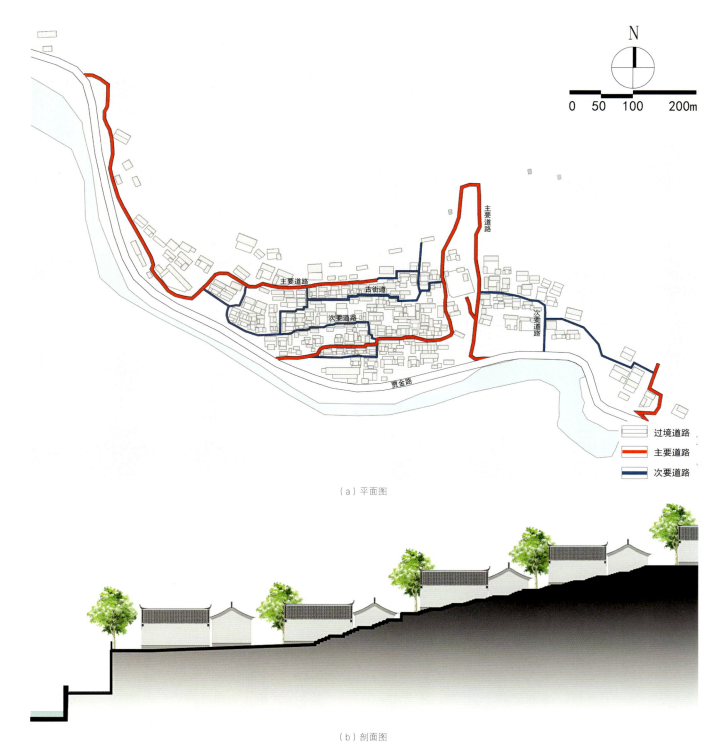

图5-2-33 柳林水村街巷结构示意图

(a) 街道-1　　　　　　　　　　　(b) 街道-2　　　　　　　　　　　(c) 戏台前广场

(d) 院落　　　　　　　　　　　　(e) 门楼　　　　　　　　　　　　(f) 民居

图5-2-34　柳林水村村落景观

图5-2-35　宝水村区位示意图

村落地处海拔1100米左右的高山区，海拔1027~1114米，高差约87米，坡度约14°。地势北高南低，呈阶梯散列状分布。山林茂密，气候宜人，空气新鲜，风景秀丽（图5-2-38、图5-2-39）。

3. 空间形态

宝水村街道呈"之"字形，在山坡中蜿蜒盘旋。三条东西向主要街道贯穿于上、中、下三层台地。中间又有若干"之"字形次要道路和巷道加以连接（图5-2-40）。

龙王庙位于村落外围，中层台地东部。有古松一颗，庙的下方即为龙口泉水取水处。

院落的四合院、三合院约有40多座，多为清代建造。就地取材，石砌房屋，屋顶为石板瓦。其余院落以

图5-2-36　宝水村鸟瞰图

图5-2-37 宝水村周边环境示意图

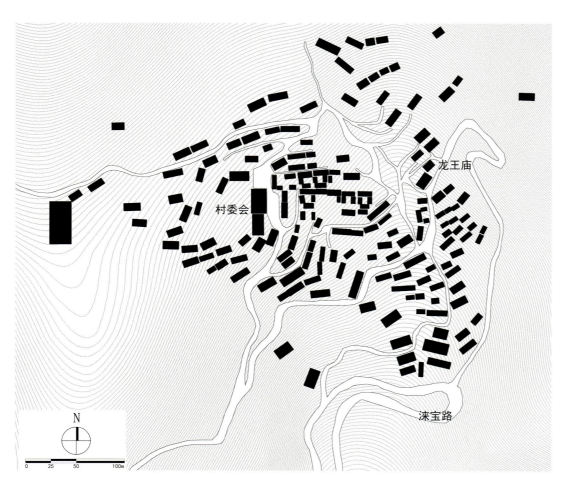

图5-2-38 宝水村图底关系

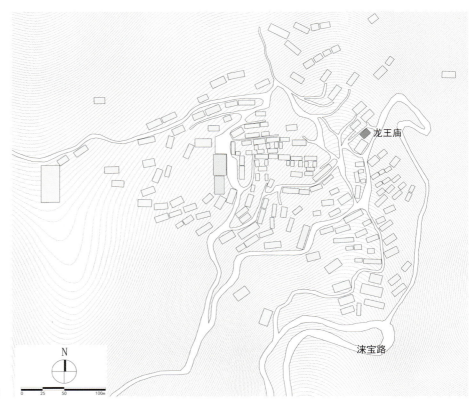

图5-2-39 宝水村总平面图

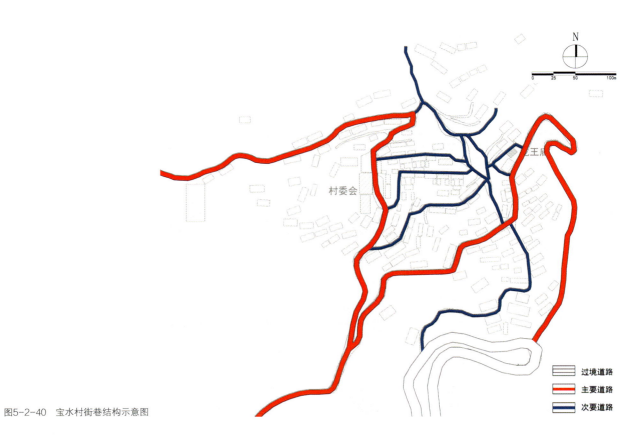

图5-2-40 宝水村街巷结构示意图

（a）街道

（b）局部鸟瞰图

（c）院落组团

（d）院落

（e）民居

（f）龙头泉眼

图5-2-41　宝水村村落景观

独院为主。院落分布在上层台地相对集中，下层台地较为分散，随地势错落分布。与周边阶梯状田地融为一体，形成独具特色的梯田村落景观。春天，漫山遍野的映山红，奇花异草，姹紫嫣红；夏天，气候舒爽，云海景观蔚为壮观；秋天，松涛林海，晚秋红叶；冬天，凛冽松涛，踏遍雪原。宝水村的美景，美不胜收（图5-2-41）。

第三节　临溪型村落

一、临溪型村落特征

（一）选址布局

河流是村落选址的重要依据，同时又是村落整体空间形态的主要影响因素之一。河流不仅能够给村落居民的生产、生活带来便利，营造良好的生态环境，也是部分村落发展繁盛的重要依托。区域交通型河流因商贸运输带动沿线村落的发展，例如大运河沿线的张家湾村。大型河流两岸交通节点型村落会依托枢纽优势发展为商贸型村落，例如永定河沿岸的三家店村。中小型河流为村落居民的生产、生活带来便利。沿山区沟谷溪流发展的村落还需应对季节性水流的影响。

村落最初近水择址，逐渐结合外部环境向周围扩展。水体的形态及分布对村落空间形态产生一定的影响，使村落呈现不同的平面形态。按照河道与村落的关系可分为河道临近村落和穿过村落两类。选址于河流、湖岸一侧的村落，村落或依水系呈条带状布置，或与河流保持一段距离呈团块状布置。近水村落布局多采取随地势、河流走向等因素，依河岸形态逐渐展开，顺水而建，河流对村落的外部形态起到了部分的限定作用，一侧的村落边界和水系边界一致。例如南窖村、沿河城村、柳林水村等。而选址于山区沟谷两侧的临溪型村落，因沟谷空间有限，而溪流水系水面相对狭小，因此村落大多选择跨溪发展。穿村而过的溪流成为村路的骨架，院落结合山体等高线布局，形成灵活多变的条带状、散列状村落格局。当村落位于两条溪流交汇处或者溪流拐弯处时，村落的发展边界会受到溪流的双向限制，村落分别沿溪流的两个方向发展而形成团块状村落布局，例如黄岭西村（图5-3-1）。

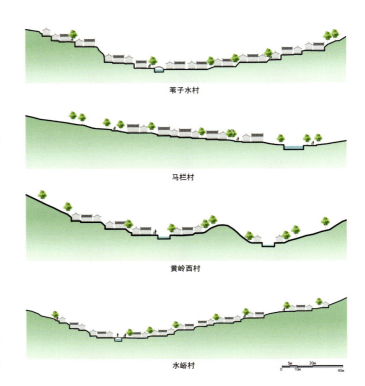

图5-3-1 临溪型村落选址布局剖面示意图

（二）空间形态

溪流河道较窄，不具有交通功能，却成为村落空间形态中的骨架，加之山地地形的起伏变化，空间层次极为丰富，在北方地区更具特色。

村落在山势地形和溪谷走向的共同作用下沿溪筑路，缘水成街。平行于溪流的道路形成贯穿村落的主要街道。次要道路与溪流垂直，沿山路或蜿蜒而上。主路与次路相连交织，形成鱼骨状的街巷格局。

溪流与河流不同，大多较窄且具有季节性，所以村落跨溪发展，以桥联系。溪流在村落中穿行，有时左岸、有时右岸，以小桥为过渡。数量不一、形态各异的小桥既承担了连通街道两侧的交通功能，也起到了道路空间转换的作用。同时，小桥多为交通节点，与古树、庙宇、古碾结合，成为村落中的小型公共空间（图5-3-2）。

临溪街巷的尺度受水道的影响，空间会显得更为宽敞，街道界面也因一侧山体一侧溪流，或一侧溪流一侧院落等变化丰富。沿水系形成的村落主干街道继承水系曲折多变的自然形态。溪流走势曲折蜿蜒、宽窄变化多样、水位涨落多变，街巷亦随水系在平面上进退不一，通而不畅（图5-3-3）。

在溪流和山体的共同作用下，院落分布和空间格局灵活多变。建筑有垂直溪流方向、沿山体等高线层层向上的台地布局，也有在较平缓的地段顺着溪流横向排列的宅院。临水院落有些依溪流曲折而进退；有些顺应水流形成弧形院墙；有些为避免洪水侵袭而坐落于高台之上，通过坡道或台阶入户；有些院落建于与主街对应的溪流另一侧，单独修建小桥入户（图5-3-4）。

村落院落建筑在水平方向依溪流进退自如，垂直方向依坡地层层错落，生动自然。溪流、街道、小桥、院落，共同构成丰富多彩的空间形态。

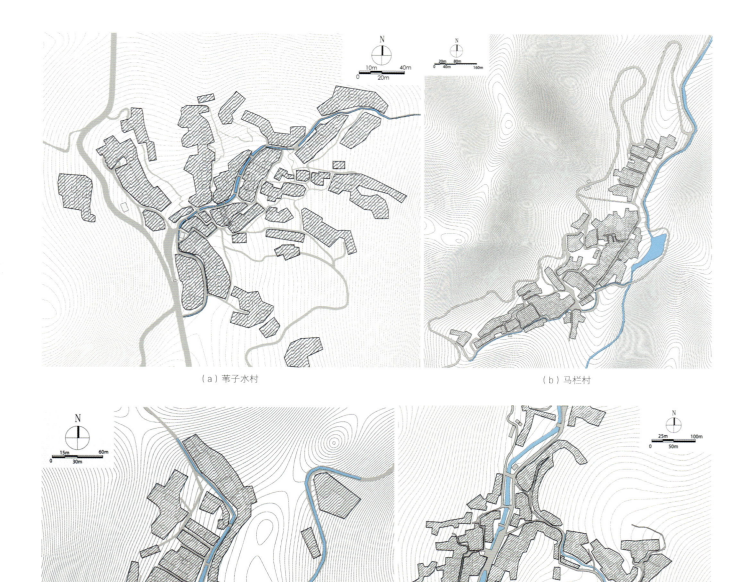

(a) 苇子水村

(b) 马栏村

注：图中水系为推测历史环境，现已改作道路

(c) 黄岭西村

(d) 水峪村

图5-3-2 临溪型村落空间形态示意图

临溪型村落与其他临近河流的村落一样,多建有与水有关的庙宇和构筑物。例如龙王庙、灵泉寺、翁桥等,以表达对"水"的敬畏之情和感激之情。祈求水流平顺,涝时免发洪水,旱时赐水降雨,保佑村落平安。

二、临溪型村落实例

(一)门头沟区雁翅镇苇子水村

1. 村落概况

苇子水村位于门头沟区雁翅镇东部,田庄沟的中段,沿山谷溪流分布(图5-3-5、图5-3-6)。苇子水村为明代山西移民形成的村落。宗祖高氏一族为山西移民,落户在雁翅。后来,高自笔、高自墨兄弟两人迁居于此。最初住在村东可躲避风雨的天然石洞中,随后逐渐修建房屋,繁衍后代。历经600余年繁衍,百户同宗。后代也有宗族分支迁往山神庙和田庄居住。

先人初到此地的时候,村中有一东西走向的水沟,常年流水,芦苇茂盛,而且苇子下面能够滋出水来,于是就在这个水源充沛的地方定居下来,称之为"苇滋水",村名也逐渐取谐音变为"苇子水"。

苇子水村位于古西山大道支路上。西山大道在芹峪村附近有一支路向东北方向,过苇子水、田庄,到淤白,通往昌平。

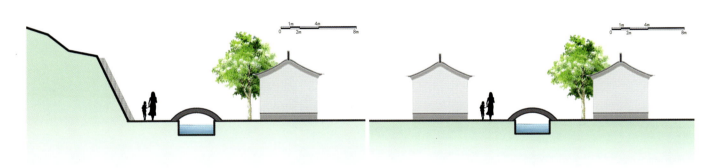

(a)院落—溪流—街巷—山体挡墙　　　　(b)院落—溪流—街巷—房子

图5-3-3 临溪型村落街巷尺度示意图

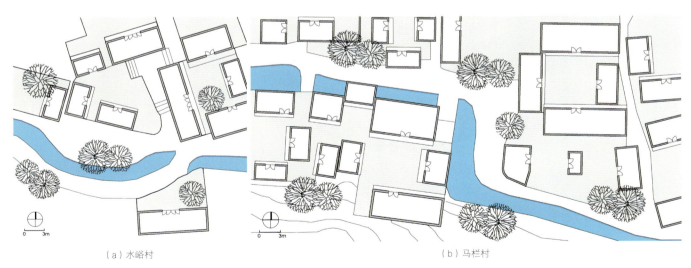

(a)水峪村　　　　(b)马栏村

图5-3-4 临溪型村落水街院落空间格局示意图

2. 选址布局

苇子水村位于田庄沟中段的溪谷盆地中，群山环绕，山上积水下流成灵泉河，自东向西贯穿村落。村落以溪流为主干，南北两岸依山而建，形成条带状村落。地处低山区，海拔431～473米，坡度6.3°。

村东有一山峰凸起，其形态酷似神龟昂头眺望，村民称之为"神龟迎紫气"。村南有九条山脊，远看酷似九条神龙，龙头都朝向低谷。灵泉河之水流酷似金盆，村落坐落在"金盆"之中。九龙之头探至金盆之边，恰似饮灵泉之水，故村中有"九龙戏金盆"之说，寓意苇子水村兴旺发达（图5-3-7、图5-3-8）。

3. 空间形态

苇子水村以灵泉河河沟为骨架，以两侧的分支为支撑，形成沿溪水向两侧放射发展的鱼骨形格局。受山地

图5-3-5　苇子水村区位示意图

图5-3-6　苇子水村鸟瞰图

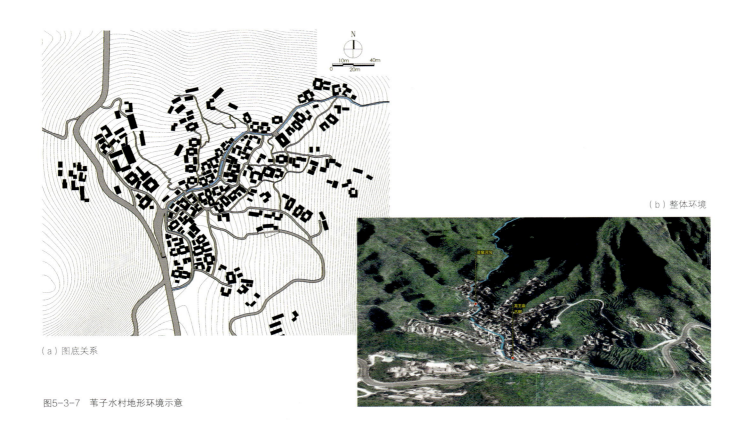

(a) 图底关系

(b) 整体环境

图5-3-7 苇子水村地形环境示意

的限制，民居院落依山而建，沿山坡错落分布。

苇子水村主街为沿灵泉河沟分布的石梯路，西起村口广场，沿水路一直延伸到村落东北角。主街一侧是河沟，使主街空间感受较为宽敞。小巷垂直等高线分布，弯曲有致，联系处在不同台地的院落。坡度变化多，上行下行交错。溪流与街道相互交织，不时变换方位，时而溪流在东，时而街道在东，使水街空间开合有致，充满灵动韵味（图5-3-9、图5-3-10）。

灵泉河沟大体呈东西走向，深约两米。街长沟长，因此溪上443米的距离架有12座桥，建于不同年代。有些由全村出资修建，有些由村民个人修建。随溪沟宽窄变化，桥身的长短随之变化。形状多为拱桥。石桥就地取材，石头块头不大，经过能工巧匠之手的雕琢而形状各异。虽然溪流几乎干涸，但受溪流影响而营造的"溪、桥、院"空间依然完好。

村落西端入口处的拱桥为村落中最早的石桥。石块发券而成，坡度相对平缓，距村头古槐树很近，是村民乘凉消暑的好去处。久而久之，拱桥一带成为村中重要的公共活动空间之一。

村落建筑由三合院或四合院组成，庭院宽大。其中明清四合院40余座。坐北朝南，临街后墙不时可以看到"紫气东来""吉星高照""山高水长""物华天宝""人杰地灵"等字样。不少沿溪院落设有影壁，形成从河边到户门的缓冲过渡。

村中有"一榆两槐四古柏"的古树，也有娘娘庙、龙王庙等庙宇（图5-3-11）。

4. 节事文化

苇子水秧歌戏是北京门头沟古老的戏曲剧种之一，被评为北京市非物质文化遗产。该秧歌戏起源于明代嘉庆年间前后，伴奏以打击乐为主，整场戏只用锣鼓，不用丝竹。演出时打一阵"家伙"，唱一段戏文。伴奏铿

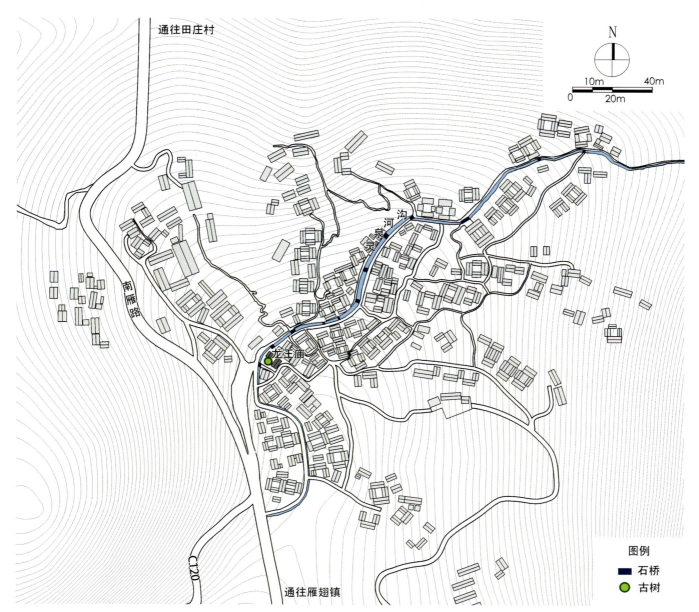

图5-3-8 苇子水村总平面图

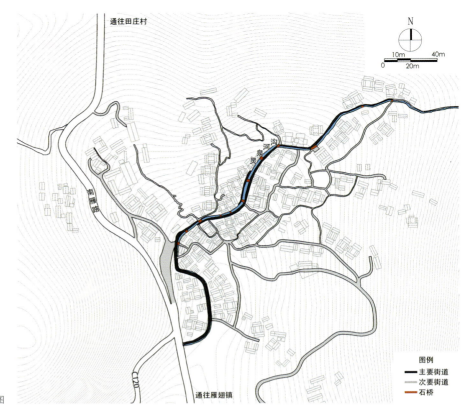

图5-3-9 苇子水村街巷结构示意图

(a) 水街-1　　(b) 水街-2　　(c) 水街-3

图5-3-10 苇子水村街巷与石桥　　(d) 石桥-1　　(e) 石桥-2

(a) 局部鸟瞰

(b) 街巷空间

(c) 街巷转折空间

(d) 院落

(e) 民居

(f) 龙王庙

图5-3-11 苇子水村村落景观

锵有力,唱腔苍劲豪放,生旦净末丑齐全,唱念做打俱备,是一种化妆演出的舞台剧。演出剧目以古装传统剧目为主,兼有民间生活的故事戏,其唱腔在山乡戏曲中独具特色。

(二)门头沟区斋堂镇马栏村

1. 村落概况

马栏村位于门头沟区斋堂镇南部,地处老龙窝北麓马栏沟西坡阶地上,为深山区村落(图5-3-12、图5-3-13)。据传说,唐代马栏是给灵岳寺养马的地方。先有灵岳寺,后有斋堂城。灵岳寺建于唐贞观年间,斋堂原是灵岳寺招待过往僧人和宾客的地方,故名斋堂。元代至正年间这里创建龙王观音禅林。明代万历年间,此处为圈放马匹之地,故名马栏村,并设有管理马匹的马官8名。

明清时期,为马兰村百花山瑞云寺敬香古道上的所经之处。登百花山进香古道有四条,马栏村是必经之路。村中建有广善禅寺、圣泉寺、法幢庵、龙王庙、五道庙等庙宇。另三条为大寒岭属东道、房山属南道、黄安坨属西道。

抗日战争时期，这里成为抗日敌后战场的指挥中心。1939年，冀热察挺进军成立，萧克任司令员兼政委，司令部设在马栏。此后，挺进军在平西、平北、冀东等地浴血奋战，指挥军民共同粉碎了日寇多次大扫荡。马栏村成为平西敌后抗日战场的坚强堡垒。

马栏村煤炭资源丰富，曾有煤窑数座。

2. 选址布局

马栏村地处清水河南岸500米的太行山脉沟谷之中，群山环抱。主要沟谷有长榆沟、水浒沟、梨园沟、罗班沟、罗子峪、塔院谷等。村落东面有古石龙山、猴山，南面有马栏山、妙庵梁，西面有双峰山、后崖，北边有团山，周围山体的格局呈现出北高南低、西高东低的形势。村落在沟谷中呈条带状分布。地处低山区，海拔574~624米，坡度11.9°。

村落坐落于马栏沟主沟溪流和两条支沟溪流的交汇处。马栏沟主沟溪流位于村东，支沟溪从村内自西南方向流入村落，在村西形成了独具特色的水街。两条溪流交汇于村子中部水塘（图5-3-14、图5-3-15）。

3. 空间形态

马栏村地势北高南低，以龙王庙广场为中心，分为南北两部分。南部村落主干道沿着穿过村落的小溪走向，顺水而筑，布局采取随溪流的走向，以线型方向沿溪流展开。村落北部主干道沿山坡等高线走向南北展开。南北主干道在龙王庙广场交汇，并延伸贯通南部村落，形成环路。有若干垂直于等高线的阶梯或坡道形成次要道路和巷道。主路与次路相连交织，形成环路加鱼骨形的街巷结构，形态较为自由。院落根据地形的高差灵活组织，形成了层次丰富的空间格局

图5-3-12　马栏村区位示意图

（图5-3-16）。

村西的水街上有八座毛石拱砌的过街入户桥。桥身不长，小巧玲珑，工艺古朴。街道沿溪而设，院落跨溪进出形成众多小桥的布局体系，村民称之为"溪桥街"。水系、街巷、院落三类空间随着水系的曲折展开而组合多样。溪水与院墙、植被、铺地等元素共同构成了界面丰富、层次多变的街巷空间，独具特色（图5-3-17、图5-3-18）。

村内院落形式多样。其中冀察热挺进军司令部旧址位于村落北部，为较为规整的前后三进四合院。

龙王观音禅林寺又名龙王庙或大殿，位于村落中部入村广场处。始建于元至正年间，明成化、嘉靖年间重修。山门位于南部，两厢有配殿。大殿位于北部数十级台阶之上，坐北朝南，面阔三间，悬山五花墙式建筑。琉璃屋顶，黄、绿色相配。戏台与龙王观音禅林寺相对，建于清代，坐南朝北，建于1.4米左右的台基之上。戏台面阔三间，分前后台（图5-3-19）。

图5-3-13 马栏村鸟瞰图

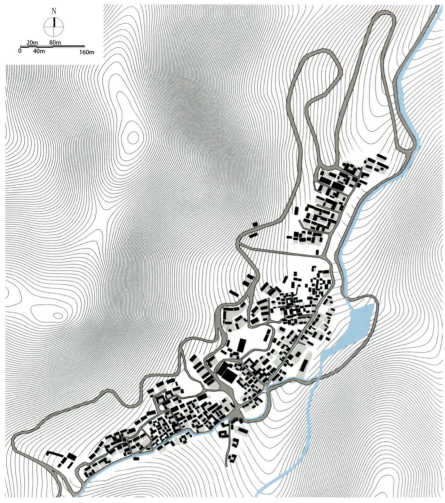

（a）图底关系

（b）整体环境

图5-3-14 马栏村地形环境示意图

图5-3-15 马栏村总平面图

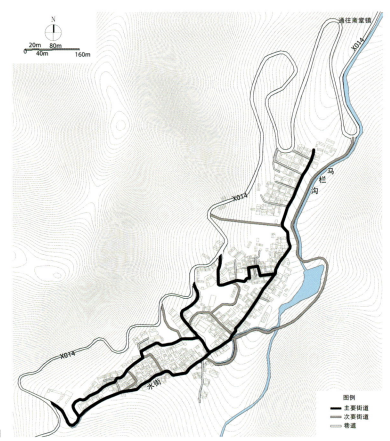

图5-3-16 马栏村街巷结构示意图

图5-3-17 马栏村水街平面示意图

(a) 水街-1　　　　　　　(b) 水街-2　　　　　　　(c) 石桥-1

(d) 石桥-2　　　　　　　(e) 石桥与古树

图5-3-18 马栏村水街与石桥

272

(a) 街巷-1　　　(b) 街巷-2　　　(c) 石碾

(d) 院落　　　(e) 民居　　　(f) 龙王庙

图5-3-19　马栏村村落景观

（三）门头沟斋堂镇黄岭西村

1. 村落概况

黄岭西村位于门头沟区斋堂镇西北沟内，东邻双石头，北与爨底下、柏峪交界，西与清水分界，南与高铺相接（图5-3-20、图5-3-21）。

村内主要姓氏为曹、王二姓。曹、王二姓始祖系姑表兄弟，明代万历年间（1573～1620年）曾共同寄斋堂贾氏篱下，自愿定居于此为贾家守墓。守墓之余，二人垦荒挖煤，后成家立业，慢慢繁衍成村。因村子位于贾家祖坟地黄岭之西，遂得名"黄岭西"。

清代，因临近京西古道中斋堂通往柏峪和清水的古道上，这里一度成为商业繁荣的商品交易地之一，加之村子出产煤炭，村落规模不断扩大，灵泉庵、财主院等重要建筑均于这一时期兴建。

抗日战争时期，1939年，日本侵略者由涿鹿进犯斋堂地区，其中一支入侵黄岭西村，杀害多位村民，烧毁、毁坏民居多处。1940年，村里青年组成黄岭西排，参加斗争。

2. 选址布局

黄岭西村地处太行山余脉，村落周围群山环绕。坐落于三条山岭包围的沟谷地带，谷底有泄洪河道穿过。村落分别依靠山岭、沿山麓地带展开，其中东侧的凤山是

图5-3-20 黄岭西村区位示意图

村庄依凭的主要山体,周围还拱列九个山头,当地人称这种环境格局为"九龙朝一凤",是福佑村落发展的风水吉地。村落四周层层梯田,形成"一亩十三堰"的田园景观。

泄洪河道将三条山岭分隔开,形成上涧、下涧、西涧三部分。地处低山区,西高东低,北高南低,海拔586~611米,坡度6.6°。一条涧沟自北向南,另一条自西向东,两条涧沟在村中心汇合,继续向东流去。村落沿涧沟两侧向山上延伸发展,形成团块状格局。村内溪谷虽已干涸并改为道路,但沿溪而建的村落格局保持完好(图5-3-22、图5-3-23)。

3. 空间形态

村落居山沟两条溪谷的交汇处,村落随地形、地势变化灵活布局,村中沿溪谷的走向形成主干道路,溪谷成"人"字形态,村落道路沿溪流而建也形成了"人"字形道路结构骨架。主干道共3条,分别为北路、东路和西路。因过去中间为河道,河道干涸后铺砌为街道,所以较宽,宽约6~8米。为防止水大时进入民房,沟两侧砌有沟墙,村民从桥上往来。今在西路仍然可以看到沟渠两侧的挡墙形成的特有的道路断面形式。且因河道水流较大且深,沟渠两侧的院落多筑于高台之上。沟渠汇集转角处为弧形墙面。村里原有三座石砌拱桥,今存一座,上涧桥,位于北路上游,北距灵泉庵约50米。桥上连接住户,桥下入沟进山。村内两涧汇合处原有中涧桥,规模最大,今已无存。"人"字形交叉口处现已成为村落公共中心,用于村内集会使用。

次干道多为垂直等高线布置的台阶或坡道,起着联系主干道和入户巷道的作用,宽约1.2~2米,为块石铺砌。入户巷道较窄,通常1.2米左右。临近沟渠的主干道两侧,宅院基底抬高,入户小道也采用石砌台阶或增设坡道的形式(图5-3-24、图5-3-25)。

院落多为规模较小的一进三合院或四合院,单体建筑开间、进深均较小,且大多数厢房只有两间。院落以台地形式沿等高线横向布置,单个建筑院落则在进深方向垂直等高线布置,形成建筑依山而建,层层展开的山地村落风貌。

村落内保存比较好的是金柱套院和曹家院。金柱套院位于村内三岔口处的凤山脚下,是黄岭西村少有的两进院落。院落坐北朝南,入口开在南向,北侧为村中主干道。由于地处坡地,一进院和二进院之间有八级台阶的高差,同时,因院落位于村内主干道交叉处,为顺应基地条件,前后两进院的轴线并不一致,前院轴线向东错开一定距离。第一进院落由倒座房和东西厢房围合而成,第二进院落由正房、倒座房及东西厢房围合而成(图5-3-26)。

村中原有灵泉庵、菩萨庙、清泰寺、山神庙、九龙庙、五道庙、龙王庙等庙、庵,其中只有灵泉庵保存较完整,菩萨庙、清泰寺仅存遗址。灵泉庵俗称北庵,位于黄岭西村东北隅,地势较高,创建年代不详,清光绪年间重修。供奉观音菩萨和马王爷。前者答谢上苍赐泉

(a) 图底关系

注：图中水系与桥为推测历史环境，现已改作道路

(b) 整体环境

(c) 沟渠示意

图5-3-22 黄岭西村地形环境示意图

图5-3-21 黄岭西村鸟瞰图

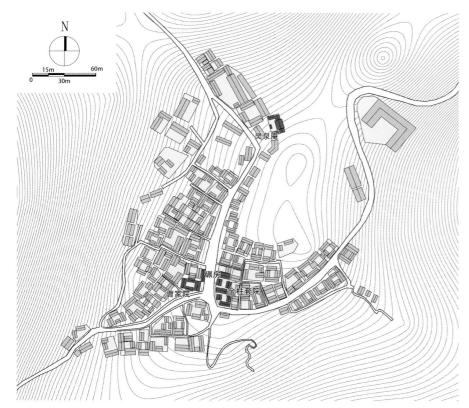

图5-3-23 黄岭西村总平面图

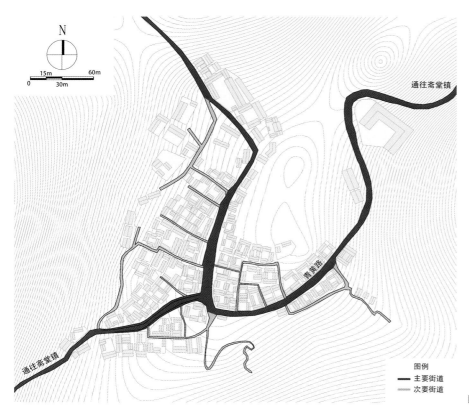

图5-3-24 黄岭西村街巷结构示意图

（a）北路

（b）东路

（c）街道

（d）巷道

（e）入户坡道

图5-3-25 黄岭西村街巷景观

水，后者为了祈祝沿古道托运煤炭的驴骡强壮，运输顺利。该组建筑为一进三合院，院落进深方向垂直等高线布置，整体规模不大。现存正殿三间，左右耳房各两间，两侧配殿各两间，山门一间（图5-3-27）。

此外，村内还保存有完好的碾房一处，以及古井和古树。碾房位于北路主干道村中心处，坐西朝东，其平面呈长方形，面阔三间。因旧时使用频率高，其临街一面未设门窗等围护结构，完全开敞。古井、碾房和古树周围形成若干公共生活聚集空间（图5-3-28）。

（四）房山区南窖乡水峪村

1. 村落概况

水峪村位于房山区南窖乡西南部，属于深山区村落。水峪村由北部的新村和南部的旧村两部分组成，旧村部分为传统村落（图5-3-29、图5-3-30）。

水峪村始建于明代，山西移民在此建设家园，开荒造田。清代成村，原有小河从南沟流经村中，故名水峪。"峪"即为有水的沟谷。清朝中后期到民国初年，随着村内煤炭资源的开发利用，以及京西古道的往来贸易，村落日益繁盛。村中主要有王、杨等五大姓氏。

途经水峪村的古商道属于西山大道南部区域的分支，是西南方向联系京内外煤炭等商品货物运输的重要通道。向东北，经南窖后分支多路，向东、西北可达房山、良乡、京城，或南下涿州；向西，经石堡、霞云岭、宝水、鱼斗泉，进入河北。

抗战时期，日本侵略者疯狂掠夺南窖煤炭资源，水峪村遭到重创。同时，也成为当时的重要根据地和战时

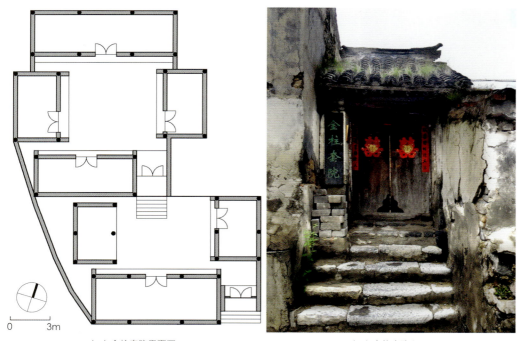

(a) 金柱套院平面图　　(b) 金柱套院入口

(c) 院落-1

(d) 院落-2

图5-3-26　黄岭西村民居院落（续）

指挥所。

村落重文重学，目前村内保留有明清古宅院100余套，古石碾128盘，以及风格独特的中幡大会。

2. 选址布局

水峪村所处的南窖地区，为大房山山脉围合而成的"窖"形盆地，属于低山区。山岭绵延起伏，沟谷曲折纵横。村落选址于沟谷相对宽敞之处，沿沟谷两侧随山坡地形的起伏变化而建。以前雨季，山洪会沿着中间山谷自南而北下来，20世纪70年代上游修建了小型水库。

水峪村四面环山，植被茂盛，生态环境极佳。最高点为村东大房山的主峰猫耳山，海拔约1307米。北侧为中窖梁，南面为南坡岭，东侧为纱帽山。

村落海拔346～388米，坡度7.1°。被沟谷自然分为

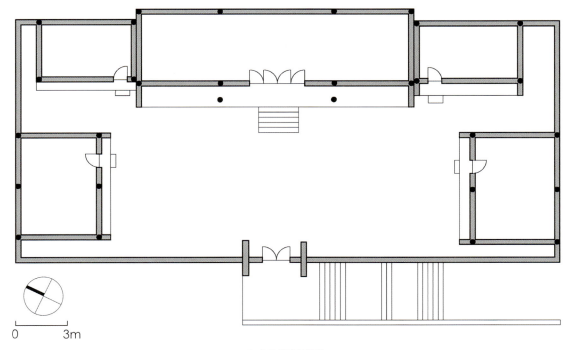

(a) 灵泉庵平面图

(b) 灵泉庵山门

(c) 灵泉庵正殿

图5-3-27 黄岭西村灵泉庵

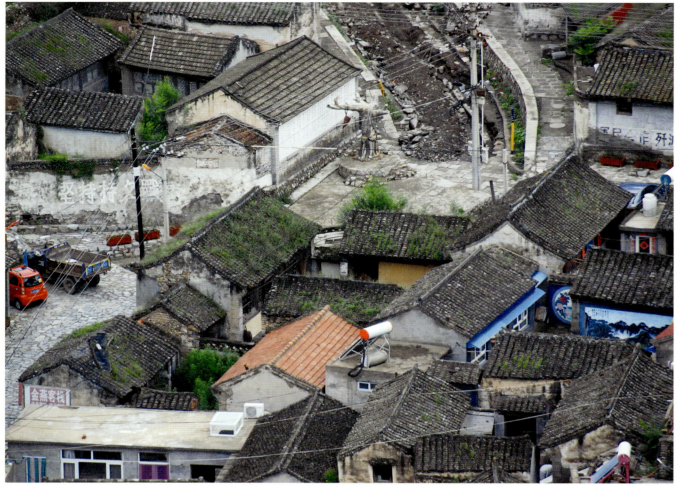

(a) 局部鸟瞰图

(b) 碾房　　　　　　　　　　　　（c) 古井　　　　　　　　

(d) 古树

图5-3-28　黄岭西村村落景观

图5-3-29 水峪村区位示意图

水峪东村和水峪西村两部分。水峪西村地势较为平缓，布局相对规整。水峪东村地势坡度较大，西南低，东北高。一条溪沟自东向西贯穿村落，汇入村落中间的南北向河道中。村落坐落于东西方向狭长的山间沟谷之中，依两条相交的河沟两侧而建，整个村落形成"人"字形条带状格局。百年前的水峪村，东西两条沟壑河水暴涨时，水流滚滚，汹涌澎湃，势不可挡；河水平静时，溪流潺潺，三季不绝（图5-3-31、图5-3-32）。

3. 空间形态

水峪村由沿中部河沟的南北向道路串联起来，俗称中街。由中街向东西方向延伸出两条道路，分别为东街和西街。这三条街道构成水峪村落的主要街道。东街沿东村溪沟蜿蜒向南，在山脚下随山势高低向东北以及东南分支出两条道路。东街也是S形古商道的一部分。支路和巷道从主要干道依山就势向外延伸。整体村落的街巷呈鱼骨形街巷结构。

东村主要道路沿溪谷布置，溪谷约2～3米宽、0.5～2米深。溪谷以南坡度较大，少有建筑建造于此，所以主要以约3～3.5米高的古石墙作为挡墙。道路一方面沿等高线缓缓攀升，一方面随着溪流的走向和宽度变化曲折多变，进退有序。村内溪谷虽已干涸，但沿溪而建的村落格局保持完好。沿溪分布着石碾磨台、古树等，形成疏密有致的节点空间。跨溪有众多构造精美的碎石拱桥。例如娘娘庙入口处的罗锅桥，建于康熙年间，为石砌拱桥，正对娘娘庙山门和正殿。由东街进入位于溪流北侧的娘娘庙，需跨桥而进，空间层次丰富（图5-3-33～图5-3-35）。

古道东西两街各自建有带有券洞门的东西石砌瓮桥。古时水峪村周边山地汇水的水势湍急，瓮桥上建有庙宇，可拾级登临，以镇洪水，其中东瓮桥上雕有"宁水"二字，寓宁水安洪之意。石块砌筑的瓮桥券洞用于泄洪。瓮桥正对村落东侧的纱帽山，村民经过瓮桥时都会在桥下面向远处纱帽山拜一拜。既是对"龙王"保持敬意，也祈求后人能升官发财，好运吉祥（图5-3-36）。

西村院落分布于南北向沟谷西侧，东村院落主要分布于东西向溪谷北侧。由于沟谷两侧山体逼仄而导致村中街巷道路曲折，需攀坡方能连接各个不同山麓台地之上的民居建筑。道路切割山体后的护坡由石块砌筑，既作为挡墙也能作为民居建筑的墙基。山地合院随地形变化而建，虽朝向不一、规模相异，但均与山地环境相融合。

民居院落因处在沟谷之中而形制不甚规则，有四合院、三合院乃至独栋院落。临近冲沟地基狭窄处的民居建筑多为单栋，建设于台地之上的民居则为形制相对完整的合院建筑。除具有北京四合院的基本形制外，还带有山西民居高墙窄院的合院特点。民居大多就地取材，形成以当地石料为主要建材的民居建造形态，体现出传统聚落与环境融为一体的建造思想。在墙基上以乱石黄泥相接，屋顶上覆以页岩石板，院落铺地多使用当地石材。经济条件相对好的家庭采用青砖砌筑院落大门、建

图5-3-30 水峪村鸟瞰图

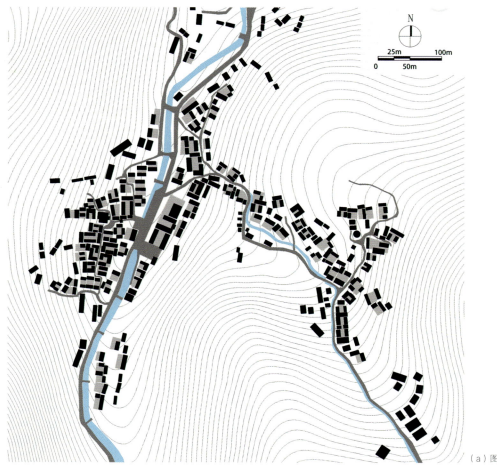

(a) 图底关系

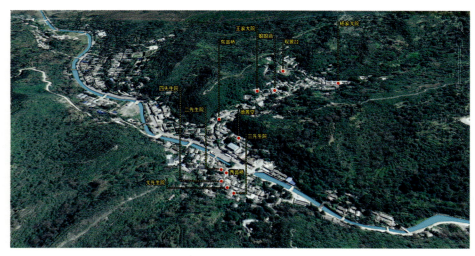

(b) 整体环境

图5-3-31 水峪村地形环境示意图

图5-3-32 水峪村总平面图

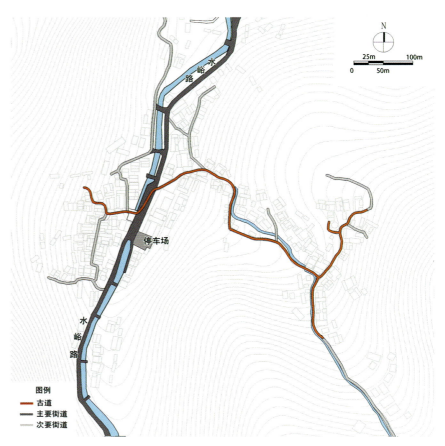

图5-3-33 水峪村街巷结构示意图

(a)主街　　(b)街巷　　(c)巷道

(d)街巷交叉口　　(e)铺地

图5-3-34　水峪村街巷景观

图5-3-35　水峪村娘娘庙与罗锅桥

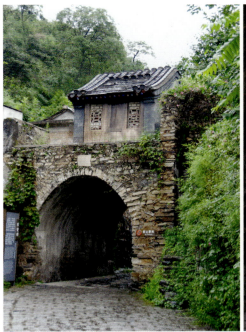

(a) 东翁桥　　　　　　　　　　　　　　　　(b) 东翁桥与纱帽山

(c) 西翁桥

图5-3-36　水峪村翁桥

（a）局部鸟瞰图

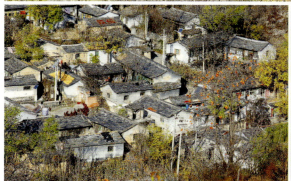

（b）院落群

（c）院落外观

（d）宅门及岩画

（e）石碾

图5-3-37　水峪村村落景观

筑腿子和窗下坎墙的包砌。有些屋门楼还采用山西特色工笔岩画装饰。加之街道地面亦由条石或碎石铺砌而成，与石头垒砌的民居浑然天成，极具特点，因而水峪村又被称为"石头村"（图5-3-37）。

村中有大、二、三、四先生院、街屋、王家大院、杨家大院等保存较好。其中形制最为完整、规模最大的合院民居为杨家大院。杨家大院，又名"学坊院"，为杨家第十代子孙杨玉堂建于清朝乾隆年间。他与其父曾

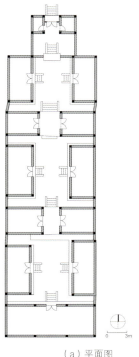

（a）平面图

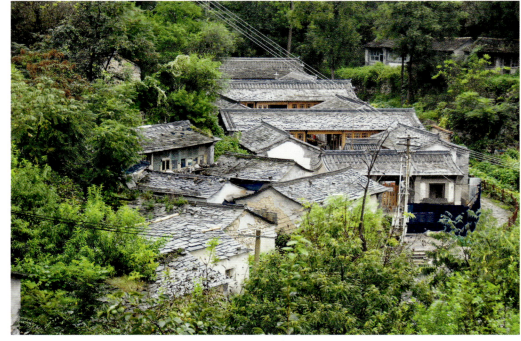

（b）鸟瞰图

（c）院落外观

（d）宅门

（e）院内

经营八座煤矿，显赫一时。杨家大院位于东村东南部坡地上，正门朝北，西邻溪沟，为四进院落。第三重院内建有砖石混合砌筑的独立照壁。院落形制完整，形态规整。建筑单体以石块和青砖砌筑而成，石板铺地的院落自大门由北向南逐渐攀升，与地形的南向渐高对应。墀头、山墙等都有精美的砖雕（图5-3-38）。

村中曾建有娘娘庙、马王庙、龙神庙、五道庙等。近年修缮了娘娘庙，余已基本不存。

（f）照壁

图5-3-38　水峪村杨家大院

4. 节事文化

水峪中幡是重要的非物质文化遗产，其创立的女子中幡表演闻名南窖地区，入选北京市非物质文化遗产名录。在当地有"众会之首"的说法。相传始于明初，盛于清咸丰年间，民国时出现女子中幡，先由冯、邢二姓耍幡艺人相传，后又相继传与杨、崔、王等姓人家。

幡高8米左右，幡顶有伞盖、小旗，幡杆上下悬挂纱或布制的长幅，幡顶挂铃铛作为装饰。通常幡重约50斤（男）和30斤（女）。表演时舞动8面或10面幡，再配10面直径1.2米的大鼓。中幡表演的套路动作约有60余种。鼓声是表演的前奏和指挥，先由男幡游走开场，随后女幡登台亮相，表演者或顶幡上额，或伸臂托塔，惊险动作连续不断，但始终幡不离身，杆不落地。

水峪中幡以北京西北山区为背景，其传承过程与人民群众的传统劳作息息相关。特别是女子中幡更是独具特色，它打破了男子耍幡的单一性，使表演更具观赏性和惊险性，是当地百姓农闲时节、节日庆典的重要娱乐形式。

第四节　山水型村落

一、山水型村落特征

（一）山水格局

人类从一诞生便与环境打交道，环境的好坏往往对人的生活和行为产生积极或消极的影响。传统村落是在自给自足的小农经济基础上建立起来的，影响生产和生活的最基本元素就是山、水、地。人们无法凭自身的力量对环境进行根本性的改变，唯一可行的就是对自然环境作出正确的选择，与周围的山水形势相协调，因此尊奉"天人合一"的传统自然观和"阴阳和谐"的哲学观念，崇尚自然，珍惜自然。强调以生态为本，并尊重基地自然环境的内在机理和规律。

村落选址之初，山水格局的观念为居住环境提供了种种理想化的布局原则，以满足人们对宗族繁盛、财源广进、文运兴旺的希冀，即"枕山、环水、面屏""背山面水，负阴抱阳"。我国季风气候盛行，夏季盛行偏南风，温暖湿润。冬季盛行偏北风，寒冷干燥，加之处在北半球，阳光从南面照射。因此简单地说，就是村落宜坐北朝南，背依山丘，前有对景，水流环抱。背山可以屏挡冬日北来寒潮，面水可以迎接夏日南来的凉风，朝阳可以争取良好日照，近水则大大方便生产与生活。这种村落的典型模式可以被称作"藏风聚气"，是有利于生态的最佳格局。

背山，在吉地中占有重要的地位，是"气"的生成之源。吉地需背靠祖山、少祖山、主山，左右是左辅右弼的砂山。左右护砂和高大的主龙山起到很好的挡风作用。房基所在的地势忌高于周围的山，即"穴怕八面风吹"。根据风来的方向，把护砂分为上砂和下砂，宜上砂高大，以利挡风。在龙脉之前有一块平旷的地坪，称之为"明堂"，这里就是村落拟建的基地。明堂之后山及其分出的支脉，向左右两侧延伸呈环抱的形势，从而把明堂包围在中央，由此就形成了一个以明堂为中心的内向的自然空间。明堂之前则有河流或水面，可使气行之而有止，村落中不可缺少，因此，许多古村落除了讲究周围形局之外，特别强调水的作用。明堂正对着的远方亦需有山为屏障，这种山称之为朝山，朝，就是对的意思。由外部进入明堂——村落所在的地方，称水口。作为沟通内外交通的要道的水口其左右

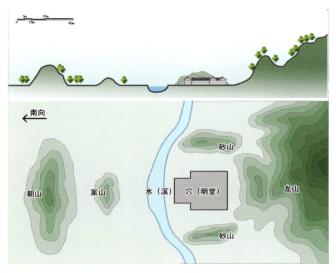

图5-4-1 村落的理想山水格局（来源：改绘自《中国民居研究》）

应有山峦夹峙，这种山称龟山和蛇山，具有守卫的象征意义。至于水口则忌宽而求窄，有"水口不通舟"之说（图5-4-1）。

（二）诗画境界

村落在追求与周围山水环境相协调的同时，还要能满足希冀吉利、兴旺家族的精神需求以及富有吉祥寓意的景观要求。

村落选址中对自然环境的要求包含着人们对环境的追求和理想。古代乡民们生活在青山绿水之中，感受着大自然，对其也产生出一份亲切的感情，对四周的山川草木产生浪漫的、崇尚自然的审美意识。与自然相结合、恬淡抒情的生活方式产生优美的诗画意境。例如唐代孟浩然在《过故人庄》中的"绿树村边合，青山郭外斜"，展示了一派恬淡的村落环境。此外，不少绘画作品也都表现出村落周围的环境特征，前临水面，周围有山林围合。村落为传统耕读文化的产生与发展提供了现实的空间。文人们崇尚山林，常常陶醉于田园山水，把山水诗和山水画的意境引入村落营造，从而实现了村落与诗境画境的统一。在优美的村落环境中，村落重文重学，学而优则仕，文人官员商人等人才辈出，又进一步推进了村落营建。

村落选址布局中，人们为了追求佳美的景观效果，改善视觉环境，往往有计划地组织空间环境，通过组织景观创造意境，利用引申景观赋予含义。多用借景、对景、组景等办法形成有思想内涵的景观。从风水堪舆角度，要求村落的整体环境要有气势，讲求山势有奔腾起伏之势，两翼砂山"层层护持"，堂前带水环绕，对面朝山案山"相对如揖"，自然环境即可表示出千乘之贵，万福之态。在村落街巷的主要空间走廊多选择雄山佳构作为对景，以凸显空间特性。

在不少村落中，乡土文士们对自然美改造增益，兴趣盎然地点缀山水，将本村的自然景观、人文景观、历史遗迹、民间传说等加以总结概括，形成"四景""八景""十景"之类的景点系列。以村落外围的山水环境和人文景点为主，或是村落内部构成要素与外部环境的综合，更有村落人工形态与周围的山川形势互为补充，相得益彰。大部分为实景，有些是虚景，泛指风月。例如爨底下村的"金蟾望月""神笔育人"，苇子水村的"九龙戏金盆"等景，增添了村落的文化气质与品位。

村落形态反映人与其生活环境之间相互关系。传统村落营建中，最为注重聚落的外部环境与人的关系，求得与天、地、自然万物的和谐，以达到趋吉避凶的目的。人们认识到土地肥沃、人身安全、生活方便、风光优美的环境是人类生存和发展的有利（吉祥）环境；反之，穷山恶水、土地贫瘠、安全感差的环境是不利于人类生存与发展的险恶（凶险）环境。因此，会选择和营建趋吉避凶的人居环境，也会有目的地去创造具有精神象征意义的形态，借村落形态与自然环境形态保持某种呼应，以得到祖先或神灵的庇护，因此出现用村落形态比拟北斗、龟、船、蝎等天上星宿或某种吉祥器物的文化现象。例如爨底下村形似元宝。

二、山水型村落实例

（一）门头沟区斋堂镇灵水村

1. 村落概况

灵水村位于门头沟区的斋堂镇东部山区，临近桑峪、军响、东胡林、高铺、牛战等村落（图5-4-2、图5-4-3）。

该村历史悠久，文化底蕴深厚，有"灵水八景"之称。文风昌盛，尊师重教，先后出了进士2名，举人24名，监生10名。民国初年又有6人毕业于燕京大学。被称为"举人村"。人杰地灵，名人辈出。例如举人刘懋恒在清代官至山西汾州知府，病逝后追封"中宪大夫"；刘增广先后任山西左云知县、静乐知县，后升为吉州候补知府。文人取得成功后纷纷回来建设宅院，促进了村落的发展。村内主要有刘、谭两大姓氏，此外，还有王、林、田、白、杜、廖、寇等姓氏。

灵水村建村不晚于辽金时期，史料中对于灵水村最早的文字记载见于汉代，《宛署杂记》中描述："灵泉寺，在凌水村起自汉，弘治年间僧海员重修，庶吉士论记。"这里所说的"凌水村"即灵水村。汉代高僧选中这块风水宝地建灵泉禅寺，传经修行，引来八方香客，众人久居成村。

灵水村因水得名，曾经泉水众多，有72眼水井。明代，该村名为"凌水村"，民间也称它为"冷水村""拎水村"。据《宛署杂记》记载，村内南海火龙王庙南侧有著名的"八角龙池，石生八角，中虚若池，泉出其底，洌而甘，古产龙之所"，因有神灵护佑，故名为"灵水"。

村落所处的斋堂地区煤炭资源丰富，有不少煤窑开采活动。物产丰富，出产灵水核桃、大红杏等特色产品。灵水村位于西山大道的分支古道上，东南接桑峪村、军响村，西北连石河村、王龙口村、沿河城。明清时期商贸活动发达，其优质无烟煤、薄皮大核桃等特产畅销京城及各地。村内有十几家商号，其中最著名的为号称"八大堂"的三元堂、大清号、荣德泰、全义兴、全义号、三义隆、德盛堂和济善堂八家。村落规模不断扩大，曾达到300余户，2000余人。

民国以后，灵水村逐渐衰落。抗日战争时期，日本侵略者多次放火烧村，建筑有部分损毁。

2. 山水格局

灵水村海拔438～483米，坡度7.7°，地势西北高东南低。群山环抱，风光秀美，绵延的山脉形成村落的围合。西北靠莲花山，东望石人山，曾经泉眼众多，浅层地下水源丰富。过去，夏日里莲花山脚下的山泉从村街中自东南和南侧河道流过。村落背风向阳，西北侧的莲花山可有效抵御冬季的寒冷，东南侧山势较低，有利于获得日照，为村落出入口，形成"紫气东来"的形势。整体环境既有"藏风聚气"之形，又有"东进西收"之势。

图5-4-2 灵水村区位示意图

村庄坐落于三面环山的莲花山东南侧高敞小盆地"明堂"之中，呈团块状形态，取玄武为形。随地势自东向西逐渐升高而形成层层抬升的台地。从南面山坡上看，形如巨龟卧于山脚之下的高阜之地（图5-4-4、图5-4-5）。

灵水村历史上建有儒、道、佛三教庙宇17座。灵泉禅寺、文昌庙、魁星楼、胜泉庵、玄帝观、南海火龙王庙、西王母娘娘庙、天仙圣母庙、关帝庙、白衣观音菩萨庙、三圣庙、二郎庙、五道庙、马王庙、虫王庙、山神庙、土地庙等，分布在村落四周，且所处方位与村落的整体风水意象相吻合，体现了人们质朴的精神诉求。

3. 诗画境界

灵水村读书人多，人才辈出。文人大多喜欢附庸风雅，约在清代中期，定出了八景，即"灵水八景"，以展示热爱家乡之情。"灵水八景"见之于玄帝观内墙壁上的前人墨书题记，所列八景是：东岭石人、西山耸翠、南庵远眺、北塔凌云、文星高照、松挺榆儿、古柏参天、龙泉涌水。①

东岭石人：村中往东看，髽鬏山上有一座小山峰，形似石人站在山顶上伸手写字，颇似一位正在讲课的教书先生。灵水村读书人众多，皆因石人的映照。

西山耸翠：西山指村西莲花山，又叫独山。山形酷似一朵盛开的莲花。植被茂盛，树木花草众多，苍翠欲滴。

南庵远眺：南庵指村南山坡上的白衣观音庵，灵水村的村落布局酷似龟形，站在此处可观。

北塔凌云：村北较高地势处的灵泉禅寺内，原有一座白色的覆钵式僧人墓塔，高约5米，建筑精巧别致。

文星高照：指村东山坡上的文昌庙和魁星楼。地势较高，可俯瞰全村。

松挺榆儿：南海火龙王庙里有两棵长有榆树和桑树寄生树的千年古柏，分别名为"柏抱榆""柏抱桑"。

古柏参天：村北五道庙旁梁头上有一棵千年古柏。树冠平展，枝杈横生，枝叶茂盛，向东倾斜，状似华盖，远观形似灵芝，其形状十分优美，因而有"灵芝柏"之称。

龙泉涌水：南海火龙王庙前面有一个八角龙池，当年从莲花山下的石缝中有一股泉水涌出，水质甘洌，是村中主要饮用水源之一。泉水流入池中，池中养有金鱼，成为村中一景。

4. 空间形态

灵水村布局略呈长方形，街巷纵横交错。主要由东西向的前街、中街、后街，以及村落东侧的南北向街道联系村落各个组团。前街和南北街部分临河道。其中前街、后街和南北街围合区域为村内面积最大、地势相对平缓的核心地块。主要为村中的大姓——刘姓的院落。两条主要街道外侧的部分，地形坡度较大，用地条件相对较差，各建筑院落多沿等高线展开，进深方向垂直等高线布置，面积相对较小，多属于村中小姓。

村落核心部分的街道多为南北或东西走向，其余部分街道的走势多随地形而变化。南北向主街宽为4~6米，于中部跨河而过，桥南北两侧各有一段沿河布置。在道路和河道交叉口形成了五道口的节点空间，河道、街道、古井构成了丰富的空间层次。有些街巷垂直等高线分布，在地势较陡的部分采用台阶联系上下（图5-4-6、图5-4-7）。

村落内院落以四合院为主。受山地地形条件下建设用地的限制，布局随山就势，院落和单体建筑的规模相对较小，如厢房，多为面阔两间。但也有多进院

---

① 康健. 京西灵水举人村［J］. 北京档案，2016（10）：43.

图5-4-3 灵水村鸟瞰

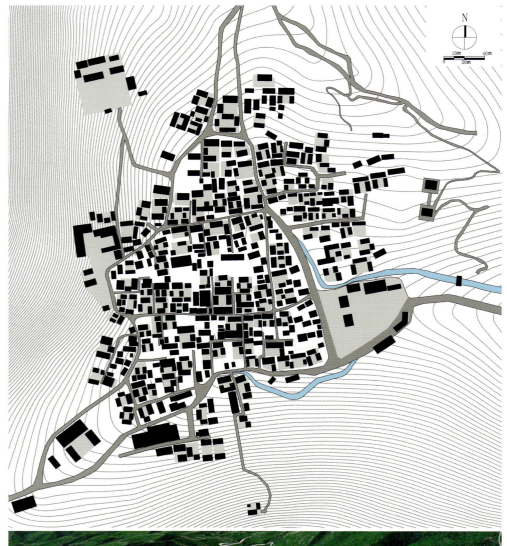

（a）图底关系

（b）整体环境

图5-4-4 灵水村地形环境示意图

图5-4-5 灵水村总平面图

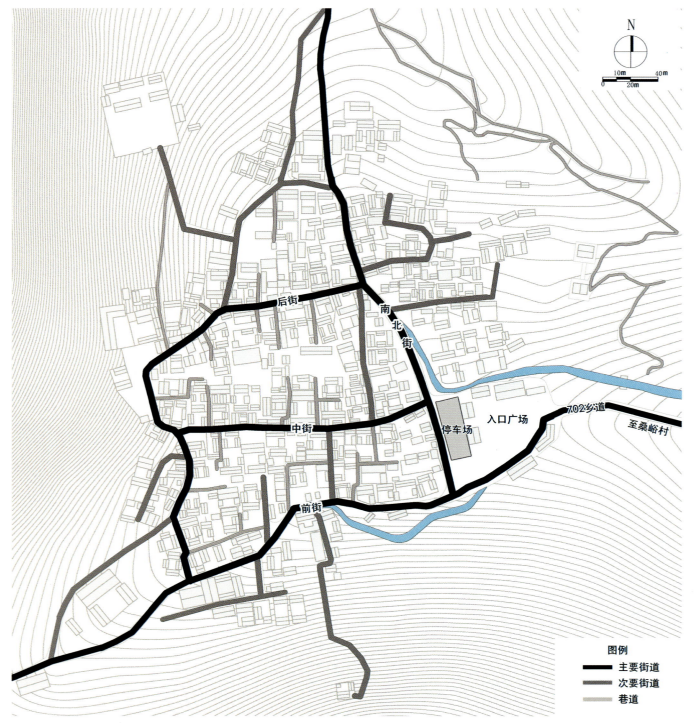

图5-4-6 灵水村街巷结构示意图

（a）主街

（b）街巷转折

（c）街巷-1

（d）街巷-2

图5-4-7　灵水村街巷景观

(a)院落群

(b)院落

(c)民居

(d)宅门-1

(e)宅门-2

(f)影壁

图5-4-8 灵水村民居院落

落的大型宅院。影壁、墙腿石、屋脊等部分装饰精美（图5-4-8）。

灵水村现存有南海火龙王庙、天仙圣母庙、白衣观音庙、灵泉禅寺山门、魁星楼、文昌阁等多处庙宇建筑。村中庙宇均在村落外缘，位于东、西、南三面山坡，居高临下。有一级古树、二级古树八棵，此外还有其他许多古树。

龙王庙建筑群位于村落西侧莲花山脚下，包括南海火龙王庙、戏台和观音堂。南海火龙王庙始建于金代，坐北朝南，规模宏大，山门保存较好，近年已修复。戏台位于山门对面。天仙圣母庙位于南海龙王庙北侧。灵泉禅寺位于村落西北，始建于汉代。坐北朝南，现留有一座山门。白衣观音庵位于村落东南的高地。魁星楼位于村东北坡高台上，坐东朝西，是灵水村的最高建筑。文昌阁与魁星楼相邻，此两处成为学子经常参拜之处（图5-4-9）。

5. 节事文化

"秋粥节"是灵水村一项最具代表性的民俗活动，在每年的立秋节当天举行。此节日为纪念清代灵水村举人刘懋恒捐谷赈灾之善举形成的独特的传统节日，被列入门头沟区级非物质文化遗产名录。

清康熙七年（1668年）和康熙二十一年（1682年），斋堂发生过两次饥荒，当时灵水村举人刘懋恒同其父捐粮施粥，挽救了近万人的生命。刘懋恒辞世后，即使非灾荒年份，灵水村刘家也会特意在立秋这一天，在本村空旷地搭棚舍粥，大家共喝秋粥，祈求风调雨顺，求得邻里和谐，帮助济贫解困，渐成习俗并沿袭至今。立秋当日，全村人共同集粮，在街道支锅做粥。全村人聚在一起过节，称为"秋粥节"。

（二）门头沟区雁翅镇碣石村

1. 村落概况

碣石村位于门头沟区雁翅镇西部山区，临近珠窝村。山水环境优越，以水井数量多而出名，以井养人，古井风韵独特，有着"京西井养第一村"的美誉。村内原有古井72眼，现存56眼（图5-4-10、图5-4-11）。

村内圣泉寺始建于金代，后周围逐渐形成村落，原名三岔村，又称"三叉村"。珠窝山银矿资源丰富，明清时期开采银矿。碣石村和东北约3公里处的珠窝村为一村，曰"珠窝碣石埭"，以炼银出名，有"碣石的土，珠窝的沙，一两炼出一钱八"之说。明弘治至万历年间（1488~1620年），碣石村村民由于炼银致富，财大气粗，与邻近村庄的村民发生争斗，被参奏。皇上听闻村内开矿放炮和打钢钎，认为村庄造兵器要谋反，派兵血洗了珠窝碣石村。经此巨变，全村遭到毁灭。后来人们根据村周边的累累巨石，望如碑碣，因"立石为碑，卧石为碣"之说，重新定名为碣石村。

碣石村历史悠久，有较为深厚的中医传统，李氏家族是当地的名医世家，李家先后出了21位中医，医术高明，医德高尚。

2. 山水格局

碣石村海拔589~599米，坡度3.8°。周边沟谷众多，群山环抱。气势壮观，气韵流畅，有"九龙口"之说。

碣石村周边有西沟、大峪沟、下沟等沟峪。村落南接姐妹山，北靠玉石山，东临母子山，西携屏照山。周围山势围合，溪水汇集到碣石村所在的小盆地。溪流呈"S"状绕村而过，村落沿沟谷溪流呈东西向带状分布，形成北部、西部和东南部三部分，其中东南部组团为传统村落主要部分（图5-4-12、图5-4-13）。

村落坐落于群山环抱的小盆地"明堂"之中。地势北高南低，北面的玉石山山势险峻高耸，背靠主龙脉生气的祖山。两旁护山，前有山势舒缓的山体为朝山，南面有沟谷溪流环抱经过。村口有山体左右夹峙锁钥，不达村口不能见村。依山傍水，风水极佳。周边自然风景旖旎，云雾缥缈，绿荫覆盖，气候宜人。

(a)整体环境

(b)局部鸟瞰图

(c)南海龙王庙建筑群外观

(d)南海火龙王庙与古树

(e)灵泉禅寺

(f)文昌阁

(g)灵芝柏

图5-4-9 灵水村村落景观

图5-4-10 碣石村区位示意图

图5-4-11 碣石村鸟瞰图

3. 诗画境界

碣石村风景秀美，文化底蕴深厚。历史上有八景：观龟取玉、水湖深潭、小船激浪、飞来巨石、窟窿穿山、古槐逢春、观音洞天、古井风韵。

村落本身环境即是其中的"小船激浪"。站在村西梁上看碣石村，狭长的村庄与周围山体呼应，好似一叶疾速行驶的小船，村落周边14座南北走向排列整齐的山脉，如同被小船激起的层层波浪。

溪流自西向东穿村而过，形成山环水抱的格局。山涧河道中经溪水常年冲刷，形成"水湖深潭"景观，但目前多数溪流已干涸。

村中遍布巨石，尤以溪流中为多，通体红色，形成"飞来巨石"景观。

由于地质运动的原因，村域内形成了大大小小的洞穴。其中观音洞高约5米，宽约10米，进深约20米，洞内南北两侧曾各建有两间禅房，形成"观音洞天"景观。望月洞又名窟窿山。大石门洞面积约60平方米，高约3米，洞内为钟乳状石壁，形成"窟窿穿山"景观。

村内树龄逾千年的古槐3株。每到春夏，古槐便枝繁叶茂，浓阴匝地，形成"古槐逢春"景观。

村中水井不但历史悠久，而且数量众多。很多水井都有古老的传说和故事，如"救命井""龙王泉""子母井"等，形成"古井风韵"景观。

4. 空间形态

碣石村地处山谷之中，呈狭长形布局。主要街道呈东西走向，长约200米，在西北部分为两支，连接村落各组团。次要街巷呈南北走向，与主干道共同构成鱼骨状街巷结构（图5-4-14）。

道路多由石板铺设而成，遇有高差便设台。路网结构清晰规整，竖向空间富含变化。街道高宽比在1.5~2.0之间，为了防洪，主街的两侧建筑被抬高。为

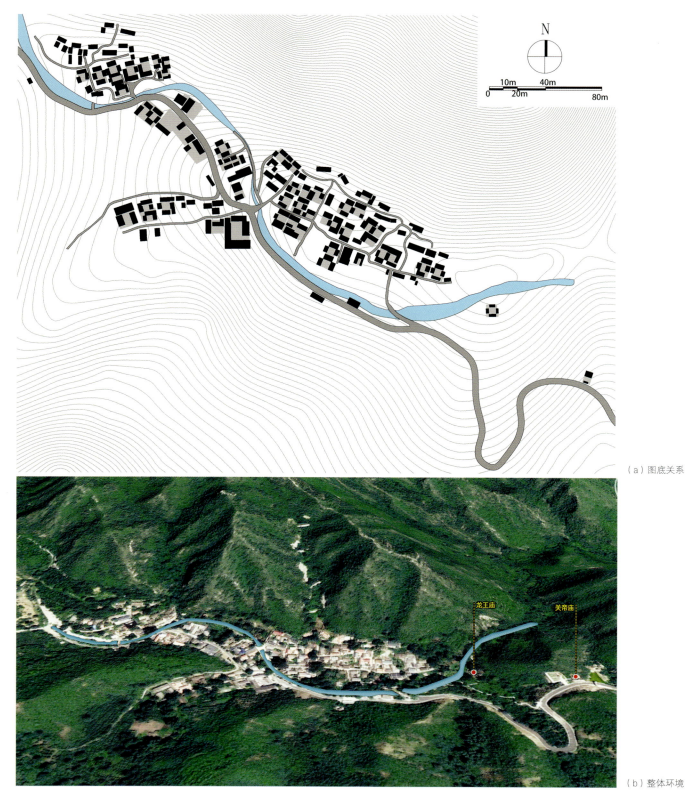

(a) 图底关系

(b) 整体环境

图5-4-12 碣石村地形环境示意图

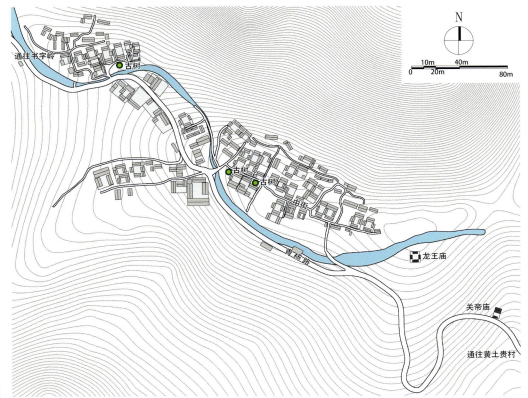

图5-4-13 碣石村总平面图

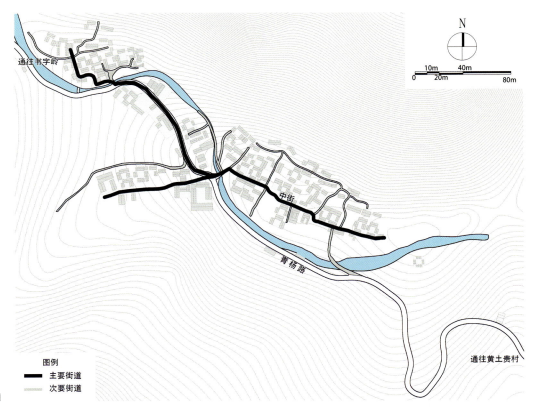

图5-4-14 碣石村街巷结构示意图

（a）街巷-1　　　　　　　　　　　　（b）街巷-2　　　　　　　　　　　　（c）桥头

图5-4-15　碣石村街巷景观

适应地形变化，建筑与街道之间通过台阶与中间道路相连，街道层次丰富。在地表水系相对匮乏的北方地区，村落选择地下水资源丰富便于开采，或者形成泉水涌出的地段发展较为常见。人们日常取水用水围绕着井、泉展开。碣石村水井众多，水井及其周边空间也成为村落中最重要的公共空间（图5-4-15）。

院落大都建设在山谷底部的平缓地带，以及坡上相对平缓的平台上，因山就势，沿着缓坡坡地向上排布，形成层层跌落的布局。不同层面之间以石阶相连。形成整体呈线性但又竖向层次丰富、布局自由的村落形态。民居建筑大多为硬山清水脊，大部分民居用板瓦覆顶，亦有少部分采用当地特有的紫红色石板瓦铺就，还有精美的砖雕、木雕、彩绘装饰，院墙上也遍见墨书题记（图5-4-16）。

圣泉寺位于大峪沟内，创建于金明昌二年（1191年），元代、明代重修，规模宏大，远近闻名，但今仅存遗址。村东南部建有龙王庙和关帝庙。龙王庙位于村落东南溪流旁，为三合院形式，旁边有"龙王井"。关帝庙位于村落东南入口方向的山坡上，坐北朝南。站在关帝庙能俯瞰碣石村的整个风貌。

村中三棵巨大古槐历经千年岁月，至今枝叶茂盛，浓郁挺拔（图5-4-17）。

(a) 院落

(b) 门楼-1

(c) 门楼-2

(d) 院门与台阶

图5-4-16　碣石村民居院落

(a) 村落环境

(b) 龙王庙

(c) 水井-1

图5-4-17 碣石村村落景观

(d) 水井-2　　　　　　　　　　(e) 河道中巨石　　　　　　　　　(f) 古树

图5-4-17　碾石村村落景观（续）

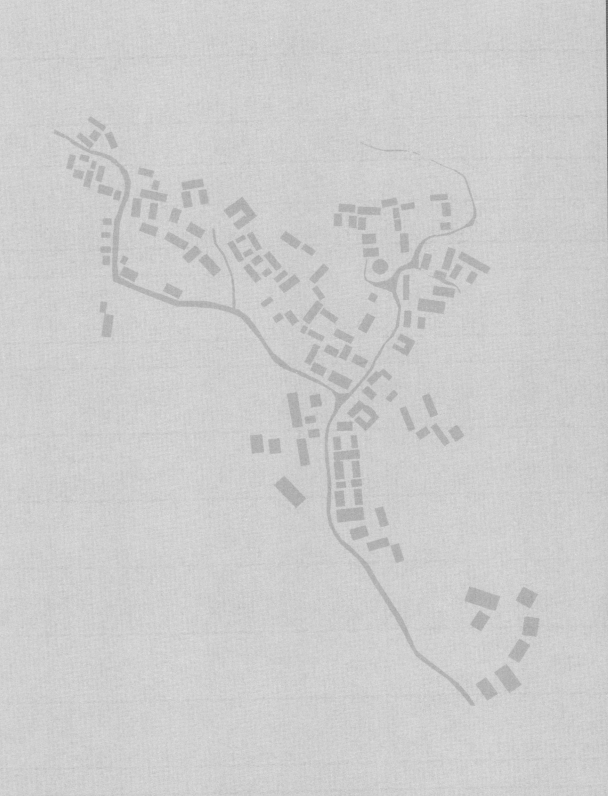

第一节 传统村落保护与发展现状与特征

一、传统村落保护与发展现状

（一）数量和分布

北京市现有村庄3915个[①]，44个列入市级传统村落名录，占全市村庄总数的1.1%。其中保存较好的22个（含5个国家历史文化名村）已被列入前五批中国传统村落名录，占前五批6819个中国传统村落总数的0.3%。分布于北京市10个区，26个乡镇，其中门头沟区14个，密云区9个，房山区6个，昌平区、延庆区各5个，通州区、顺义区、平谷区、怀柔区、海淀区各1个。（见附录索引）

传统村落分布相对分散，大部分分布在西南、西北和北部山区，少数位于东部平原地区（图6-1-1）。

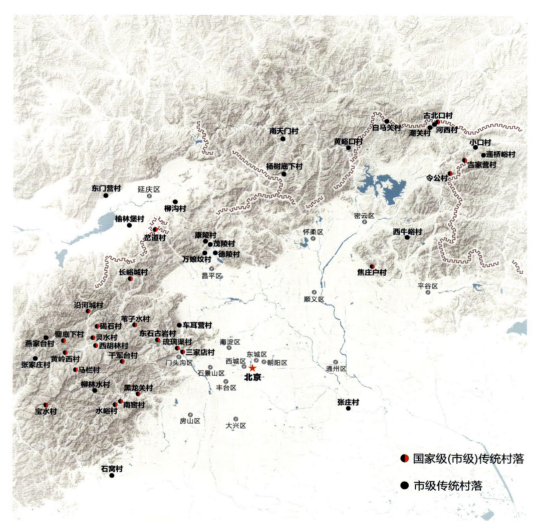

图6-1-1 北京市市级传统村落分布示意图

---

① 数据来源于《北京统计年鉴2019》，北京市统计局、国家统计局北京调查总队编。

（二）历史要素和价值

传统村落中各级文物保护单位48处，其中国家级8处、市级8处、区级32处。第三次全国文物普查不可移动文物107处，各级非物质文化遗产代表项目11个。[①] 平均每个村落1-2处。历史要素较为分散，村落中的若干栋传统建筑、一两座庙宇、几颗古树古井等，构成了大部分传统村落的主要历史要素，呈现碎片化的空间分布特征。

传统村落的历史文化要素多元。与都城职能密切相连的商贸型村落、堡城型村落、陵邑型村落，以及根植于农耕文化的台地型村落、临溪型村落、山水型村落等各具特色。

（三）传统村落现状

44个传统村落有村民近1.3万户，3.1万人[②]。大部分传统村落地处偏远山区，位置偏僻，或交通不便，或位于道路的尽端。导致其社会经济发展条件相对较差，就业吸引力弱，村中青壮年大多进城务工，村落逐渐老龄化和空巢化，包括非物质文化遗产在内的传统文化和营建技艺后继无人。因人去屋空，缺乏维护，传统建筑的自然性损毁较严重。村庄的公共服务设施和院落建筑居住配套设施不完善。因采矿等因素导致周边山体和自然植被等环境和山水格局变迁，地下水位下降，溪流干涸，从富水村变为贫水村。

近年来，传统村落开展的乡村建设活动主要围绕三个层次开展。一是改善村庄基础设施。包括道路、水、电、公共厕所等市政设施和村委会、村民活动站等服务设施。二是引导产业发展。不少传统村落依托其良好的乡村风貌和优美环境，以旅游作为抓手实现村落转型。三是修缮重点房屋。主要对传统村落中的文物单位或重点院落进行修缮与改建，以及村民自发建设等。其建设模式大体有以下几种方式。

1. 整体改建修复式

在旅游资源比较丰富或者旅游需求比较旺盛的地区，由政府或开发商主导对村落进行整体开发或引导，村落向旅游产业转型。外来人口增多，商业气氛浓郁。在旅游发展的同时尽量保持民居风貌，即民居外立面不动，在庭院和民居内部增加商业化的设施以满足旅游人群的需求。例如，密云区古北水镇旅游区所在地的原住居民搬迁到五公里外的司马台新村后，将原址打造为古北水镇旅游观光景区。延庆区岔道村进行了大规模整体修复和改建，形成旅游景区（图6-1-2）。

另外，有些传统村落依托自身资源和区位优势，形成以特色餐饮为主的传统村落。例如，延庆区柳沟村的豆腐宴、昌平区康陵村的春饼宴、昌平区长峪城村的猪蹄宴等，带动了村民收入的增长（图6-1-3）。

通过整体修复改建，实现了产业转型，基础设施极大改善，传统风貌得以维护和延续。但因经营性旅

图6-1-2 修复与改建中的岔道村

---

① 城镇规划设计研究院有限责任公司. 北京市44个传统村落调查研究报告［R］. 2017.
② 根据《北京传统村落（第一批）》中的数据整理。

游开发大多以盈利和市场导向为主要目标，容易面临过度开发而保护不足的问题。例如，对历史价值认识不全面，旅游发展与传统村落的定位不相符，只关注并投资易于开发利用的局部价值，比如特色餐饮、商业、红色旅游等，忽视对其他历史要素的保护与利用。为提升景区整体品质，采用对传统建筑拆除重建的方式进行复原式建设，造成历史信息丢失。为追求商业利益，盲目扩张，造成村落商业化氛围浓重，与历史信息不符，文化旅游服务设施缺乏，游客数量超出环境承载量，村落环境和格局受到影响。

2. 局部外力改建式

乡村与城市差异所带来的吸引力近年来引发各方关注。无论是被城乡经济差异、社会差异、文化差异还是景观差异所吸引，社会团体、公益组织、社会学家、艺术家甚至国际人士等以不同的方式、不同的切入点，从不同层面加入到乡村建设中。不仅于空间建设层面，更是带来农业合作社等经济组织、村民自治等社会治理方面对村落长久持续发展的有益探索。

社会各方力量的点状介入，不同于政府引导下的面状全面铺开式的干预，村落营建方面更注重于以小范围的改建为突破点。不仅积极征求村民意见，更鼓励村民动手进行自家宅院的设计与建造，重拾地方传统技艺与工法，并以专业设计构想加以创新。通过外界参与进行局部改建的村庄公共建筑和民居可以给村庄注入新的活力。例如，门头沟区碣石村村口处改建的

(a) 延庆区柳沟村

(b) 昌平区康陵村

(c) 昌平区长峪城村

图6-1-3 以餐饮为特色的传统村落

高端民宿院落等（图6-1-4）。村落的保护和发展起步后，愿意建设家乡或者有兴趣投资的人会逐渐加入进来，他们会将一些新的思路和想法带入村庄的改建中，在项目实施过程中不断碰撞出火花。

这种外力弱介入式的参与并没有特定、单一的路线，大多只涉及产业、空间营建或者社会组织建设等，系统性不强，具有不确定性。此种方式短期内对村庄发展具有推动力，但是无法全面迅速改善整个村落基础设施。虽然在初期对村落发展的整体影响力不大，但有时也会因为缺乏统一规划和引导，易造成对村落整体传统风貌的破坏。

3. 局部自发改建式

部分村落结合新农村建设、美丽乡村建设进行了局部修缮和改造。除文物部门对个别文物建筑进行修缮外，村民因家庭人口增加、经济条件改善等原因自行翻建、改建和加建民居，这也是传统村落中居民改善住宅条件最为常见的方式。

但是，或因保护规划编制和实施不到位，缺乏专业的指导和设计；或因经费和保障机制不健全，建筑材料选择的局限以及经济条件限制；或因缺乏对传统民居价值和风貌价值认识，保护意识和价值认知不足；以及村民提高生活质量的意愿更为强烈等诸多因素，容易出现盲目拆旧建新、模仿城市风格、千篇一律等问题。在建筑材料、饰面颜色、建筑层数等方面与传统风貌不协调，形成建设性破坏，导致村落肌理杂乱，风貌不整。例如，给房屋立面增贴白色瓷砖、铺装统一的彩钢红瓦屋顶、更换白色铝合金门窗、院落全部改为硬质铺地、屋顶加装太阳能热水器等；为改善冬季生活舒适度，由政府补贴，在住宅建筑外墙外侧铺设保温板并刷水泥砂浆；为提升生活品质，在院落内外加建卫生间等厨卫设施；为适应民俗餐饮接待

（a）外观

（b）院落

（c）建筑

图6-1-4　碣石村中的民宿

或家庭人口增加而扩建院落、加建二层、院落封顶、将坡顶改平顶；为降低环境污染而煤改气，在建筑外墙外挂大型采暖设备等。同时，也有些院落在改建时保持了古朴的传统风貌（图6-1-5）。

二、传统村落保护与发展特征与要求

（一）城市与乡村的关系

城市与郊区互相依存、互相影响。北京城作为一座有着深厚历史文化积淀的千年古都，其成长和发展必定与其郊区有着千丝万缕的联系。例如，北京城的水源、煤炭等资源供给、对外交通和物资运输、都城和皇家陵寝安全卫戍等，都离不开郊区。因此，北京郊区的传统村落不仅具有农耕文明影响下的乡土文化特征，更具有鲜明的服务于都城的独特历史文化特质，是北京历史文化名城的重要组成部分。

长久以来，存在着重视城市历史街区和历史文化的保护而忽视对城市周边区域保护的情况，致使传统村落的整体价值亟待进一步挖掘和梳理。《北京城市总体规划（2016年—2035年）》中明确提出，要构建全覆盖、更完善的历史文化名城保护体系。长城文化带、运河文化带、西山文化带是北京文化乃至中华文明的精髓和象征，成为连接京津冀文化遗产整体保护的纽带。

传统村落的保护应立足于城乡整体文化环境中，并非仅仅保护某些文化片段，同时也应考虑城乡传统文化的时空连续性，以及不同历史阶段的文化形式。城市和乡村之间不是分隔的，而是流动和交融的。郊野地区不仅局限于提供都城的物资供应与保障，还为城乡居民

（a）昌平区康陵村街巷

（b）密云区遥桥峪村院落屋顶

（c）密云区遥桥峪村农家小院

图6-1-5　传统村落自发改建后的风貌

提供了信仰朝拜、节日庙会等多种功能。要将乡村地区文化要素视为城乡环境整体的一部分，实施综合保护。城乡视野下的传统村落保护，文化要素将不再孤立，碎片化的状况将会得到改善，更有利于文化的活态传承。

（二）局部与整体的关系

由于长期的局部建造活动，传统村落空间组织破碎化，历史信息模糊，保护中易出现对隐性和整体要素的识别偏差。仅关注物质空间表象，关注单一村落的某一类型文化因素，忽视其特色形成的潜在历史背景环境要素，以及周边区域历史要素关联，会导致因特色识别不完整而产生误读，"盲人摸象"，在保护中造成历史信息的进一步损耗。

当下，传统村落个体以及村落内的历史建筑，皆呈现出令人担忧的"孤本式"保护发展态势。这在客观上虽然对一些重要的历史文化遗产起到了保存的作用，但这种"孤本式"的散点保护方式，因脱离了历史文化资源所根植的文脉环境，其存续的意义和价值将十分有限。

与历史文化名村相比，传统村落具有传统院落民居、文物建筑、古树古井等历史要素碎片化的特征，但对于传统村落的价值认知和保护对象不应仅仅停留在少量历史文化要素的修缮和保护，而是应充分重视和挖掘村落的整体价值。传统村落保护的内容不仅包括属于"文物保护单位"的建筑，也包括不属于"文物保护单位"的传统建筑，还包括村中的各种历史环境要素。

传统村落的整体保护，要注重对整体格局和历史文化风貌的保护。空间格局是由多个空间元素的系统组织形成的，不是单一的个体，而是一种空间群体关系，体现空间体系的完整性和关联性。由于空间格局的不同，相似的元素能够组合出千变万化的村落形态，让村落具有多姿多彩的空间形态和景观风貌，形成系统的历史文化风貌的整体历史文化环境。

（三）自然与人文的关系

与城市历史文化街区不同，传统村落的突出价值在于农耕时代形成的、人与自然朴素和谐的生产-生活-生态关系和营建智慧，形成特有的乡土文化，因此传统村落的保护具有突出的综合性。不仅局限在以建筑为核心的物质文化载体，人居环境、街巷风貌、庙宇古井等历史要素，更包括了聚落的山水格局、农田耕作抑或贸易、防御等职能特征、人地关系，以及宗族组织、耕读文化、民俗风情、传说故事、传统技艺等非物质文化等诸多方面。不仅限于村庄，还包含村域；不仅限于物质要素，还包含非物质要素。

传统村落与城市不同，功能复合而多样。城市的多种功能是由功能分区来实现的，如居住区、商业区、办公区、工业区等，大尺度的分散布局，小范围内呈现一定的聚集性，以体现城市的综合性和多功能性。人们生活在居住区，在其他分区进行社会生产，生活和生产相对分离。乡村地区传统村落的生活与生产却是紧密相连的。在传统农业生产方式下，农田与村落相互交织，村民就近耕种。自家宅院屋顶上晾晒粮食、院子里种菜、堆放农具、加工粮食、饲养禽畜等，民居内同时容纳生活和生产的多项功能。

中国进入由传统社会向现代社会全面转型的加速期，城乡人口流动频繁、城乡文化交融活跃、经济结构调整加快，导致乡村地区功能空间失衡、生态空间破碎、生产空间被蚕食等一系列问题，许多传统村落功能出现衰退甚至消失。例如，因为周边山体开采或林木砍伐，修路、开挖河道时忽视对历史遗留的古道、古河堤、古岸线的保护等，部分传统村落的山水格局受到破坏。村落产业和功能呈现多元化转型。以传统农业生产、特色农业种植养殖、旅游、度假、产品加工等不同产业为主导产业的村庄逐渐分化，需求各不相同，而从事旅游接待、特色农产品经营、主要劳动力外出打工等不同类型农户对住宅也有不同的需求，功能更加多样化。

传统村落作为一个自下而上发展的独立地理单元，是一个有机的整体。众多民居建筑不是孤立的，而是联系于传统村落的自然和人文整体格局中。历史文脉与宏观环境共生，村落功能与空间共生，既包括自然生态环境、山水格局以及空间结构的和谐，也包括生产—生活—生态的功能协调。村落的历史遗存、民俗民风，均是由各个要素在某一时期衍生创造的统一体，与传统村落空间息息相关。因此，传统村落保护要重视要素的系统完整性，才能为传统村落的传承提供基础。

要延续传统格局中的生产—生活—生态的和谐关系，适应村落功能转型的需求，构建新型的村落共同体，实现村落中产业、生态、生活三者相互融合促进，以村落空间作为载体联系平台，变被动保护为积极应用。

（四）静态与活态的关系

传统村落具有营建渐进性的特征。城市功能区在小尺度层面的渐进性较弱，除旧城改造外，大多数以集中开发的大规模建设为主要操作模式，通过编制规划有计划地按时间段控制城市发展。而乡村的村落营建则有很强的渐进性和随机性，以分散为特性，逐渐形成。民居由村民自建，且先期建设的民居风貌对整个村落其他民居有引导和示范作用。民居随年代逐渐被翻建维护，体现出不同的时代特色，在差异性与共性并存的情形下，整体依然遵循地方民居的共性。由于村落规模有限，一般不会出现大规模的集中建设。

与文物的静态保护不同，传统村落作为村民生产生活的承载体，需要不断地改善人居环境和提高生活水平，因此传统村落保护具有动态性和活态性的特征。传统村落保护中，除了重视格局、历史风貌等物质要素的保护外，还应强调维持村落及村落生活的延续性。

村民急需改善生活环境的需求与传统空间的保护形成了传统村落保护的最大矛盾。传统村落的老龄化及空巢化加重，劳动力的流失带走了村落的发展动力，很多村落由于空心化严重，房屋在风雨侵蚀下逐渐破败、倒塌。而乡村居民越来越追求现代化的生活方式，经济能力提高后，往往首先要做的就是置盖新房。因此，由于老屋缺乏居住人口与自有财力，加之政府财政投入非常有限，老屋或者逐渐转入"遗址化"的自然式毁坏，或者面临粗放无秩序的拆除翻修。个别村落由于资源禀赋出色，进行旅游开发，但是过度商业化的开发反而使文化遗产走向了文化变异、风貌迥异之路，破坏了原有古村落的古韵和传统风貌。

传统村落保护中，针对不同文化价值的微观要素要采取弹性的保护方法。村落保护涉及内容广，现状复杂，很难用统一的保护方式来进行保护更新。保护更新既不宜采用博物馆式的保护模式，也不宜采用"换血式"的大拆大建，造成村落特色缺失，功能雷同，传统文化基因丧失，应根据村落内村民的人居环境、村民居住需求以及传承要求分别提出保护措施，针对不同的对象采用不同的保护方式。文物保护单位、历史建筑等重大历史文化遗产应当予以原物保护，不可随意改建、拆迁。文物保护单位周边建（构）筑物、历史环境要素应予以原貌保护。村内其他建（构）筑物尽量保持风貌统一，进行循序渐进式地更新改造，选取典型院落优先进行整治更新，改善居住环境，切勿急于大面积地改造整治。

与新农村建设和美丽乡村建设相结合，改善村落人居环境，推动产业发展和功能更新，增强村落的发展能力，使之成为传统村落文化传承与空间活化的重要基础。围绕生活、生产、生态和文化功能，通过提升生活功能、重塑生产功能、维育生态功能、强化文化功能，适应社会发展和文化传承需求，满足村民生活的需要。通过适应性改造和活化利用，使传统村落空间焕发新的活力。对非物质文化遗产传承人、掌握村落建造技艺的传统工匠、熟知村落风俗民俗及宗族事务的人给予重视及扶持。充分发挥村落社会组织的作用，通过村落社会、经济、文化等方面重塑乡村共同体，实现村落空间活化与社会重塑协同。

（五）主体和客体的关系

传统村落具有村民主体性的特征。当代城市的规划设计，建筑选址相对自由，某种程度上可以说建筑先于使用者存在。例如居住区、商场和办公大楼，先建成这些功能性建筑，然后人们才开始在其中进行社会生活和生产，多样的建筑吸引着具有不同需求的人群。与城市开发商先盖房子再住人的方式不同，村落营建可以说是先有人的需求才有房子。因个体存在才会有民居，因家庭需要，如婚丧嫁娶和人口繁衍，才会扩建民居，从而逐渐扩大村落范围。同时，我国乡村特有的集体所有制土地和宅基地制度一方面决定了村民缺乏民居营建地点选择的自由度，另一方面也决定了村民是村落和民居营建的主体。特有的建筑个体或村落应适应多元化的人群需求。

与历史文物不同，传统村落的所有者主体是全体村民和村集体组织，而保护的要求则是由上级各个部门提出的，保护主体与客体不一致以及主体和客体多元化是传统村落保护中的重要特征。主体既有村民个体，也有村集体组织。客体既包括住房与城乡建设、文物、国土资源、农业农村等各个部门，也包括国家、省市、区县、乡镇和村庄各个层级。同时，当涉及资金投入时，也会有企业和社会其他组织机构的参与。因此，需要梳理保护方、投资方、受益方各方的权益与义务。建立与治理结构相适应的保护与发展体系及保障机制。多部门协作，个人、集体、国家相互协同。

目前的传统村落保护与发展，大多采用"自上而下"的模式，上级政府成为村庄建设的主导者，村民更多的是处于一种被动接受的状态，缺乏主体意识，扮演着旁观者的角色。而实际上，村民是传统村落的建设者、传承者、产权所有者，是传统村落的主体。传统村落的传统风貌、民族文化及地域文化的传承是由当地居民来承载的，传统村落保护与发展要依靠全体村民的参与。无论是组织节庆、祭祀、村内重大事件商议，还是对村庄历史的梳理，村庄优秀文化的提炼等，传统村落的传统文化的保护离不开村民参与和推动。组织村民重拾传统文化，弘扬优秀品德，是传统文化保护与传承的关键。村民应加强自身的主人翁意识，参与到村庄的发展决策当中，掌握村庄发展收益的获得权。政府部门提供政策保障和支持，社会组织提供资金和技术支持。地方政府、企业和村集体、村民之间要明确各方权力和责任，建立保障机制，完善保护管理体系，以形成合力，推动传统村落的保护与发展。

第二节 传统村落保护与发展策略与方法

一、系统性和整体性——市区层面

（一）文化带背景下的北京传统村落整体认知

在北京50万年人类活动、3000多年城乡发展以及800多年都城建设历程中，北京独特的自然地理环境和社会文化因素，孕育了城市的起源、发展与变迁。西山是北京城市诞生和成长的摇篮，永定河是北京的母亲河；大运河（通惠河、玉河）横穿北京城；长城防御体系守护北京城市安全。逐渐形成西山永定河文化带、长城文化带、大运河文化带三条文化带，它们环绕或穿过北京城，与北京城密切联系，并与天津、河北一脉相连，设施构筑、聚落建设、山水景观相互交融（图6-2-1）。

西山永定河文化带。西山北以昌平区南口附近的关沟一直向南抵房山拒马河谷,东临北京小平原,几乎占据了北京市总面积的17%。绵延今昌平、海淀、门头沟、石景山、丰台、房山等区域的浅山区和近山区,包括以"三山五园"为代表的皇家园林文化,以金陵、景泰陵为代表的墓葬文化,以潭柘寺、大觉寺为代表的宗教文化,以妙峰山为代表的民俗文化,以爨底下、灵水为代表的传统村落文化,以三家店、琉璃渠等为代表的古道商贸文化,以北魏造像为代表的石刻文化,以贝家花园为代表的中外交流文化,以霞云岭、挺进军司令部、双清别墅为代表的红色文化,以石景山模式口冰川擦痕为代表的地质文化等,以及古道、香道,永定河沿线桥梁、故道、湖泊泉水等。其中,京西古道距今已有数千年的历史,与永定河流域文化交相辉映,是永定河文化带的重要组成部分。京西地区作为军事屏障、建材和能源基地,以及宗教圣地,功能多样。京西古道承载

图6-2-1 三条文化带示意图(来源:改绘自《北京城市总体规划(2016年—2035年)》)

着厚重的文化历史信息，在地理交通文化、物产运输文化、民俗宗教文化等多个层面都有丰富的体现，也孕育了古道沿线村落丰富的交通商贸文化。沿线传统村落是至今北京区域内传统村落保存较完好的，民俗和非物质文化极为丰富。门头沟区有14个村落列入北京市传统村落名录，其中12个为中国传统村落，占北京市级传统村落总数的近三分之一，国家级传统村落数量的一半以上。

长城文化带，始于北齐，大规模修建在明代。明长城从东部平谷进入北京市域，经密云、怀柔、昌平、延庆，然后进入门头沟山区，在北京市境内蜿蜒约600公里。约有敌台1500座，关堡140座，烽火台150座，形成八达岭—居庸关段、九眼楼—慕田峪段、古北口—司马台段、红石门段四个组团。依山就势的明长城不仅建筑工艺高超，城墙、敌楼建筑雄伟坚固，而且与山川河流、古村古堡共同构建了富有特色的长城防御体系。长城沿线聚落转化形成的传统村落分别占北京市传统村落和中国传统村落的近三分之一。

大运河文化带，是中国南北最长的文化纽带，京杭大运河与万里长城一横一竖交汇于北京，形成两条世界著名的、带有中华文化鲜明特色的文化带。大运河北京段长约82公里，从通州北运河一直到大西山，横跨昌平、海淀、西城、东城、朝阳、通州六区，贯穿北京城。分上游来水和下游漕运，上游来水涉及昌平区、海淀区、顺义区，下游漕运涉及通州区、朝阳区、东城区、西城区等，涉及河道有通惠河、潮白河、温榆河、坝河等。大运河文化带不仅是古代中国连接南方的大动脉，也是明清北京城连接西北部园林的纽带。该文化带包括昌平白浮泉、玉泉山诸泉、瓮山泊（今颐和园昆明湖）、积水潭（今什刹海）等湖泊泉水；南长河（今昆玉河北段及长河）等河流故道；澄清下闸、平津上闸等运河水工、水闸；高梁桥、通运桥等桥梁；里二泗码头、神木厂、北新仓等码头、仓储；通州、张家湾、皇木厂等古城古村，也孕育了开漕节歌谣、北运河船工号子、京韵大鼓、单琴大鼓、通州大风车、潞县龙灯会等丰富的非物质文化遗产。

传统村落是一定地域空间范围内的人文现象，其起源、形成和发展都与特定的历史环境紧密关联。村落职能也受到三条文化带的深刻影响，尤其突出体现在以都城为核心的交通枢纽和商贸职能、军事防御职能，以及服务皇家职能等。传统村落历史文化呈现出城乡关系紧密、影响因素众多、文化要素多样、形态丰富多变的特征，相互交织，体系庞杂。不仅应从文化带视角下充分认识传统村落的价值，其保护与发展也应置于文化带规划建设背景下，统筹推进。

（二）市域视角下的系统性价值梳理与挖掘

要从市域视角下，探究传统村落价值因素的共性与个性、个体与关联、叠加与层次等，进行多角度多维度的价值认知与发掘。立足北京三个文化带，对不同区域、不同类型的传统村落进行基因特征判别，对传统村落按基因凸显特征划分具有交叠性的集群类型，如防御文化类集群、商贸文化类集群等。研究传统村落历史文化基因的多样性，通过剖析传统村落基因的复杂历史文化要素，探寻基因之间的关联性和差异性，研究传统村落谱系类型与层级结构，探寻文化基因链条，突破传统村落点对点的研判方式，构建具有北京特色的传统村落价值评估体系，进行价值评估。

根据不同集群类型划分不同的层级，包括等级层级（例如，防御文化类集群村落按照防御体系划分为路城、营城、卫所、堡寨等；古道文化类集群按照作用划分为枢纽节点、重要节点和一般节点等）、功能层级（例如，商贸文化类集群村落按照承担职能划分为转运、仓储和商贸等；古道文化类集群按照承担职能划分为进香节点、商贸节点、驿站节点等）、影响力层级（例如，民俗文化类集群村落按照其民俗影响范围划分为区域级、片区级和村落级等）、特色层级（例如，山水文化类集群村落按照山水格局和风貌特色程度划分为极具特色、具有特色、具有一定特色等）、重要性层级（例如，红色文化类集群按照历史事件与人物划分为非常重要、比较重要、一般等）。

通过交叠性的村落集群、类型与层级分析，对传统村落价值进行系统性梳理，为保护提供基础性支撑。

（三）立足区域的传统村落群落保护构架

积极构建绿水青山、文化底蕴丰富的城市整体文化景观格局。结合乡村振兴战略的推进，将传统村落保护与长城文化景观区域（长城北京段）、大运河文化景观区域（中国大运河北京段）、京西文化景观区域（京西古道）、燕山文化景观区域（明十三陵、银山塔林、汤泉行宫等）、房山文化景观区域（房山文化线路）等景观区域规划建设相结合，构建整体保护格局。

针对传统村落的文化基因关联性与差异性，结合不同类型和层级的传统村落集群，融合区域历史文化要素，构建不同尺度下传统村落保护群落，建立侧重点不同的传统村落群落保护体系。

拓展传统村落历史文化基因外延，与区域历史要素相结合，对传统村落按照集群层级结构划定不同的传统村落线型和片区型群落保护体系，明晰线型群落和片区型群落的主要特征、各个节点的功能、地位和历史文化要素，形成不同空间尺度下组合多样、重点突出、相互关联、要素全面的保护体系。

同时，与传统村落周边历史和人文资源相整合，推进区域文化遗产连片、成线保护利用，挖掘区域文化遗产整体价值。

（四）分级分类的传统村落保护与发展规划指引

首先，推进实现规划设计全覆盖，与乡村地区各级各类规划相结合，建立乡镇域、村域以及村落三个层次的保护与发展指引，形成传统村落保护与发展规划、美丽乡村规划与实施方案、农房设计等相互有效衔接的多层级规划体系。在改善传统村落基础设施和人居环境的同时，处理好保护与发展的关系，以及文物建筑、公共设施修缮改建与村民自建住宅的关系。

其次，编制传统村落保护与发展规划和传统村落保护技术指引，从综合发展和底线管控两个角度指导全市传统村落保护工作。对传统村落提供分级分类的保护与发展规划指引，不仅聚焦于保护村落的空间实体，更要通过对相关产业的培育和文化的传承弘扬，以产业留住人，让传统村落恢复人气，实现乡村传承和振兴。不同地区的村落有不同的现状和发展诉求，应考虑多元化的发展方向，进行分类引导。城市周边村落，区域经济发达且交通便捷，乡村与城市联系紧密。这类村落可充分利用城市多样化的消费人群及其需求，带动村庄旅游转型。区位较偏僻的村庄，其传统农村的生产生活状态保持得较完整。结合村落古朴的街巷环境和传统建筑，可以让城市人体验乡村生活，感受风土人情和地方习俗；结合农耕文化的手工业和制造业，体验乡村生产，参与田间劳动和粮食加工，向当地村民学习制作耕作工具、地方特色的工艺品等。深度挖掘乡村传统文化，发展体验式的乡村度假和文化创意产业。村民的闲置院落还可考虑提供乡村疗养休憩或养老服务。

再次，通过区域协调，避免旅游业态的过度集聚，协调环境容量控制，增强业态的丰富性和区县层面的协调与互补性。组织区域内非物质文化遗产的利用，增强其辐射、带动、联动作用。以传统村落为核心建立区域性的传习基地，既能保证非遗项目的传承，又能保护区域的文化大背景，优化非遗项目的传承环境。建立文化展示平台，提升村民参与的动力，优化村庄的发展，推动传统文化的活态传承。

最后，提供针对传统营建渐进式特征的建筑营造示范与引导。面对随时都在建设的农村住宅，针对乡村地区村落和民居的营造应以引导与示范为主，而不是简单的规划和控制。传统村落大多依托原型而发展。村民建房有很强的模仿性，第一家建成什么样式，后来的村民都会参照建设。因此个体的示范与引导尤为重要。不仅需要空间布局和立面设计的指导，更应注重建筑材料的选择、色彩的搭配以传承传统技艺。传统村落风貌的保护更需要长期的制度性引导。通过规划师与建筑师的参与，以地区建筑图集的方式提供多样的建筑元素，以设计导则的方式对街巷空间、公共空间与私人空间划定、主要公共建筑、景观节点、色彩、高度等进行控制，以实现对整个村落建筑风貌的引导。

（五）逐步完善的制度和政策保障

首先，健全和完善制度保障。健全传统村落保护发展一体化机制。明晰传统村落和建筑的产权归属，以及各方的权利和义务。明确在传统村落保护和发展中鼓励区域联动、共享共建和利益风险共担的政策措施，并提供长效稳定的资金保障。建全申报—规划—实施—监管—评估—归档等管理流程与体系。不仅在技术方法层面上对传统村落中的历史建筑进行分类保护利用，在管理层面上建立相应的分级管理模式。如对于高级别的重点文物遗产，由各级文物管理部门进行严格的管理控制；对于历史价值一般的普通民居，可下放部分权力，让民间和社会资本参与进来，对民居进行有效的利用和活化。

其次，建立系统完整的乡村自治机制，激发村民参与村落保护的积极性和能动性，并完善建材研发、营建技艺传承与创新、人员参与等各个方面的保障与支撑。因为村民住宅大多是自建，对于薄弱的乡村经济来说，营建费用不容忽视。所以经济性，尤其是建筑材料的性价比不容忽视。需要根据乡村地区特点研发基于当地材料且生态环保的建筑材料，促进低成本建设，切实考虑村落的持续发展。在改建中应尽量采用村落现有材料，加大回收利用，有效降低建造成本。应在村落营建中注意保护与发扬传统技艺，并结合现代技术进行创新实践，使得村民能够建得起房，建起好房，还能建设有特色的房子。要重塑村民社会结构，强调村民主体地位，提升村集体的治理能力。目前村落的衰败与凋敝很大程度上是村庄产业的缺失、人才的流失和村落社会组织结构的无力造成的。设计师要积极融入乡村给予专业引导，与村民不断磨合和沟通，使乡村文化和工艺等得以传承和发扬。同时，也需要各界人士的积极参与。通过建筑师驻村、社会公益组织人员与经济的帮助、农村合作组织的建立等，多角度系统地帮助乡村推动产业发展，重建村庄治理结构，不断完善村民自治，使之成为空间营建的重要支撑，才能真正实现村落的持续发展。制定村规民约，形成道德准则和共同认知，推进传统文化的传承。

最后，积极推进传统村落保护发展试点，探索多元化的发展路径。充分挖掘和利用现有资源，结合传统村落自身历史文化积淀、发展空间、村庄布局、基础设施以及治理基础等，从路径选择、发展定位、规划体系、实施主体、利益和风险分担等多方面进行探索与实践，尝试多样性的发展途径，避免格式化、同质化。鼓励探索民居的合理利用方式，除了延续生活居住功能之外，积极探索传统民居与文化产业相结合，鼓励面向未来的功能提升与活力再造，改善村民生活。引入新功能业态，植入现代生活环境，与乡村治理体系相结合，提升治理能力和水平，实现生态、社会、经济效益持续增长，推动传统文化不断传承。

二、结构性和完整性——镇村层面

(一)织补理念,渐进发展

传统村落保护时应遵循"真实性"原则、"完整性"原则、"可持续性"原则。通过控制与引导两方面规划传统村落的保护与发展,以控制性导则保护其空间格局和街巷比例尺度等。街巷、院落、街巷的材质、颜色等通过指导性导则加以引导。保留尊重原有村落格局的同时,提高日常生活的水平。力求以一种"低影响"的方式,而并非以"重写"的方式实现村落的保护与改造更新。

历史文化名村大多具有相对连续和完整的历史文化空间。一般村落的传统文化空间在城镇化的进程中变化较大,村落文化和空间肌理出现碎片式格局。现代化生活与传统文化的交融形成现代村落的新的"传统特质"。传统村落不同于以上这两种村落,整体的连续性和局部的片段性使传统村落展现出其特殊的一面。在传统村落的保护中,应该在整体保护原有肌理和文化的基础上,主要从局部上修补不和谐的风貌,点式修复传统风貌,融合现代化建设和生活需求,做到新老结合,保护与发展建设的平衡和谐。

基于传统村落的空间特质分析,从周边联动,共建共享;合理利用,完善配套;保护格局,延续风貌;改善功能,提升品质四个方面进行保护与发展规划。点式的修补和选择性的织入,既避免大规模的保护改造,也规避大面积的开发建设。充分尊重传统村落历史过程的真实性,保留村落的历史发展痕迹。在村落保护的基础上,进行局部的建设,保留村庄整体空间结构的完整性,保护传统文化的系统性,使整个传统村落保持动态发展的整体性。

(二)周边联动,共建共享

北京传统村落大多深处相对欠发达地区,各具特色,其地域特色也反映出其在区域范围内与其他地理单元在经济、文化、空间、景观等方面存在关联。但由于时间的推移,交通方式的改变使一些水运交通、古商道等文化线路逐渐没落,原本处于地理交通优势的村落走向衰落。需要借助文化脉络的修复,使传统村落从个体走向区域,构成区域一体化传统村落保护格局,让孤立的传统村落获得新的生机。以历史文脉为线,以传统村落周边地理单元为点,形成优势互补。既促进现有区域的联动发展,又可创建新的区域关联。

基于村落地域与文化背景的文化线路类型多样,包括商旅、宗教、军事等各种题材,与之相关的文化事件内涵丰富,如长城戍边军事防御线路、京西古商道等。在充分进行价值挖掘的基础上,加强文化景观资源的串联。以区域内传统村落中心,整合区域内历史文化资源、自然景观资源,建立有层次的景观资源保护展示体系。将分散的传统村落、自然景观通过交通路径或景观廊道连接,构建网络状的历史文化景观系统,实现区域内的自然景观资源与历史文化资源的良性整合,充分展示传统村落的特色风貌,引导传统村落的整体发展。

通过周边联动发展,实现文化价值充分展现、功能业态互补丰富,环境容量协调有序,建设资金与风险共担,发展收益与效益共享。一方面,传统村落的价值得以充分体现,另一方面,带动相邻或周边村落的发展,例如,门头沟区斋堂镇爨底下村、黄岭西村和柏峪村共同建立的爨底下景区等。

(三)合理利用,完善配套

要在保护传统村落文化特质的同时,满足村落的整体发展需要,结合乡村振兴战略"产业兴旺、生态宜居、乡风文明、治理有效、生活富裕"的方针,促进产业和功能置换与提升,完善生活和生产配套设施。

作为地处北京郊区的传统村落,大都市周边休闲需求旺盛。北京传统村落历史要素分散,并无足够的资源支撑旅游发展,容易造成旅游观光中无景可观。因此,应针对乡村休闲体验的迅速发展，激活文化产业，轻旅游重休闲。发展乡村度假、休闲养生、养老康体等功能，增加游客的体验感。传统村落产业定位应以自身文化特色为引擎，结合优秀的传统文化资源、自然生态资源，激活文化产业，达到第一产业与第三产业融合发展的多业态发展形式。并注意控制游客容量，减少对村落的干扰。

整理村落土地资源，对集体建设用地合理配置，完善功能。将闲置的宅基地、分散的集体建设用地集中进行置换处理，根据村庄发展的需求，对用地进行合理分配。增加村民生活必备的公共服务设施，例如卫生所、图书室、老年活动室等。除此之外，完善村庄的基础设施，例如村庄道路、给水设施、排水设施、消防设施、环卫设施等。同时应考虑村庄开展旅游休闲活动时的服务设施的增加。

传统村落的建设除了基础设施和公共服务设施的建设之外，应当限制其他方面的建设。核心保护区范围之内应严禁任何形式的新建建（构）筑物，建设控制地带谨慎建设，并控制建（构）筑风貌的和谐统一。

（四）保护格局，延续风貌

村域范围内，应注重整体环境的营建，包括水系、山体、植被等自然环境以及民俗活动等社会环境，保护山水格局和文化氛围。村庄层面，应注重空间要素的整体性和连贯性，保护空间结构、街巷格局和整体风貌。

划定保护区划范围要具有可操作性。应主要以自然边界、道路、地块边界等可操作性边界为主，便于明确四至边界和保护面积以及村庄管理。核心保护区一般包括传统格局和历史风貌较为完整、历史建筑和传统风貌建筑集中成片的地区，具有文物、传统风貌较好的村庄起源区域或者沿革演变中具有重要意义的区域。核心保护区内应维持相对完整的聚落形态。同时，设定建设控制地带和环境协调区。既要合理设定保护范围，又考虑村庄近期发展建设，为村庄发展建设留有余地，更要注意周围影响村落选址、发展的一系列自然地形环境。

要保护自然与山水格局，加强景观视廊串联，彰显山水格局特色。生态环境是传统村落生存的自然基础。传统村落在选址布局时往往注重对聚落本身与周边山水的结合，并在原始格局的基础上沿地形发展。传统村落的山水格局，不仅仅包括背山面水、金玉环带、取法自然等，还包括村落与周边山水的视廊景观，以及山水格局对村落防灾、安全方面的影响等。保护山体之间、山体与聚落之间的空间关系，控制其轮廓线以及山体的制高点。规划控制传统村落与山体之间的过渡地带，此地区应被划入禁建或限建区域，加强绿化保育，控制村落的无序蔓延发展，保护山体生态环境和植被景观，进行生态修复。保护并修复村落周边及村内的水系格局，控制村落与水体之间的空间关系。加强上下游的整体生态环境的保护。保护水流的自然流向，谨慎增加拦水坝等景观设施。研究当地植物种类，并在生态修复及绿化种植中应用推广。控制建筑高度，打通景观视廊。对新建、改建、扩建的民居，其高度层数应以当地传统建筑的一般情况为参照，高度不宜超过传统建筑的高度。

保护特色空间格局，嵌入式修补村落肌理。传统村落的营建与自然山水相融合，空间结构各具特色，形态演变或依托道路发展，或环绕水系演变，也有依托防御设施而建。通过挖掘村庄格局形态特色，提取村落空间形态的关键要素，予以重点保护。村庄形态关键要素的保护应首先要延续其在空间上的连续性，包括尺度、色系、空间变化等。针对重点地段，嵌入式修补村落公共空间，例如村口、重要历史建筑周边空间、街巷交叉空间等。

控制街巷尺度，修复街巷连续度。传统村落的街巷空间是村民的生活空间，是承载村落历史风貌、人文景观的主要场所。传统街巷的结构、走势、宽度、建筑高度构成了街巷的尺度。商业性街道和生活性街道等不同职能的街道，以及主要街道、次要街道和巷道等不同作用的街巷，其空间尺度不尽相同，应分类控制。应控制建筑物的扩建、改建以及其他基础设施建设对街巷尺度造成的破坏。沿溪街巷不宜采用填埋或盖板等方式将沟渠改为街道。为了保持街巷的尺度，应使街巷的改建、扩建所引起的宽高比变化保持在30%以内。同时，要保护街巷立面的连续性。街巷空间特色的基础在于其连续性，一条连续的街道是人们对街巷进行感知的意象基础。街巷的立面形式、建筑风格、建筑材料、建筑主要色彩以及天际轮廓线等方面要保持连续性与统一性。传统街巷的侧界面保护和修复重点主要为院门、院墙、建筑山墙。顶界面保护和修复重点是控制街巷两侧的建筑高度，保持建筑轮廓线、建筑屋顶形式。底界面则要注意街巷的铺装形式尽量采用当地材质，对街巷的闲置空间、公共空间进行绿化种植、景观小品设计等，保持与街巷建筑的风貌协调，增强街巷的连续性。

（五）改善功能，提升品质

进行院落价值评估，采取分类保护与改善措施。传统村落院落众多，情况复杂，统一的保护措施很难大面积地开展。因此应对传统建筑的院落进行评估分类，从院落的建筑质量、建筑风貌、建筑的位置、使用情况、村民意愿以及租卖情况综合考虑，进行价值评估。选择建筑风貌较好、质量较好、可达性较好、村民愿意修缮的院落优先进行改造，并针对其建筑风貌的不同分类进行分类保护整治。

传统村落中建筑物的修缮与改善要保持整体性。对于文化遗产、文保单位、具有重要历史价值的建筑物应尽可能使用原材料并以原工艺真实性修复。对于传统风貌较好，但急需改善居住条件的乡土民居建筑，应在保护传统风貌的前提下，有选择性的真实性修复具有历史文化价值的构件，保护建筑尺寸、空间比例等。对于一般乡土民居，可以适当改建，但应符合村落的整体风貌。谨慎选择建筑形式，不能把官式建筑的形式强加到民居建筑上去。

建筑改造过程中可赋予新的功能，促进功能优化提升。民居建筑的居住功能优化提升，重点对卫生间和厨房进行功能优化，提升居住舒适度。寺庙、戏台、碾坊等公共建筑，是承载传统村落公共活动的场所，有些已被改作他用或废弃。在规划中，可恢复这些公共建筑的原有功能或植入其他文化功能，重新激活。

第三节　传统村落保护与发展规划实例

一、长峪城村保护规划

（一）村落概况

昌平区流村镇长峪城村是国家第二批传统村落，也是北京市第一批市级传统村落。长峪城村属明长城沿线堡城演化形成的村落，古城墙部分存留。西与河北省接壤，东距北京市昌平城区约54公里，南距流村镇政府所在地约25公里。全村共有住户205户，共计378人。村域面积约1358.73公顷。黄长路在村落东部穿过村落，成为对外交通道路（图6-3-1）。（长峪城村详细介绍参见第四章第二节）

（二）传统资源

长峪城村属于深山型村庄。山体、植被资源丰富，生态环境良好。村庄坐落于群山之中，两山夹峙形成的山水格局构成了长峪城村的重要生态和景观资

图6-3-1　长峪城村地理区位示意图

源。村域内现存资源主要有山体、水库、古城堡、农田，村庄内有古巷道、传统院落和建筑，以及社戏和传统灯会等民俗活动（图6-3-2）。

1. 村庄格局

长峪城村北部为太行山脉，离村北不远处便是昌平区海拔最高点山峰，长峪城村东西两侧为东山和西山，北部的老峪沟支流绕村而下。村庄整体呈"背山面水，怀抱金带"的山水选址格局（图6-3-3）。

村落格局可概括为"一水、两城"的结构。"一水"为老峪沟支流，从北侧山上沿冲沟顺流而下形成季节性河道，上游建有龙潭泉水库。"两城"是指分筑南北的长峪城旧城、长峪城新城两座防御城池（图6-3-4）。

村庄从北向南由窄变宽再变窄成梭形，嵌入山脉之中，与周围山体轮廓自然融合，交错有序。长峪城旧城的传统建筑较为整齐有序，沿着鱼骨状的形态与主街连接形成道路结构，村庄西南部的建筑稍显零散。

2. 街道格局

长峪城村中的主要对外交通为黄长路（J02），南北贯穿长峪城村域，连接长峪城新城和长峪城旧城，是长峪城村街道结构中的主干。村庄中自北向南有三条主要街巷与连接交通主干黄长路连接，分别是旧城古街巷（J01）、永兴寺街道（J02）和新城古巷道（J03），传统街巷基本保留原有的形态，两旁建筑也多是风貌较好的传统建筑（图6-3-5）。

旧城古街巷和新城古街巷两侧的传统建筑保护较好，风貌较为统一，街道铺地采用石板，与传统铺砌方式相同，规划建议作为历史街巷。旧城古街巷位于村北长峪城旧城，长度约为240米，与祯王庙、关帝庙两处公共空间连接（图6-3-6）。新城古街巷位于村南长峪城新城（图6-3-7）。

黄长路、永兴寺街道道路两侧传统院落多已进行翻建，部分风貌不统一，道路被拓宽，重新进行了铺砌，划分为一般街巷。河道紧挨黄长路东侧，目前修建了河道两岸石栏和桥，缺乏河道亲水空间和景观。

3. 院落和建筑

长峪城村落建筑建于明清、民国及中华人民共和国成立后等各个时期。建筑材料、形制及色彩上具有京郊传统村落的古韵，建筑材料以石材、灰砖、木材为主，硬山屋顶，青色、灰色、黄色是建筑的主色调，整体质朴简洁（图6-3-8）。

为分类确定保护策略，对村落建筑分别进行建筑风貌评价、建筑质量评价、建筑高度评价和建筑结构评价（图6-3-9）。

建筑风貌评价是对建筑物是否拥有反映村落历史文化特征的外观面貌及其保存状况的评价，以确定规划是否需要对建筑外观进行局部改造或整治更新。根据对建筑特征的综合考虑，将村内建筑风貌划分为完整、一般、与历史风貌无冲突、与历史风貌有冲突四类（图6-3-10）。

建筑风貌完整指建筑保存反映村落历史文化特征的外观面貌完整或修复保护良好，建筑细部及构件装饰精

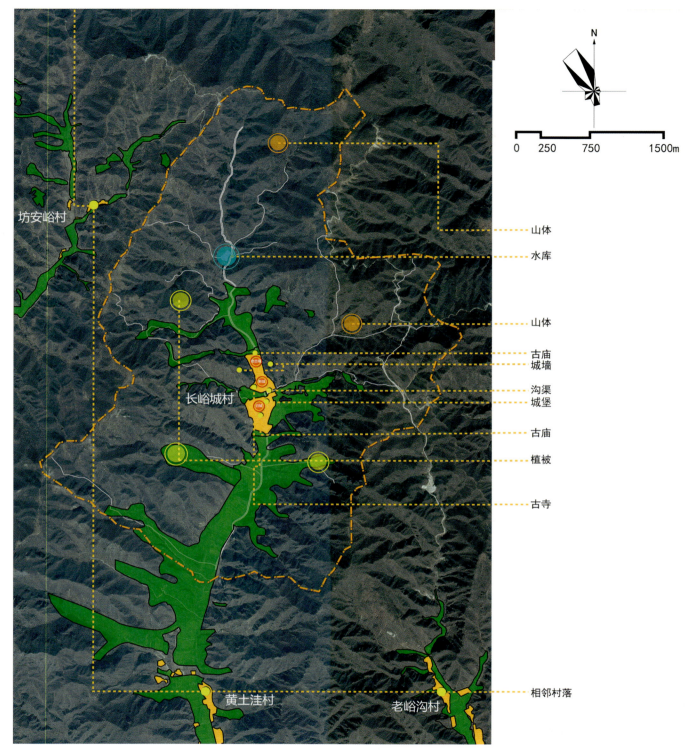

图6-3-2　长峪城村资源分布图

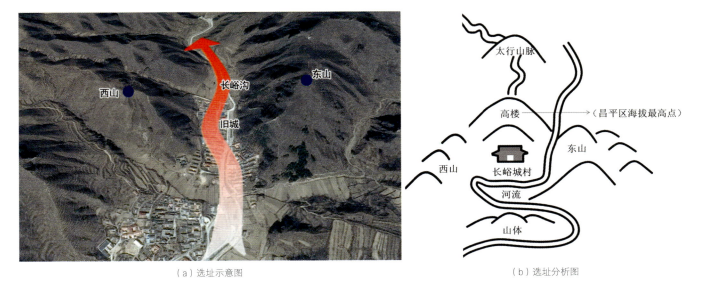

(a)选址示意图　　　　　　　　　　　　　　　(b)选址分析图

图6-3-3　长峪城村村落选址示意图

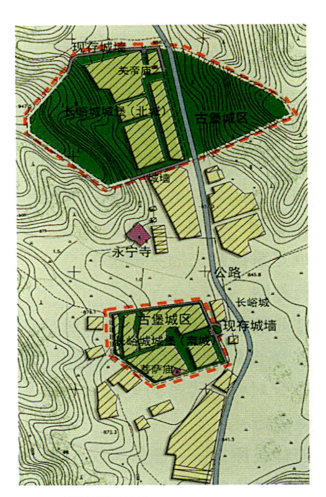

图6-3-4　长峪城村平面示意图

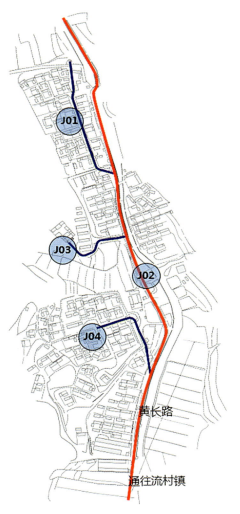

图6-3-5　长峪城村主要街道

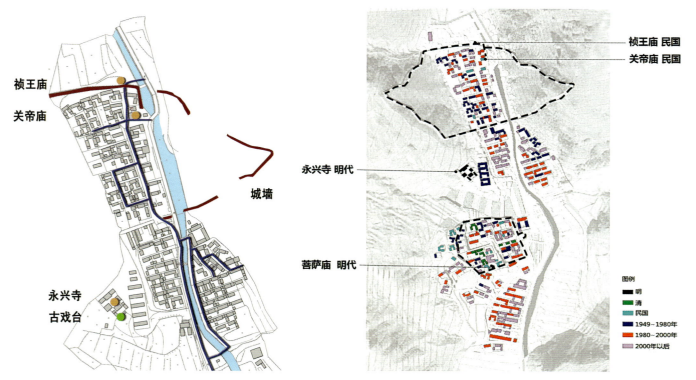

图6-3-6 旧城街巷平面示意图

图6-3-8 长峪城村传统建筑分布图

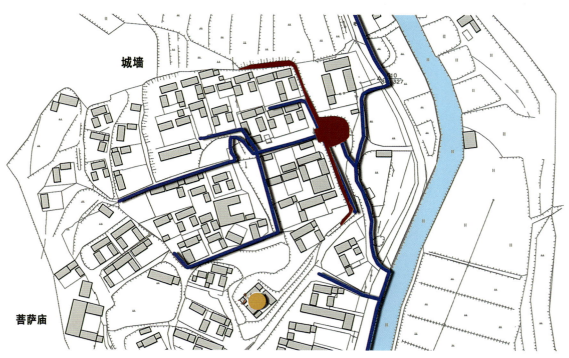

图6-3-7 新城街巷平面示意图

332

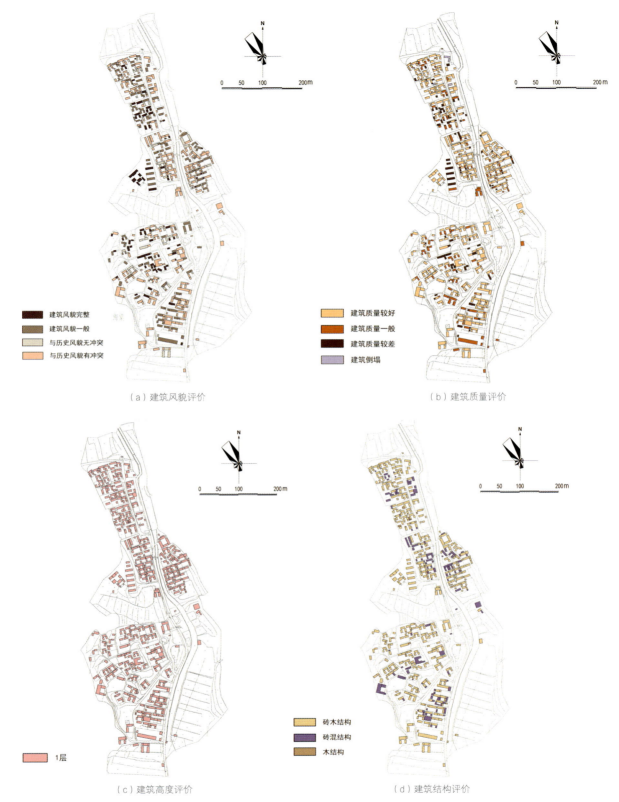

图6-3-9 长峪城村建筑评价

（a）建筑风貌完整

（b）建筑风貌一般

（c）与历史风貌无冲突

（d）与历史风貌有冲突

图6-3-10　长峪城村建筑风貌分类

美的历史建筑。建筑风貌一般指建筑保存反映村落历史文化特征的外观面貌基本完整或修复保护一般，局部存在破损，如局部损坏或建筑局部采用红砖、水泥、瓷砖等材料，但细部构件装饰仍保留历史价值的历史建筑。与历史风貌无冲突指与传统风貌无冲突的新建筑，建筑在色彩、高度、风格体量等方面都与村落历史风貌较为协调。与历史风貌有冲突指外观面貌已严重残损、传统风貌特征无处可寻的老建筑，以及与传统风貌特征冲突较大的新建筑，包括在建筑高度、色彩、风格、体量上与历史风貌不相协调，建筑大面积使用红砖、水泥瓷砖等材料的建筑。根据调研统计，长峪城村中风貌保存完整建筑有89栋，占全部建筑比例13.9%；风貌保存一般建筑有146栋，占比22.9%；风貌协调建筑有62栋，占比9.7%；与历史风貌有冲突的建筑最多，共340栋，占比53.5%。

建筑质量评价是对建筑物的主体和局部结构质量状况，以及是否存在安全隐患的评价。以确定规划是需要局部加固、整体加固还是需要重新修建，或者不再建。以单体建筑进行分类统计，按建筑质量的优劣分为质量较好、质量一般、质量较差、倒塌等四类。长峪城村的建筑质量普遍较好。质量较好建筑有401栋，占全部建筑比例62.9%；质量一般建筑有139栋，占比21.9%；质量较差建筑有94栋，占比14.7%；有3座倒塌建筑，占比0.5%。

长峪城村现状建筑都为一层的传统建筑。建筑结构以砖木结构为主。砖木结构建筑有487栋，占全部建筑比例的76.5%；砖混结构建筑有134栋，占比21%；木结构建筑有16栋，占比2.5%。

4. 历史环境要素

长峪城村域内的历史环境要素主要有全国文物保护单位长城堡寨旧城和新城古城墙遗址，昌平区文物保护单位永兴寺、关帝庙、菩萨庙，历史建筑祯王庙，以及水库、古树1棵、石碾2个等。

（三）保护对象

1. 确定保护对象

通过对长峪城村的地形地貌、山水格局、村落选址、院落建筑、街巷肌理、历史环境要素及民俗文化等进行分析，将选址与自然环境、格局与整体风貌、传统建筑与街巷、历史环境要素、非物质文化遗产等确定为保护对象。

选址与自然环境要素包括龙潭泉水库、泄洪沟、农田。龙潭泉水库是长峪城村的水源保障和景观节点，泄洪沟是村庄安全的重要保障，农田是村民的生产生活的基础本底，与村落共同组成基本的村域格局关系。

格局与整体风貌要素包括山水环境和古城墙。村落山水环境体现传统选址思想，古城墙是传承军堡文化的载体，也是村落格局的重要骨架。

传统建筑与街巷包括传统街巷、民居及古寺庙。传统街巷包括旧城古街巷、新城古街巷两条，是传承传统文化的线性空间要素。古寺庙包括永兴寺、关帝庙、菩萨庙、祯王庙等，即是民间信仰的集中体现，又是见证宗教建筑文化的重要承载。

图6-3-11 长峪城村村域保护区划图

历史文化要素包括古树和石碾。古树位于永兴寺山门前西侧，是一棵树径约两人合抱、树高约8米的古榆树。长峪城村有两个石碾，已废弃，被丢弃于废弃的磨坊之内，是村落传统农业生产的遗存。

非物质文化遗产包括长峪城社戏和元宵灯会。长峪城社戏是昌平地区唯一一支传统社戏戏班，长峪城村也是北京市少有的留有社戏的村庄，是极具特色和识别性的传统文化。

2. 划定保护区划

保护区划按照住建部《历史文化名城名镇名村保护规划编制工作要求（试行）》规定划分为三类：核心保护区、建设控制地带，环境协调区（图6-3-11）。

长峪城村以南北古城堡城墙遗址外30米为核心保护区范围，划定面积约7.98公顷。区域内以保护修缮为目标，保持街巷的肌理、修缮建筑构件、恢复院落风貌和景观、对不同风貌等级的建筑采取不同的修缮措施、对新建建筑外立面的风貌进行整治。核心保护区旨在保护长峪城村的长城军事堡寨特点,保护南北城堡的空间格局。

建设控制地带,指核心保护区范围以外允许建设,但应严格控制其建筑物的性质、体量、高度、色彩及形式的区域。长峪城村建设控制地带东至古城墙遗址外60米,南至养殖场之南30米,西至永兴寺建筑外30米,北至古城墙遗址外60米,划定面积约18.01公顷。控制对象为核心保护区范围外的建筑。本区域以恢复风貌的整治为目标,这一区域内新建院落较多,需要重点对建筑风貌进行恢复和整治,使整个村庄的风貌实现统一。此外还需控制其建筑物的性质、体量、高度、色彩等。长峪城村建设控制地带旨在保护长峪城村的军事要塞特点,保持村落与山体相依的远观整体性与层次感。

环境协调区,指在建设控制地带之外,划定的以保护自然地形地貌为主要内容的区域。长峪城村环境协调区是村域范围内、建设控制地带以外全部区域,四至为长峪城村村域边界,划定面积约1332.74公顷。

图6-3-12　长峪城村山水环境

(四)保护措施

1. 空间形态与环境保护

保护"背山面水,环山聚气"的村庄山水环境。长峪城村选址考究,群山延绵环绕,泉水潺潺流下,自然风光优美,生态环境优越,是北京西北的天然氧吧。因此严禁在环境协调区的山体中进行工程建设,注重山体的水土保持,保护山体的自然植被。保持水域环境的清洁,加强水岸的绿化与美化(图6-3-12)。

此外,要对古城堡中的空间对景进行保护,保持景观视廊的通畅,突出长峪城村明代作为京畿西北守国要城的重要历史地位。景观视廊以新旧两城中的历史街巷为依托,串联古城墙、古寺庙等军堡遗迹,突出深厚的军堡文化内涵。在控制方法上采取点状控制和线状控制相结合,清理视线范围内的不和谐景观。

2. 历史街巷保护

历史街巷的保护与整治是传统村落保护规划中的重要内容。长峪城村新旧两城中的历史街巷,不仅是村里的生活道路,也承载着历史信息,古城堡留下的物质遗产,主要分布在历史街巷两侧。

随着长峪城村游人的增多,村内新增了大量农家乐建筑,现代化的风格破坏了长峪城村的历史街巷传统风貌。再加上山墙外贴保温层造成的风貌不和谐、部分建筑加高增盖、坡屋顶改平顶等因素,历史街巷呈现出风貌片段化的问题(图6-3-13)。

规划针对长峪城村历史街巷的侧界面、底界面以及顶界面三个界面进行改造引导。选取旧城历史街巷进行沿街立面改造示意,提出设计导则。旧城历史街巷顶界面修补主要为平改坡,统一街道两侧建筑屋顶风貌。将部分加高建筑规范为一层建筑,恢复历史街道原有的空间尺度。街巷侧界面建筑山墙采用硬山式。屋脊采用清水脊,两端用花草砖装饰。街巷底界面修补中,街巷铺装尽量采用仿青砖或石板铺设，绿化、小品等设施应与周围环境及传统建筑相协调，互相修景，延续风貌（图6-3-14、图6-3-15）。

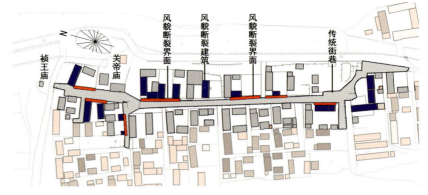

图6-3-13 长峪城村街巷风貌断裂分析图

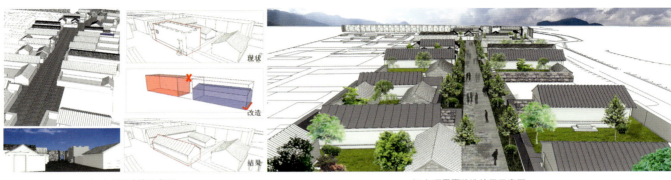

（a）屋顶改造示意图　　　　　　　　　　（b）顶界面改造效果示意图

（c）沿街立面改造效果示意图-1

（d）沿街立面改造效果示意图-2

图6-3-14 长峪城村旧城历史街巷改造示意

现状

院落4

院落5

院落6

修补后

院落4　　　　　　　　院落5　　　　　　　　院落6

（a）街巷改造效果示意图1

现状

院落1

院落2

院落3

修补后

院落1　　　　　　　　院落2　　　　　　　　院落3

（b）街巷改造效果示意图2

图6-3-15　长峪城村新城历史街巷改造示意

3. 院落及建筑保护

长峪城村建筑分类保护规划中，主要分为公共建筑、古城内民居、古城外民居三类，各类别中根据风貌的不同制定保护、复建、修缮、整治、改造和拆除等不同的整治措施，形成分级分类的保护指导（表6-3-1、图6-3-16）。

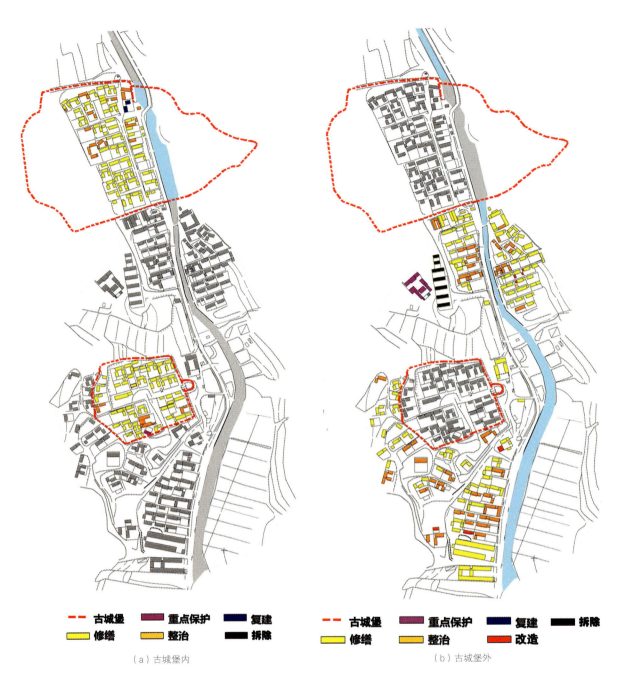

图6-3-16　长峪城村建筑分类保护规划图

长峪城村建筑分类保护规划表 表6-3-1

建筑分类	保护措施	风貌类型	具体对象
公共建筑	保护	文保单位	永兴寺
	复建	损毁较严重无法恢复的文保单位	关帝庙
	修缮	与风貌协调的历史建筑和传统建筑	菩萨庙、祯王庙
	改造	与风貌不协调的传统建筑	养殖场、小学
民居	保护	文保单位、历史建筑	古城内民居
	修缮	与风貌协调的传统建筑	
	整治	非传统建筑	
民居	保护	文保单位、历史建筑	古城外民居
	修缮	与风貌协调的传统建筑	
	整治	与风貌协调的非传统建筑	
	改造	与风貌不协调的非传统建筑	
	拆除	已坍塌建筑	

公共建筑主要包括永兴寺、关帝庙、菩萨庙、祯王庙、养殖场、小学。永兴寺为县级文保单位，主要由文物局定期进行保护修缮。关帝庙年久失修已倒塌，规划对其原址复建。菩萨庙近年经修缮，需要添加一定的照明和防火设施。祯王庙建筑风貌和砖石结构保存较完整，需恢复修缮其外立面、门窗屋顶等部分建筑构件，并对构件做刷漆防腐处理。养殖场及小学位于村落南侧，均已废弃，规划针对其公共空间属性，进行节点设计给予改造，丰富公共空间的层次。

民居按照古城堡内和古城堡外进行分类保护。古城堡内民居以保护修缮为目标，保持街巷的传统尺度和肌理，对不同风貌等级的建筑采取不同的整治措施，以恢复院落风貌和景观。新建建筑外立面与传统风貌不协调的部分进行改善。屋顶采用双坡灰瓦。传统建筑墙体为青砖或青砖和石头相结合。新建红砖建筑或青砖墙体外观改变的建筑，进行风貌协调处理，即用仿青砖贴砖，白色勾缝方法，与传统墙体相协调。传统门窗为棕红色或原木色木质门窗，部门门窗有中式窗格。现新建住宅多采用塑钢材质新型门窗，保温性能突出，可对外观进行美化，窗外安装棕红色木质支摘窗。院门要求颜色协调，风格与建筑统一。

古城堡外民居位于建设控制地带中，以恢复风貌的整治为目标。这一区域内新建院落较多，需要进行立面整治，使整个村庄的风貌实现统一。古城堡外风貌不协调的建筑较多，靠近主要村庄道路，因此在保护的同时应注重对不协调风貌建筑的整治改造。改造翻建建筑时要维持原有的高度，不能随意增加规模、高度。建筑形式遵循当地传统形式，建筑尺度、选材等均应与传统风貌相协调。山墙保温层外部可采用仿石仿砖压印工艺，以延续村庄风貌。

4. 历史环境要素保护

规划修复城堡及古城墙，其中北部旧城规划修复约857.6米，南部新城规划修复约508.4米，总计约1366米。

对于古城墙的修复应以残存的城墙为例，不追求恢复古城墙原貌，应尽量修复其历史感，保护其历史性、真实性。

另外，对沟渠进行清淤，确保水流畅通。对泄洪沟进行驳岸加固及绿化，减少水土流失、提升泄洪沟泄洪能力。同时，保护村中的石碾和古树。

5. 非物质文化遗产保护

针对长峪城社戏的保护与传承，应成立专项资金，培养长峪城社戏传承人，鼓励和支持社戏文化传承人收徒授艺。政府文化部门组织民间艺人开展活动，并对民间文化艺术传承作出贡献的艺人给予一定的奖励。深入研究并创新动作，使其更具技巧性和观赏性。在旅游旺季提高演出频率，整合临近村庄演艺资源，拓展演艺形式，联合周边村庄多种表演，循环演出，重现山区传统节日盛况。

二、长峪城村发展规划

（一）产业发展规划

1. 发展定位

长峪城村地处深山，自然生态环境优越，但是交通不便，且村内空心化严重。因此，规划将长峪城村的产业定位为高品质休闲度假山村。以长城为依托，传统村落为基底，结合周边富有景观价值的山间丛林景致，使之成为以田园式度假为主，集长城体验、村落旅游、田园观光、山地探险、户外运动、康体养生等功能于一体的特色度假山村。

发展体验式山村度假，开展游客接待、休闲度假、休闲观光体验等活动。在村口设立停车场、交通转换场等配套设施。依托古长城、古城堡、永兴寺、关帝庙等文化节点，组织游人游览观光。将现有农家乐升级建设成旅游接待区，为游客提供旅游咨询、餐饮服务等。依托原有淳朴的老瓦、老砖、老窗，外观保持完好的院子、房屋，在尊重传统建筑文化、保持原有建筑风格的前提下，针对都市人的度假生活需要，设计现代化的室内起居设施，打造"外朴内雅"的传统村落度假酒店。

2. 区域协同的旅游线路

长峪城村是流村镇沟域百里环廊的重要节点，区域旅游资源丰富，旅游度假产业的发展潜力大。村域及周边资源丰富，如老峪沟村内有昌平第一高峰高楼岭，黄花坡是京西北地区独特的高原草甸，自然景观与人文景观优美迷人。规划从流村镇旅游环线的区域视角出发，通过游览路线、设施配套、功能错位及特色塑造整合区域旅游资源，打造上下游产业联动发展的旅游体系。借助流村镇重点开发与推介的契机，纳入百里环廊的整体发展，形成流村镇旅游大环线。

规划将申报中国最美休闲乡村、全国特色旅游名村作为长峪城村的发展目标，将长峪城村北部水库及周边自然资源优越区域打造为自然景区。本着严格保护村庄文化遗迹、不干扰村民生产生活的原则，结合长峪城的现有及潜在具有旅游价值的资源，通过构建四条主题游线的方式，将人文资源和自然资源融合。

村落游览线路：以传统民居、南北城堡、历史格局、传统文化、特色美食为展示内容，通过走街串巷，让游客感受古朴的传统风貌。

休闲垂钓线路：以龙潭水库、露营场地为主要载体，展示长峪城村北部龙潭泉水库的优美风景，利用水库周边的空地组织露营活动，围绕水资源打造亲水旅游产品。

田园观光采摘线路：打造果蔬采摘基地，设计田园观光、果蔬采摘路线。

文化体验线路：整合龙潭泉水库、京冀分界碑、明代长城遗迹、南口战役遗址等文化资源，结合徒步登山路线的设计，使游客既能感受到登山运动的乐趣，又能亲眼看到丰富的文化遗产。

（二）规划结构

规划结合村庄本底特征，整合村域空间资源，依托道路形成"一心、一轴、多片区"的规划结构。"一心"指高品质度假核心，立足于长峪城村优越的历史文化资源，大力发展高品质山村度假产业。"一轴"指产业发展轴，作为贯穿于长峪城村的发展轴，横穿海棠景观大道、山村度假区、龙潭水库休闲中心，是长峪城村的旅游发展轴。"多片区"包括海棠景观区、旅游观光区、休闲度假区、山地体验拓展区和山地农林种植区。海棠景观区依托山地造林政策打造海棠景观大道，由林业发展开启长峪城村产业发展序幕。旅游观光区将龙潭水库以及长城遗址等自然景观打造成国家级自然风景区。休闲度假区以高品质度假为引导构建村庄旅游产业体系，是支撑高品质度假核心的配套设施空间。山地体验拓展区、山地农林种植区为村庄提供景观旅游基础（图6-3-17）。

（三）土地使用规划

村庄现状宅基地主要位于北侧，部分宅基地无建设用地指标，不符合村庄发展需求。村庄公共服务设施用地、道路与交通设施用地、基础设施用地严重不足，用地功能急需完善。村庄中共有10户受到泥石流灾害风险影响，需要搬迁。因此，村庄北部已有的村民宅基地、需要新建的村民健身广场、停车场、泥石流灾害搬迁用地等均需要进行用地置换。

规划将南侧建设用地的指标置换到北侧，以满足村庄现状发展需求。村庄用地规划中增加了公园绿地、广场用地、村庄道路与交通设施用地、公共服务设施用地、市政与公用设施用地。同时完善了村民住宅用地、文物古迹用地，并规划泥石流搬迁用地（图6-3-18～图6-3-20）。

图6-3-17　长峪城村发展规划结构图

图6-3-18　长峪城村用地规划图

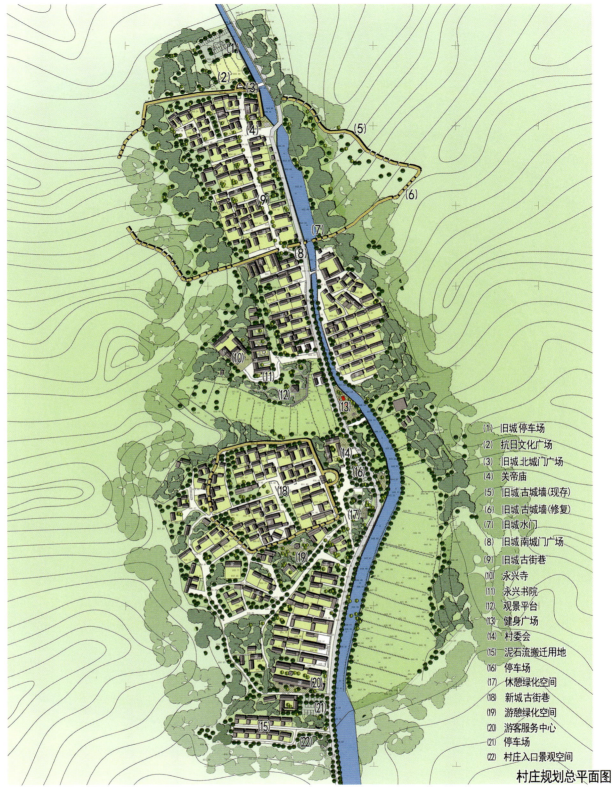

图6-3-19 长峪城村规划总平面图

图6-3-20 长峪城规划鸟瞰图

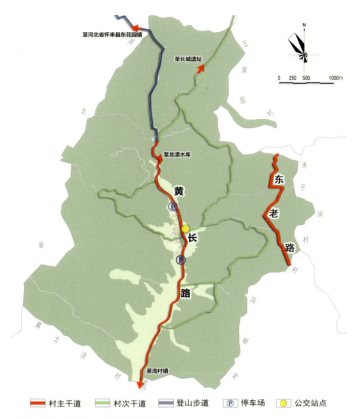

图6-3-21 长峪城村域道路规划图

(四)道路交通规划

村域道路交通分为村主干道、村次干道及登山步道。规划以黄长路为村主干道,红线宽度约20米,路基宽度约8.5米,路面宽度约为7米,两侧路肩宽度约为0.75米。为构建慢行体系,逐步完善村庄北部登山步道,有效提升长峪城村的环境品质。长峪城进村道路是村庄对外展示的窗口,应逐步对道路及道路两侧景观进行改造,提升道路系统的景观性(图6-3-21)。

长峪城村庄道路系统是整个村落历史风貌的有机组成部分。结合现状道路形成鱼骨形的街巷格局。规划增加一条入户路,改造两条路,一条通往永兴寺,一条由特色旅馆通往老岳猪蹄宴特色餐厅。内部道路可满足一般村民机动车行车需求,并具备消防救援车行车和敷设市政管线的条件(图6-3-22)。

为提高村庄内部的交通承载能力,减少车辆对村庄内部交通的干扰,规划在村庄南部入口处增加生态停车场作为旅游停车和交通转换处,实现机动车、电瓶观光车、骑行自行车等多元化的交通形式,并提供景观通道提高步行的趣味性及便捷性。

(五)公共服务设施规划

长峪城村按村庄规模划分为中型村。根据村庄公共服务设施项目配置标准,中型村应配置小学、幼儿园、医务所、计生指导站、公园或游园、小型超市、日杂用品店,根据实际需求可配置其他管理机构、村委会、青少年中心、老年中心,以及餐饮小吃店、理发、浴室、

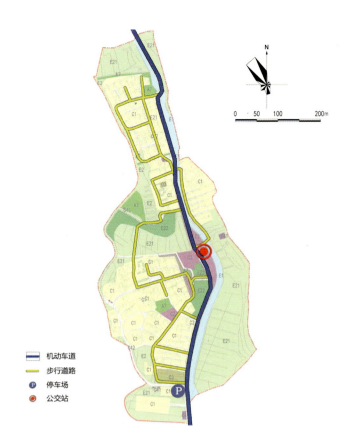
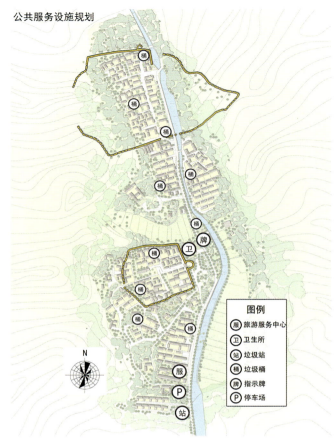

图6-3-22 长峪城村庄道路规划图　　　　　　　　　　图6-3-23 长峪城村公共服务设施规划图

综合修理服务等。现村委会已满足使用需求，规划结合村委会设置卫生室、图书室和活动室，并针对现有活动场地进行改造，提升景观性和实用性。考虑到村庄内安排有校车，规划不再新建幼儿园和小学等教育设施。

为完善长峪城村发展旅游产业的基础条件，规划在保证各项生活服务设施合理配置的同时，新增游客服务中心一座，并设置一处停车场以满足未来旅游发展的交通设施要求。长峪城村中有丰富的文化遗产，以及村民生产生活的传统物件，因此规划将一处废弃房屋改造为陈列展览馆，收集各种承载文化内容的物件进行对外展示，并提供游客体验和参与农业活动的空间。规划结合永兴寺、关帝庙等公共建筑设置活动广场，盘活存量资源的同时，丰富村民的活动空间（图6-3-23）。

（六）重要空间节点改造

长峪城村落肌理的关键要素为长峪城古城堡，因此规划对长峪城村特色空间的塑造也围绕着古城堡布局。规划在长峪城村内选择重要空间进行嵌入式修补，包括重要建筑、公共建筑、公共空间等共计六处，同时结合景观植入，将其规划为长峪城六景，即石檐映崇山，古村藏峻岭；凉亭传莺声，燕语游古城；栈道观城墙，临寺闻书香；遗址照篱墙，断壁写沧桑；碧溪流清音，空谷听戟枪；烽烟忆古堡，夕照洒戎装（图6-3-24）。

1. 石檐映崇山，古村藏峻岭

村口养殖场片区改造设计。规划将村庄入口设计为怡人的小公园，丰富村庄入口休憩空间。将养殖场用地改造为接待设施，同时配套生态停车场作为附属设施，并结合亭子设置村庄入口标识，强化村庄入口的可识别性。墙面采用长峪城村特有的大块石材墙面肌理，便于就近取材建造，同时采用木质的中式门窗和青色小瓦屋顶，与当地的建筑特色风貌相协调。游人逐渐走入村庄，感受长峪城村的风土人情和地方风貌。

2. 凉亭传莺声，燕语游瓮城

村委会片区改造设计。以新城古城墙为背景，将村委会改造成具有长峪城地域性特色的三合院，并将影响新城古城墙视线的门前建筑（包括仓库、厕所等）拆除。美化村委会前开敞空间，将村委会面对的农田改造成游人休憩空间（图6-3-25）。

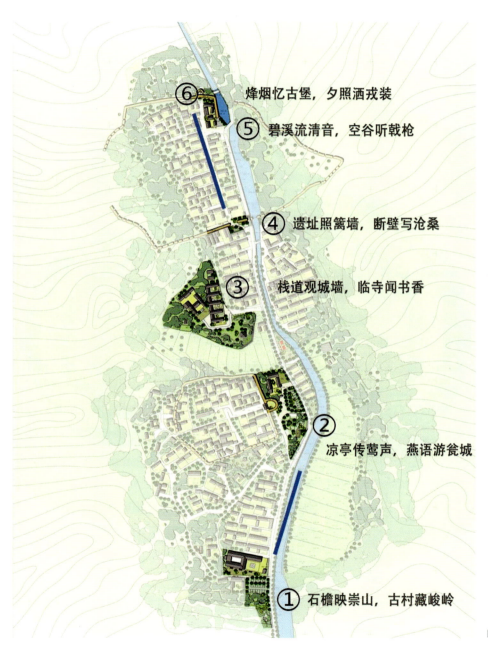

⑥ 烽烟忆古堡，夕照洒戎装
⑤ 碧溪流清音，空谷听戟枪
④ 遗址照篱墙，断壁写沧桑
③ 栈道观城墙，临寺闻书香
② 凉亭传莺声，燕语游瓮城
① 石檐映崇山，古村藏峻岭

图6-3-24 长峪城村村落重要节点改造规划图

将村委会周边农业用地置换为绿地及停车场用地，植入停车、休闲游憩功能，一方面展示古城堡的古韵古色，另一方面也提高了村委会的接待功能。

3. 栈道观城墙，临寺闻书香

小学片区改造设计。规划对废弃的小学进行更新，植入文化展示、精品酒店功能。营造文化氛围，融合永兴寺传统文化，将小学打造成集聚书香之地的永兴书院。将全村制高点规划为观景台，俯瞰全村景观（图6-3-26）。

在小学的建筑改造上，采取仿造永兴寺建筑的建造形式，使得建筑群整体上与永兴寺融为一体，在风貌上相辅相成。对原有小学建筑进行局部保留，遵从布局脉络进行扩建，形成丰富的庭院。塑造观景平台的景观，种植景观树，增加景观亭、观景护栏等设施。其中新建建筑面积约380平方米，修缮改造建筑面积约480平方米，主要包括接待大堂、书苑、精品酒店等（图6-3-27）。

4. 遗址照篱墙，断壁写沧桑

旧城南门片区改造设计。现状的主要问题是院墙破损、现代化的广告牌、杂乱的电线对风貌的影响。改造设计拆除影响传统风貌的现代化的广告牌，整理影响视线的电线，拆除废弃的院落，设计开敞空间，铺地统一使用透水砖，增加游人的驻足空间以及介绍城堡历史的简介牌（图6-3-28）。

5. 碧溪流清音，空谷听戟枪

关帝庙片区改造设计。规划修复破损建筑，增加公共空间，引入坐具，水缸等景观小品，并配置植物营造良好的空间景观。

6. 烽烟忆古堡，夕照洒戎装

旧城北门片区改造设计。增加停车场，在景观设计中增加抗日元素，例如抗日纪念碑等，清除障碍物，修复城墙，并增加绿化景观小品。

图6-3-25　长峪城村村委会改造效果图

| 小学片区现状平面图 | 小学片区规划平面图 |

现状平面图

①现状废弃小学：改造为以文化展示为主题的永兴书院

②空闲地：改造为长峪城观景平台，并设置生态停车场，提供少量停车位。

小学片区改造设计平面图

图6-3-26　长峪城村原小学片区现状与规划对比图

图6-3-27　长峪城村原小学片区规划效果图

348

图6-3-28 长峪城村旧城南城门公共空间改造规划效果图

附录

1. 明代年表

姓名	庙号	年号	陵墓
朱元璋	太祖	洪武（1368~1398年）	孝陵
朱允炆	惠宗	建文（1399~1402年）	下落不明
朱棣	成祖	永乐（1403~1424年）	长陵
朱高炽	仁宗	洪熙（1424~1425年）	献陵
朱瞻基	宣宗	宣德（1426~1435年）	景陵
朱祁镇	英宗	正统（1436~1449年） 天顺（1457~1464年）	裕陵
朱祁钰	代宗	景泰（1450~1457年）	景泰陵
朱见深	宪宗	成化（1465~1487年）	茂陵
朱祐樘	孝宗	弘治（1488~1505年）	泰陵
朱厚照	武宗	正德（1506~1521年）	康陵
朱厚熜	世宗	嘉靖（1522~1566年）	永陵
朱载垕	穆宗	隆庆（1567~1572年）	昭陵
朱翊钧	神宗	万历（1573~1620年）	定陵
朱常洛	光宗	泰昌（1620年）实际在位一个月	庆陵
朱由校	熹宗	天启（1621~1627年）	德陵
朱由检	思宗	崇祯（1628~1644年）	思陵

2. 清代年表

姓名	庙号	年号
爱新觉罗·努尔哈赤	太祖	天命（1616~1626年）
爱新觉罗·皇太极	太宗	崇德（1636~1643年）
爱新觉罗·福临	世祖	顺治（1644~1661年）
爱新觉罗·玄烨	圣祖	康熙（1662~1722年）
爱新觉罗·胤禛	世宗	雍正（1723~1735年）
爱新觉罗·弘历	高宗	乾隆（1736~1795年）
爱新觉罗·颙琰	仁宗	嘉庆（1796~1820年）
爱新觉罗·旻宁	宣宗	道光（1821~1850年）
爱新觉罗·奕詝	文宗	咸丰（1851~1861年）
爱新觉罗·载淳	穆宗	同治（1862~1874年）
爱新觉罗·载湉	德宗	光绪（1875~1908年）
爱新觉罗·溥仪	末帝	宣统（1909~1911年）

索引

北京市传统村落名录（第一批）

序号	村名	乡镇	区	户数	人口	中国传统村落	中国历史文化名镇（村）	页码
1	琉璃渠村	龙泉镇	门头沟区	1003	1892	中国传统村落（第一批）	中国历史文化名村（第三批）	113
2	三家店村	龙泉镇	门头沟区	186	446	中国传统村落（第一批）		106
3	东石古岩村	王平镇	门头沟区	55	131	中国传统村落（第四批）		205
4	千军台村	大台街道	门头沟区	508	360	中国传统村落（第二批）		241
5	苇子水村	雁翅镇	门头沟区	108	168	中国传统村落（第一批）		261
6	西胡林村	斋堂镇	门头沟区	210	451	中国传统村落（第四批）		206
7	碣石村	雁翅镇	门头沟区	41	68	中国传统村落（第三批）		303
8	沿河城村	斋堂镇	门头沟区	333	769	中国传统村落（第三批）		134
9	灵水村	斋堂镇	门头沟区	153	336	中国传统村落（第一批）	中国历史文化名村（第二批）	294
10	马栏村	斋堂镇	门头沟区	360	629	中国传统村落（第二批）		266
11	黄岭西村	斋堂镇	门头沟区	141	325	中国传统村落（第一批）		273
12	爨底下村	斋堂镇	门头沟区	45	99	中国传统村落（第一批）	中国历史文化名村（第一批）	230
13	张家庄村	清水镇	门头沟区	119	248			217
14	燕家台村	清水镇	门头沟区	202	618			218
15	水峪村	南窖乡	房山区	261	644	中国传统村落（第一批）	中国历史文化名村（第六批）	279
16	南窖村	南窖乡	房山区	1244	1953	中国传统村落（第四批）		121
17	宝水村	蒲洼乡	房山区	311	611	中国传统村落（第四批）		247
18	黑龙关村	佛子庄乡	房山区	171	656	中国传统村落（第五批）		217
19	柳林水村	史家营乡	房山区	420	810			246
20	石窝村	大石窝镇	房山区	930	2010			093
21	吉家营村	新城子镇	密云区	500	1460	中国传统村落（第二批）		183
22	古北口村	古北口镇	密云区	460	1060	中国传统村落（第三批）	中国历史文化名镇（第四批）	165
23	令公村	太师屯镇	密云区	415	1050	中国传统村落（第四批）		221
24	遥桥峪村	新城子镇	密云区	342	809			186
25	小口村	新城子镇	密云区	90	214			223
26	河西村	古北口镇	密云区	600	1900			169

续表

序号	村名	乡镇	区	户数	人口	中国传统村落	中国历史文化名镇（村）	页码
27	潮关村	古北口镇	密云区	175	489			181
28	白马关村	冯家峪镇	密云区	164	407			—
29	黄裕口村	石城镇	密云区	41	400			221
30	长峪城村	流村镇	昌平区	126	230	中国传统村落（第二批）		328
31	万娘坟村	十三陵镇	昌平区	141	435			—
32	德陵村	十三陵镇	昌平区	157	462			195
33	康陵村	十三陵镇	昌平区	72	238			190
34	茂陵村	十三陵镇	昌平区	92	296			191
35	岔道村	八达岭镇	延庆区	520	1280	中国传统村落（第一批）		148
36	榆林堡村	康庄镇	延庆区	690	1920			163
37	南天门村	珍珠泉乡	延庆区	52	112			—
38	东门营村	张山营镇	延庆区	420	952			219
39	柳沟村	井庄镇	延庆区	402	1100			222
40	焦庄户村	龙湾屯镇	顺义区	530	1321	中国传统村落（第一批）	中国历史文化名村（第五批）	223
41	杨树底下村	琉璃庙镇	怀柔区	110	282			097
42	西牛峪村	大华山镇	平谷区	34	99			—
43	车耳营村	苏家坨镇	海淀区	135	340			099
44	张庄村	漷县镇	通州区	383	984			097

注：村落户数人口根据各区2017年统计年鉴数据，转引自《北京传统村落（第一批）》。

参考文献

[1] 何依, 牛海沣, 邓巍. 外部机制影响下古村镇区域特色研究——以明清时期晋东南地区为例[J]. 城市规划, 2017(10): 76-85.
[2] 侯仁之. 北京历史地图集·人文社会卷[M]. 北京: 文津出版社, 2013.
[3] 侯仁之. 北京历史地图集·政区城市卷[M]. 北京: 文津出版社, 2013.
[4] 侯仁之. 北京历史地图集·文化生态卷[M]. 北京: 文津出版社, 2013.
[5] 尹钧科. 北京郊区村落发展史[M]. 北京: 北京大学出版社, 2001.
[6] 薛凤旋, 刘欣葵. 北京: 由传统国都到中国式世界城市[M]. 北京: 社会科学文献出版社, 2014.
[7] 侯仁之, 金涛. 北京史话[M]. 上海: 上海人民出版社, 1980.
[8] 戴逸. 中国地域文化通览·北京卷[M]. 北京: 中华书局, 2013.
[9] 王玲. 略论北京古代经济的几个特点[M]//北京市社会科学研究所. 北京史苑(第一辑). 北京: 北京出版社, 1983: 212-225.
[10] 王玲. 北京与周边城市关系史[M]. 北京: 北京燕山出版社, 2014.
[11] 王振业, 张一帆, 廖沛. 北京农村经济史稿[M]. 北京: 中国农业出版社, 2016.
[12] 张德美. 皇权下县——秦汉以来基层管理制度研究[M]. 北京: 清华大学出版社, 2017.
[13] 朱祖希. 元代及元代以前北京城市形态与功能演变[M]. 广州: 华南理工大学出版社, 2015.
[14] 侯仁之. 北京城的生命印记[M]. 北京: 生活·读书·新知三联书店, 2009.
[15] 侯仁之, 邓辉. 北京城的起源与变迁[M]. 北京: 中国书店, 2001.
[16] 顾梦红. 房山村落文化[M]. 北京: 北京联合出版公司, 2016.
[17] 朱剑飞. 中国空间策略: 帝都北京(1420-1911)[M]. 诸葛净, 译. 北京: 生活·读书·新知三联书店, 2017.
[18] 戚本超. 整合北京山区历史文化资源研究[M]. 北京: 北京燕山出版社, 2007.
[19] 张树林. 漫话通州镇[M]//北京市社会科学研究所. 北京史苑(第二辑). 北京: 文化艺术出版社, 1983.
[20] 陈喜波, 邓辉. 明清北京通州古城研究[J]. 中国历史地理论丛, 2017(1): 37-47.
[21] 张杰, 姚羿成. 长城脚下的烽火州城: 北京延庆古城空间解析[J]. 规划师, 2018(5): 142-143.
[22] 张仁忠. 北京史[M]. 北京: 北京大学出版社, 2009.
[23] 郭阳. 北京地区传统村落分布与特征研究[D]. 北京: 北京建筑大学, 2014.
[24] 赵寰熹. 清代北京城市形态与功能演变[M]. 广州: 华南理工大学出版社, 2016.
[25] 王越. 明代北京城市形态与功能演变[M]. 广州: 华南理工大学出版社, 2016.
[26] 潘怪哈. 皇家园林文化空间与文化遗产保护——以北京市海淀区为例[D]. 北京: 中央民族大学, 2010.
[27] 王同祯. 水乡北京[M]. 北京: 团结出版社, 2004.
[28] 政协北京市海淀区学习和文史委员会. 京西古镇青龙桥[M]. 北京: 学苑出版社, 2015.
[29] 高文瑞. 北京的清代行宫[N/OL]. 北京日报, 2007-5-20(6).
[30] 杨广文. 风雨沧桑巩华城[M]. 北京: 北京燕山出版社, 2010.
[31] 侯仁之. 北平历史地理[M]. 邓辉, 申雨平, 毛怡, 译. 北京: 外语教学与研究出版社, 2014.
[32] 王南, 胡介中, 李路珂, 袁琳. 北京古建筑地图(下)[M]. 北京: 清华大学出版社, 2012.
[33] 曾保泉. 张家湾和曹家当铺[M]//北京市社会科学研究所. 北京史苑(第一辑). 北京: 北京出版社, 1983: 329.
[34] 政协北京市门头沟区文史资料研究委员会. 京西古道[M]. 香港: 香港银河出版社, 2002.
[35] 李孝聪, 陈军, 陈海燕. 中国长城志: 图志[M]. 南京: 江苏科学技术出版社, 2016.
[36] 韩光辉, 李新峰. 北京地区长城沿线聚落的形成与发展[C]//中国长城学会. 长城国际学术研讨会论文集. 吉林: 吉林人民出版社, 1995: 198-207.

[37] 李严. 明长城"九边"重镇军事防御性聚落研究[D]. 天津：天津大学，2007.
[38] 王琳峰. 明长城蓟镇军事防御性聚落研究[D]. 天津：天津大学，2011.
[39] 刘珊珊. 明长城居庸关防区军事聚落防御性研究[D]. 天津：天津大学，2011.
[40] 陈喆，董明晋，戴俭. 北京地区长城沿线戍边城堡形态特征与保护策略探析[J]. 建筑学报，2008（3）：84-87.
[41] 於福顺. 蓟镇长城的几个问题[M]. 北京市社会科学研究所. 北京史苑（第三辑）. 北京：北京出版社，1985.
[42] 居丽莎. 基于人类聚居学理论的京西传统村落研究[D]. 天津：天津大学，2013.
[43] 王玲，略论北京古代经济的几个特点[M]. 北京市社会科学研究所. 北京史苑（第一辑）. 北京：北京出版社，1983：212-225.
[44] 朱霖. 北京妙峰山森林文化价值评估研究[D]. 北京：中国林业科学研究院，2015.
[45] 李嘉宁. 传统村落道路空间研究——以北京门头沟区三家店为例[C]//中国城市规划学会. 新常态：传承与变革——2015中国城市规划年会论文集（14乡村规划）. 北京：中国建筑工业出版社，2015.
[46] 戴林琳，郑超群. 传统村落地缘文化特征及其遗产活化——以京郊地区三家店村为例[J]. 中外建筑，2016（3）：55-56.
[47] 业祖润. 北京民居[M]. 北京：中国建筑工业出版，2009.
[48] 薛林平. 北京传统村落[M]. 北京：中国建筑工业出版社，2015.
[49] 北京市农业农村局. 北京传统村落（第一批）[M]. 北京：中国建筑工业出版社，2019.
[50] 欧阳文，周轲婧. 北京琉璃渠村公共空间浅析[J]. 华中建筑，2011（8）：151-158.
[51] 薛林平，李博君，包涵. 北京门头沟区琉璃渠传统村落研究[J]. 华中建筑，2014（9）：144-150.
[52] 顾军，于海霞. 文化生态学视野下的琉璃渠古村落研究[J]. 文化遗产，2017（2）：133-144.
[53] 张建，张晨. 南窖村[M]. 北京：中国建筑工业出版社，2016.
[54] 卢惠华. 古代和近代的北京采煤业[M]//中国地质学会地质学史研究会. 地质学史论丛（5）. 北京：地质出版社，2009.
[55] 邱仲麟. 清代北京煤炭开采与矿工受虐事件[J]. 清史研究，2017（3）：1-20.
[56] 王长松. 北京沿河城军事历史地理研究[J]. 中国地方志，2009（10）：59-63.
[57] 张建，阮智杰，赵之枫. 长峪城[M]. 北京：中国建筑工业出版社，2019.
[58] 范霄鹏，赵之枫. 筑苑[M]. 北京：中国建材工业出版社，2017.
[59] 范学新. 八达岭之藩篱——岔道[C]//中国长城学会. 中国长城博物馆，2003：53-56.
[60]（明）杨时宁. 宣大山西三镇图说[M]. 南京：江苏广陵古籍刻印社，1986.
[61] 李文博，欧阳文，甘振坤. 北京市延庆区城堡型村落保护体系探究——以岔道村为例[J]. 遗产与保护研究，2019（3）：74-79.
[62] 杨申茂. 明长城宣府镇军事聚落体系研究[D]. 天津：天津大学，2013.
[63] 刘莹，贾东. 榆林堡驿站古城村落布局与院落模块关系研究[J]. 华中建筑，2015（7）：34-39.
[64] 杨正泰. 明代驿站考[M]. 上海：上海古籍出版社，2006.
[65] 薛林平. 北京市延庆县榆林堡研究[J]. 中国名城，2014（9）：68-72.
[66] 王灿炽. 北京地区现存最大的古驿站遗址——榆林驿初探[J]. 北京社会科学，1998（1）：117-122.
[67] 王灿炽. 北京密云驿站考[J]. 北京社会科学，2002（5）：14-20，23.
[68] 肖立军. 明代蓟镇援关营制考略[C]//中国明史学会. 第十七届明史国际学术研讨会暨纪念明定陵发掘六十周年国际学术研讨会论文集. 北京：北京燕山出版社，2016：233-238.
[69] 张宝秀. "京北锁钥"——古北口的历史演变[J]. 北京联合大学学报，1998（3）：5-10.
[70] 李春青，刘奕彤，阚丽莹. 北京密云区吉家营村戍边堡寨聚落特色研究[J]. 中国名城，2019（4）：66-70.
[71] 戴林琳，陈远笛，刘禹君. 陵邑村落存续现状及其可持续发展——以北京十三陵景区庆陵村为例[J]. 中外建筑，2016（1）：86-87.
[72] 戴林琳，向林，石春晖. 陵邑村落空间生长机理及其保护策略——以北京郊区长陵村及景陵村为例[J]. 建筑与文化，2016（2）：82-83.
[73] 赵之枫，闫惠，张健. 世界遗产地传统村落空间演变与发展研究——以明十三陵风景名胜区"陵邑"村落为例[J]. 华中建筑，2010（6）：93-95.
[74] 孙冉. 明十三陵风景区陵监村落保护现状评价与更新改造研究[C]//中国城市规划学会. 多元与包容——2012中国城市规划年会论文集（11. 小城镇与村庄规划）. 中国城市规划学会，2012.
[75] 赵之枫，高洁，陈喆. "陵邑"村落的发展变迁和转型研究——以北京昌平区十三陵镇泰陵园村为例[J]. 华中建筑，2008（6），96-100.
[76] 昌平县志编纂委员会. 昌平县志[M]. 北京：北京出版社，2007.
[77] 胡汉生. 天寿山的守陵太监[J]. 紫禁城，1992（3）：7-9，42.

[78](清)梁份. 帝陵图说[M]. 全国图书馆文献缩微复制中心. 2004.
[79]薛姣. 河南省传统村落类型与形态研究[D]. 郑州:郑州大学,2016.
[80]赵之枫. 传统村镇聚落空间解析[M]. 北京:中国建筑工业出版社,2015.
[81]孙大章. 中国民居研究[M]. 北京:中国建筑工业出版社,2004.
[82]董卢笛,樊亚妮,刘加平. 绿色基础设施的传统智慧:气候适宜性传统聚落环境空间单元模式分析[J]. 中国园林,2013(3):27-30.
[83]袁涛. 中国村鉴. 北京卷[M]. 北京:中国农业大学出版社,2004.
[84]北京门头沟村落文化志编委会. 北京门头沟村落文化志[M]. 北京:北京燕山出版社,2008.
[85]欧阳文. 北方山地合院式民居空间特征研究——以北京川底下古村落为例[J]. 华中建筑,2002,20(3):72-76.
[86]北京门头沟区斋堂镇党委政府,门头沟区政协文史资料研究委员会. 古今斋堂[M]. 香港:香港银河出版社,2002.
[87]薛林平,吕灏冉,李加丽. 北京门头沟区千军台传统村落研究[J]. 华中建筑,2015(6):181-186.
[88]韩同春. 庄户——千军台幡会走会序列及其象征意义[J]. 民族艺术,2011(1):54-58.
[89]朱余博. 京郊传统村落水环境空间探[D]. 北京:北京建筑大学,2012.
[90]张大玉. 北京古村落空间解析及应用研究[D]. 北京:北京建筑大学,2014.
[91]李孟竹. 北京传统村落马栏村保护与发展研究[D]. 北京:北京建筑大学,2015.
[92]郭华瞻,伍方,刘文静. 北京门头沟黄岭西传统村落研究[J]. 华中建筑,2016(5):128-131.
[93]赵威,李翅,王静文. 传统山地村落的生态适应性研究——以京西黄岭西村为例[J]. 风景园林,2018(8):91-96.
[94]张建,夏晶晶,王崇烈,等. 基于ASIS模型的北京古村落保护与发展模式研究——以房山区水峪村为例[J]. 北京规划建设,2013(3):76-81.
[95]李媛,李娜亭. 北京市房山区水峪村空间聚落分析[J]. 建筑与文化. 2016(6):132-133.
[96]王崇烈. 房山区水峪村:系统挖掘历史文化价值的古村落保护发展样本[J]. 北京规划建设,2014(3):65-70.
[97]张超. 京西传统村落外部空间更新改造研究——以房山区水峪村为例[D]. 北京:北京建筑大学,2017.
[98]齐羚,马梓烜,张雨洋,刘加根. 基于微气候适应性设计的京西南窖乡水峪村山水格局研究[J]. 风景园林,2018(10):38-44.
[99]范霄鹏,张晨. 石屋蜿蜒——北京房山区水峪村田野调查[J]. 室内设计与装修,2018(1):122-125.
[100]袁方. 构筑基于文化价值梳理的古村落保护体系——以北京水峪古村为例[C]//中国城市规划学会. 城市时代,协同规划——2013中国城市规划年会论文集(11-文化遗产保护与城市更新). 中国城市规划学会,2013.
[101]郭华瞻,张璐. 北京门头沟区灵水传统村落研究[J]. 华中建筑,2015(10):166-171.
[102]尚芳. 产业转型背景下灵水村村落空间形态与功能转变研究[D]. 北京:北京建筑工程学院,2012.
[103]刘德才. 灵水村——传统村落之瑰宝[J]. 北京观察,2015(4):30-31.
[104]苑焕乔. 京西灵水"秋粥节"文化生态保护村构建探讨[J]. 北京联合大学学报(人文社会科学版),2010(2):70-73.
[105]刘成祥. 灵水村的水[J]. 北京水利,1999(4):43.
[106]康健. 京西灵水举人村[J]. 北京档案,2016(10):43.
[107]欧阳高奇,李金路. 北京市门头沟区碣石村旅游规划[J]. 湖南农业大学学报(自然科学版),2008(4):450-453.
[108]薛林平,李雪婷,杜云鹤. 北京门头沟区碣石古村落研究[J]. 小城镇建设,2014(1):92-97.
[109]王峥. 基于织补理论的传统村落保护发展规划策略研究[D]. 北京:北京工业大学,2016.
[110]中国共产党北京市委员会,北京市人民政府. 北京城市总体规划:2016年-2035年[M]. 北京:中国建筑工业出版社,2019.
[111]赵之枫,王峥,云燕. 基于乡村特点的传统村落发展与营建模式研究[J]. 西部人居环境学刊,2016(2):11-14.

后记

生于北京，长于北京，求学于北京，工作于北京，却越发觉得对北京知之甚浅。

书稿即将付梓之时，颇为感慨当时承担此书撰写任务时太过盲目。在清华大学读书时师从单德启教授，后又一直从事北京乡村地区规划和传统村落保护发展规划实践，似乎算是有些前期基础。哪知任务启动后发现异常艰难。经过多年的社会经济高速发展，北京城乡面貌变化巨大，传统村落的历史遗存数量少且大多是片段性的，资料相对匮乏，文字记述不准确且难以辨别矛盾之处，空间图纸信息不足。以市域为研究范围进行聚落整体研究的成果亦不多。这些都极大地困扰着此书撰写中的资料收集、框架搭建和内容表达。

于是，边学习，边调研，边思考，研究思路和写作框架几经调整，在不断摸索中完成这篇命题作文。虽然过程艰辛而倍感焦虑，但是却也收获满满。借此研究，申获了北京市社会科学基金重点项目"区域视野下北京传统村落价值评估与保护体系研究"（18YTA002）和北京市自然科学基金面上项目"基于谱系构建的北京传统村落群落保护研究"（8192003）。本书成为课题成果之一，也为进一步深入研究打下了基础。

三年来，研究领域一直两线作战，一边是面向未来，乡村地区如何规划建设；一边是回望历史，乡村地区如何演变而来。一度因精力分散而十分痛苦。此书搁笔之际，却从起笔之际的没得写发展到了写不完，发现不少尚待深入研究之处。乡村地区研究的历史和未来两条线开始逐渐连贯起来，打开了新的研究视角。《北京市推进全国文化中心建设中长期规划（2019年-2035年）》刚刚颁布，提出继续推动以"一城三带"为核心的历史文化名城保护工作。北京作为历史文化名城，其整体性研究和保护还有很多工作需要做，对"城"与"乡"、"都"与"城"关系的认识也在逐步深入。

本书的撰写参考借鉴了诸多学者同仁们的研究成果，无法逐一注明，仅在此一并表示感谢和敬意。

参与实例调研、插图选编与绘制工作的有高璟、关达宇、苗强国、高瞻、张册、王奕涵、高旖晨、齐旭霞、聂世家、王雪璐、赵铭等。

感谢参加《长峪城村保护发展规划（2017年-2035年）》的北京工业大学城镇规划设计研究所、北京北工大规划设计院有限公司和华通设计顾问工程有限公司等单位的设计人员。

感谢丛书总主编华南理工大学陆琦教授和北京城市规划学会邱跃理事长的指导审阅。

感谢丛书编委会和中国建筑出版传媒有限公司（中国建筑工业出版社）对本书撰写的指导、支持和关注。

毕业近20年后，如同再做了一篇博士论文，心境却颇为不同。当年是初生牛犊不怕虎，展望未来的村镇建设，一张白纸任凭书写。如今则是噤若寒蝉如履薄冰，回溯历史的村镇演化，唯恐妄言揣测引生歧义。

因掌握资料不足，调研深度、学识和经验有限，留下不少遗憾。书中多有不足和失误之处，还望读者给予批评指正。

图书在版编目（CIP）数据

中国传统聚落保护研究丛书. 北京聚落 / 赵之枫著. —北京：中国建筑工业出版社，2021.12
ISBN 978-7-112-25711-9

Ⅰ.①中… Ⅱ.①赵… Ⅲ.①乡村地理—聚落地理—研究—北京 Ⅳ.①K928.5

中国版本图书馆CIP数据核字（2020）第245745号

传统聚落是一定地域空间范围内的人文现象，它的起源、形成和发展既是地理环境的适应产物，也是社会文化的物化形式，与特定的历史环境紧密关联。针对北京作为国家都城的特质，本书尝试从聚落体系的视角研究北京传统聚落，探究皇权中心控制影响下的城乡关系与聚落职能，并映射于聚落分布、空间布局与形态中，希望从区域视角下深入挖掘传统聚落的内在价值。本书可供建筑、城乡规划、风景园林、人文地理、文物保护等相关专业的读者及文化旅游爱好者参考阅读。

扫一扫
观看本卷聚落视频资源

责任编辑：唐　旭　胡永旭　吴　绫　贺　伟　张　华
文字编辑：孙　硕　李东禧
书籍设计：付金红　李永晶
责任校对：王　烨

中国传统聚落保护研究丛书
北京聚落
赵之枫　著

*

中国建筑工业出版社出版、发行（北京海淀三里河路9号）
各地新华书店、建筑书店经销
北京锋尚制版有限公司制版
天津图文方嘉印刷有限公司印刷

*

开本：889毫米×1194毫米　1/16　印张：24½　插页：7　字数：640千字
2022年12月第一版　　2022年12月第一次印刷
定价：**268.00元**（含视频资源）
ISBN 978-7-112-25711-9
　　　（36638）

版权所有　翻印必究
如有印装质量问题，可寄本社图书出版中心退换
（邮政编码100037）